Franz/Mattes · Das Wichtigste zu dBASE IV unter MS-DOS 5.0

Franz/Mattes · Das Wichtigste zu dBASE IV unter MS-DOS 5.0

Dietrich Franz
Rüdiger Mattes

Das Wichtigste zu dBase IV unter MS-DOS 5.0

GABLER

Die Deutsche Bibliothek – CIP-Einheitsaufnahme

Franz, Dietrich:
Das Wichtigste zu dBASE IV unter MS-Dos 5.0/
Dietrich Franz; Rüdiger Mattes – Wiesbaden :
Gabler, 1993
NE: Mattes, Rüdiger

© Springer Fachmedien Wiesbaden 1993
Ursprünglich erschienen bei Betriebswirtschaftlicher Verlag Dr. Th. Gabler GmbH, Wiesbaden 1993.

Lektorat: Brigitte Stolz-Dacol

Höchste inhaltliche und technische Qualität unserer Produkte ist unser Ziel. Bei der Produktion und Verbreitung unserer Bücher wollen wir die Umwelt schonen: Dieses Buch ist auf säurefreiem und chlorfrei gebleichtem Papier gedruckt. Die Einschweißfolie besteht aus Polyäthylen und damit aus organischen Grundstoffen, die weder bei der Herstellung noch bei der Verbrennung Schadstoffe freisetzen.

Die Wiedergabe von Gebrauchsnamen, Handelsnamen, Warenbezeichnungen usw. in diesem Werk berechtigt auch ohne besondere Kennzeichnung nicht zu der Annahme, daß solche Namen im Sinne der Warenzeichen- und Markenschutz-Gesetzgebung als frei zu betrachten wären und daher von jedermann benutzt werden dürften.

ISBN 978-3-409-19739-7   ISBN 978-3-663-13627-9 (eBook)
DOI 10.1007/978-3-663-13627-9

Vorwort

Die Autoren des vorliegenden Buches sind seit vielen Jahren in der kaufmännischen Berufsausbildung von Erwachsenen tätig. Das Buch ist das Produkt der dabei gewonnenen Erfahrungen. Die Auswahl der Standardprogramme und die zu vermittelnden Lerninhalte orientieren sich sowohl an den Anforderungen der Praxis als auch an den Lehrplänen des kaufmännischen Berufsfeldes.

Das Kapitel über das PC-Betriebssystem MS-DOS 5.0 vermittelt das erforderliche Grundwissen zur Arbeit mit der DOS-SHELL und zu den wichtigsten DOS-Befehlen mit Anwendungsbeispielen. Der Lernende erfährt, wie Unterverzeichnisse angelegt und verwaltet werden. Den Abschnitt runden Informationen über die Einrichtung eines PC ab.

Im Kapitel dBASE IV Versionen 1.1/1.5 lernt der Anwender, wie anhand von Beispielen aus der kaufmännischen Praxis Dateien entworfen und verwaltet werden. Mit Problemen aus der Alltagspraxis werden aufbauend darauf Datenabfragen beschrieben. Ein Schwerpunkt bildet die Maskenerstellung und Berichtsgestaltung. Alle Funktionen werden unter dem Regiezentrum von dBASE ausgeführt.

Ein Dank an Katja für die sorgfältige Bearbeitung des Manuskriptes.

Heidelberg, März 1993

Dietrich Franz
Rüdiger Mattes

1 PC-Betriebssystem MS-DOS

Kaufleute, Ingenieure oder Naturwissenschaftler kommen heute ohne den Computer nicht mehr aus. Ein Blick in Offerten großer Tageszeitungen zeigt, daß in diesen Berufen Kenntnisse und Fertigkeiten in der EDV vorausgesetzt werden. War EDV-Wissen bis in die 70er Jahre in der Regel den EDV-Spezialisten wie Programmierern, Systemprogrammierern und Systemanalytikern vorbehalten, müssen sich infolge der weiten Verbreitung von Kleinrechnern nun auch andere Berufsgruppen mit der Datenverarbeitung befassen. Der Computer steht nicht mehr nur in einem Rechenzentrum, zu dem nur ausgewählte Spezialisten Zutritt haben, er steht auf dem Schreibtisch der Sekretärin, des Sachbearbeiters, des Abteilungsleiters und des Assistenten der Geschäftsleitung.

Um mit einem PC effektiv arbeiten zu können, sind grundlegende Kenntnisse über die Geräte der Datenverarbeitung und des Betriebssystems MS-DOS zwingend notwendig. Bei der täglichen Arbeit müssen Sie Dateien kopieren, löschen oder Disketten formatieren. Sie wollen auch wissen, welche Dateien sich auf den Datenträgern befinden, Daten sichern und gegebenenfalls wiederherstellen. Diese und weitere Funktionen stellt Ihnen das Betriebssystem zur Verfügung.

Außerdem sollten Sie in der Lage sein, neue Programmsysteme in die Benutzeroberfläche des Betriebssystems einzubinden.

Der vorliegende Band gibt Ihnen dazu Tips und praktische Beispiele. Die Benutzeroberfläche DOS-Shell wird mit ihren Funktionen ausführlich dargestellt. Der Umfang der beschriebenen DOS-Befehle beschränkt sich jedoch bewußt auf den unbedingt notwendigen Umfang von DOS 5.0.

Im kaufmännischen Betrieb müssen Informationen schnell und unkompliziert aufbewahrt und zu gegebener Zeit abgerufen werden können. Man benutzt dazu je nach Art der Informationen unterschiedliche Systeme: Text-, Tabellenkalkulations-, Grafik- und Datenbankprogramme.

Datenbankprogramme nehmen insofern eine Sonderstellung ein, als sie es dem Benutzer erlauben, die Struktur der gespeicherten Daten weitgehend selbst zu bestimmen.

Betriebssystem nennt man eine Sammlung von grundlegenden Programmen, die den Betrieb eines Computers ermöglichen. Es regelt das Zusammenspiel der einzelnen Komponenten der Zentraleinheit und der angeschlossenen Peripherie. Der Betrieb eines Computers ohne Betriebssystem ist bei der Komplexität moderner EDV-Anlagen (EDVA) nicht mehr denkbar. Das Betriebssystem ist Mittler zwischen der Hardware eines Computers und dem Benutzer bzw. seinem Anwendungsprogramm. Um einen PC mit vertretbarem Aufwand zu betreiben, ist das zum eingebauten Prozessor passende Betriebssystem für den Benutzer unbedingt erforderlich.

DOS ist die Abkürzung für "Disk Operation System". Das besagt, es handelt sich um ein Betriebssystem, das für den Betrieb mit Plattenlaufwerken als externe Speicher geeignet ist. IBM vertreibt für seine PC das Betriebssystem **PC-DOS** (Personalcomputer-DOS). Andere Firmen, die IBM-kompatible (kompatibel = vergleichbar, verträglich) PC anbieten, liefern **MS-DOS** (Microsoft DOS) oder DR-DOS (Digital Research DOS).

1.1 Komponenten von MS-DOS

Ein Betriebssystem besteht im allgemeinen aus zwei Gruppen von Programmen: den **Steuerprogrammen** und den **Dienstprogrammen**. Während der Benutzer Steuerprogramme nicht direkt aufrufen kann - sie verrichten in aller Stille und fast unbemerkt ihre Arbeit - sind die Dienstprogramme für ihn zugänglich.

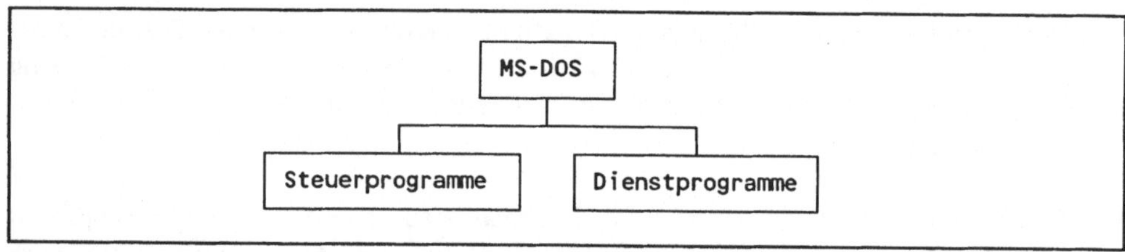

Abb. 1: Komponenten des Betriebssystems MS-DOS

1.1.1 Steuerprogramme

Die Steuerprogramme regeln und überwachen die Funktionen der Komponenten des Computers. Sie steuern den Datenfluß zwischen den einzelnen Teilen der PC-Anlage und den Teilen der Systemeinheit.

Die Dateien, die Steuerprogramme enthalten, befinden sich auf jeder ladbaren (boot-fähigen) Systemdiskette unter den Namen **IO.SYS** (im PC-DOS = IBMBIO.COM) und **MSDOS.SYS** (im PC-DOS = IBMDOS.COM). Die Datei IO.SYS (IO = Input/Output) erledigt zusammen mit den im ROM befindlichen Programmen die Kommunikation zwischen der Zentraleinheit und den angeschlossenen Geräten. Die

Datei MSDOS.SYS nennt man den Systemkern. Der Systemkern enthält Funktionen, die von Anwender- und Dienstprogrammen verwendet werden.

Weitere Steuerprogramme liegen auf dem ROM, dem Festspeicher (nicht Festplatte!). Dort stehen z.B. die Programme, die nach dem Einschalten des PC eine Überprüfung des Arbeitsspeichers und der Peripherie durchführen und schließlich den ersten Datensatz von der Systemdiskette/-platte (sog. Urlader) in den Arbeitsspeicher lesen.

1.1.2 Dienstprogramme

Die Dienstprogramme des Betriebssystems erledigen für den Benutzer ganz allgemeine Aufgaben, wie sie durch den Betrieb einer EDVA unabhängig von spezifischen Anwendungen regelmäßig anfallen. Solche Aufgaben können beispielsweise bestehen im Prüfen von Datenbeständen auf einer Diskette/Platte, Kopieren, Sichern, Löschen, Ordnen, Anzeigen, Ändern, Drucken von Datenbeständen.

Ein Teil der DOS-Dienstprogramme ist - wie die Steuerprogramme - im Zentralspeicher immer resident (ständig geladen, gegenwärtig). Diese Dienstprogramme werden durch die Datei COMMAND.COM ausgeführt, die vom Programmstart an resident im Zentralspeicher geladen bleibt. Alle Dienstprogramme, welche die Datei COMMAND.COM ausführen kann, nennt man **interne** oder residente Befehle. Weitere Dienstprogramme erscheinen gesondert im Inhaltsverzeichnis der DOS-Diskette mit ihren Namen. Das sind die sog. **externen** oder transienten Befehle.

Die drei Betriebssystemdateien **COMMAND.COM**, **IO.SYS** (bzw. IBMBIO.COM) und **MSDOS.SYS** (bzw. IBMDOS.COM) sind für den Betrieb eines PC unbedingt notwendige Programmdateien. Sie werden beim Starten des PC in den Arbeitsspeicher geladen und bleiben dort während sämtlicher Verarbeitungsvorgänge resident.

Alle Anwendungsprogramme, wie z.B. Programme für die Finanzbuchhaltung, für die Statistik oder für die Datenbankverwaltung, benutzen die Programme des Betriebssystems. Daraus erklärt sich, daß Anwendungsprogramme immer zum Betriebssystem passen müssen. Man muß sich also beim Kauf von Programmen immer auch für ein Betriebssystem entscheiden.

1.2 Dateien in MS-DOS

Eine **Datei** ist eine Sammlung von **sachlich zusammengehörenden Informationen**. So ist z.B. die Personaldatei eine Sammlung betriebsnotwendiger Informationen über das Personal, die Artikeldatei enthält wichtige Informationen über alle Artikel des Sortiments. Aber auch Informationen, die der Computer zur Steuerung seiner Verarbeitungsvorgänge braucht, werden in Dateien zusammengefaßt. Diese Dateien nennt man auch Programmdateien oder Programme.

Man unterteilt Dateien **nach der Art der Informationen**, die sie enthalten. Informationen über Personen, Sachen oder Sachverhalte (z.B. Personaldaten, Artikeldaten, Texte) sind **Nutzdaten**. Dateien mit solchen Daten nennt man **Nutzdateien**. Dateien, die **Steueranweisungen** für die Arbeit des Computers beinhalten, heißen **Programmdateien**.

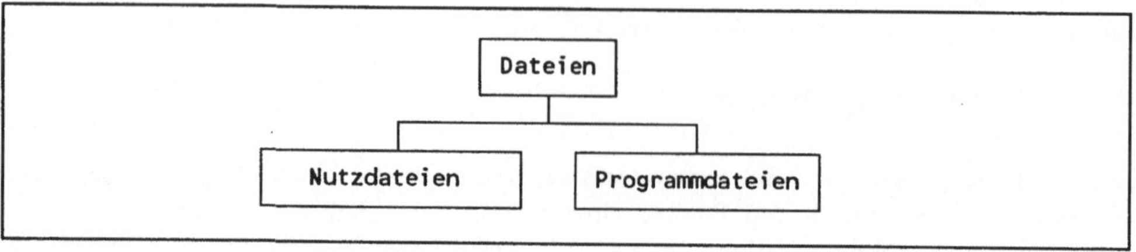

Abb. 2: Arten der Dateien

Man sieht es einer Datei an ihrer Benennung an, ob es sich um eine Nutzdatei oder eine Programmdatei handelt. Dateien müssen Benennungen erhalten, damit der Computer sie auf der Platte/Diskette wiederfinden kann. Auf jeder Platte befindet sich ein **Hauptverzeichnis** (root-directory) der Dateien, aus welchem ersichtlich ist, welche Dateien auf der Platte stehen. Es gibt bestimmte Regeln, nach denen Dateibenennungen gebildet werden dürfen. Jeder Benutzer von DOS muß diese Regeln strikt befolgen.

Eine **Dateibenennung** besteht aus dem **Dateinamen** und meistens - das ist nicht zwingend - einer **Erweiterung**. Beispiel:

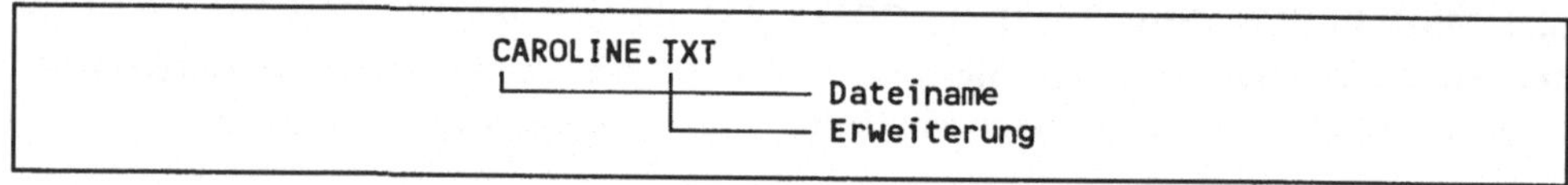

Abb. 3: Beispiel einer Dateibenennung

Der Dateiname lautet CAROLINE, die Erweiterung TXT. Ein Punkt trennt Name und Erweiterung. Der **Dateiname** darf zwischen 1 und 8 Zeichen lang sein. Er kann frei erfunden sein und darf sogar Ziffern und die Sonderzeichen $ # @ ! & % ( ) ' - _ { } enthalten. Die **Erweiterung** darf 1 bis 3 Zeichen lang sein. Auch für die Erweiterung dürfen Ziffern und Sonderzeichen, wie für den Namen, verwendet werden. Aber im Gegensatz zu den Namen, die jeder nach Geschmack beliebig bilden kann, gibt es **reservierte Erweiterungen**, welche für ganz bestimmte Dateien vorgeschrieben sind. Andere Erweiterungen werden immer von gewissen Programmsystemen erzeugt. Diese Erweiterungen sollten Sie für Ihre Nutzdateien vermeiden.

Beispiele:

Erweiterung	Bedeutung
.BAS	BASIC - Quellprogrammdatei
.BAT	Stapeldatei (von batch = Stapel), Befehlsdatei des DOS
.COM	Programm in Maschinensprache, Befehlsdatei (von compute = rechnen)
.DBF	Datenbankdatei des Programms dBASE (von data base file = Datenbankdatei)
.EXE	Programm in Maschinensprache, Befehlsdatei (von execute = ausführen)
.PIC	Grafikdatei des Tabellenkalkulationsprogramms LOTUS 1-2-3 (von picture = Bild)
.SYS	Betriebssystemdatei (von system)
.TXT	Textdatei des Programms WORD (von Text)
.WK1	Datei des Tabellenkalkulationsprogramms LOTUS 1-2-3 (von worksheet = Arbeitsblatt)

Abb. 4: Beispiele für reservierte Erweiterungen

Beim Umgang mit Dateien werden Sie bald feststellen, wie nützlich es ist, Namen so zu wählen, daß auf ihren Inhalt geschlossen werden kann.

Beispiele:

ABRECH92.WK3	Eine Abrechnung für 1989
KUNDEN.DBF	Kundendatei
EST3D_92.TXT	Anlage EST3D zur Einkommensteuererklärung
1992	

1.3 Tastatur

Für Personalcomputer gibt es verschiedene ans deutsche Alphabet und die DIN-Norm angepaßte Tastaturen. Bei einigen sind die Funktionstasten deutsch, bei anderen englisch beschriftet. Trotzdem dienen die Tasten bei den verschiedenen Fabrikaten weitgehend denselben Funktionen. Solange sich der Personalcomputer unter der Steuerung des Betriebssystems befindet, sieht man einen waagerechten Strich, den **Cursor** (Schreibmarke), auf dem Bildschirm blinken. Er zeigt die Stelle an, wo der PC das nächste Zeichen an den Bildschirm schreiben wird. Hier werden nur die Tastenfunktionen beschrieben, die Sie für die Benutzung von DOS unbedingt brauchen und soweit sie nicht schon von der DIN-Schreibmaschinentastatur her bekannt sind.

1.3.1 Steuertasten

Die Steuertasten dienen ganz unterschiedlichen Funktionen. Sie werden teils alleine, teils in Kombination mit anderen Tasten verwendet.

Eingabetaste (Return, Enter):

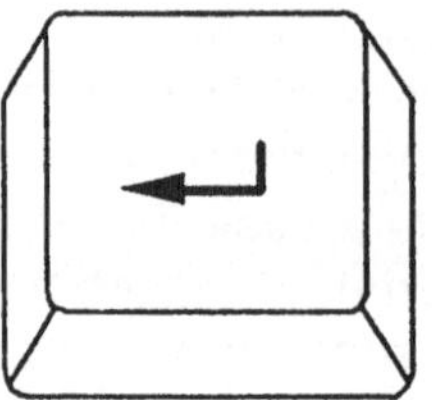

Ein Druck auf die Eingabetaste schließt jede Eingabe ab. Die eingegebene Zeile wird erst dadurch an das System gesendet.

Eingabe abbrechen (Esc, Eing.Lösch):

Die Taste **Esc** (Escape = Flucht) - sie trägt auf der älteren AT-Tastatur die Bezeichnung **Eing.Lösch** - bricht die Eingabe ab und setzt den Cursor in die nächste Zeile.

Programmstop:

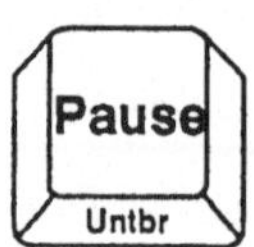

Der Programmablauf wird durch die Taste **Pause** nur gestoppt. Nach Betätigen einer beliebigen Taste setzt das Programm seine Arbeit fort.

Die folgenden Tastenkombinationen benutzen die Tasten **Strg (Ctrl)** (**Control = Steuerung**), **Alt** (Alternativ) und die **Umschalttaste** (Shift) in Verbindung mit anderen Tasten. Halten Sie dabei immer zuerst die in den Abbildungen linke Taste gedrückt, bevor Sie die zweite Taste tippen.

Programmabbruch:

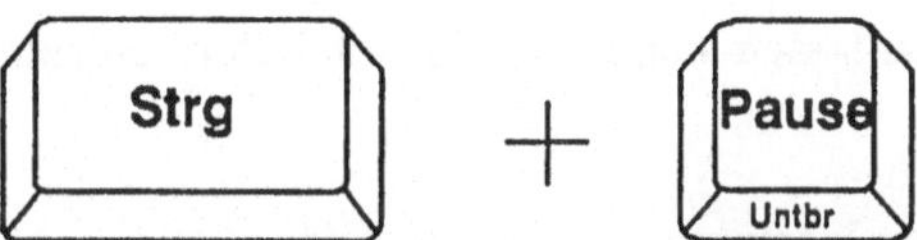

Statt der Taste **Untbr** (Pause) können Sie auch die Taste **C** (engl. cancel) verwenden. Das laufende Programm wird abgebrochen. Der Systemprompt erscheint wieder.

Hardcopy:

Die Taste **Druck** bewirkt den Abdruck des momentanen Bildschirminhalts auf dem Drucker. Das Ergebnis nennt man **Hardcopy.**

Protokoll:

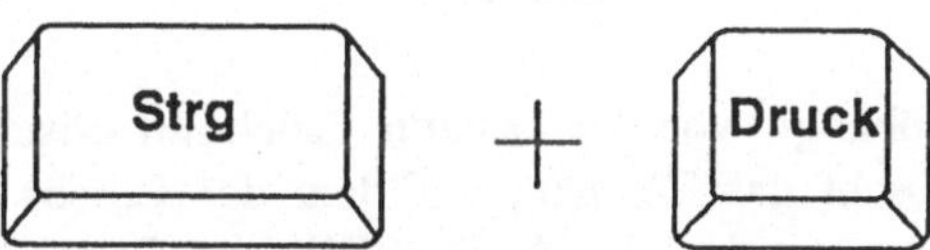

In Kombination mit der Strg-Taste setzt die Drucktaste die sog. **Protokolleinrichtung** in Gang. Der Drucker protokolliert anschließend alle Bildschirmausgaben solange mit, bis diese beiden Tasten ein zweites Mal gedrückt werden.

Sonderzeichen:

Um den **vollen** **Zeichensatz** des PC ausschöpfen zu können, benutzen Sie die **Alt**-Taste in Kombination mit den Zifferntasten des **Dezimaltastenblocks.** Auf diese Weise können Sie auch mathematische Zeichen, Grafikzeichen usw. einsetzen.

Halten Sie die Alt-Taste gedrückt. Danach tippen Sie nacheinander die einzelnen Ziffern des Dezimalwertes für das entsprechende Zeichen im PC-ASCII-Zeichensatz (vgl. Tabelle im Anhang). Nehmen Sie an, Sie brauchen das Zeichen ½ (einhalb), Dezimalwert **171:**

1.3.2 Korrekturtasten

Mit zwei Korrekturtasten lassen sich nach Eingabefehlern einzelne Zeichen löschen und korrigieren.

Rücksetzen und Zeichen löschen:

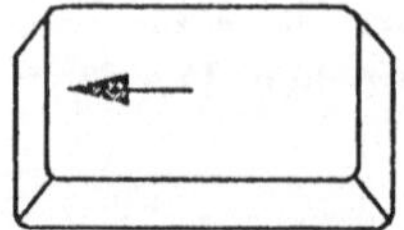

Der Cursor rückt um eine Stelle nach links. Das Zeichen links vom Cursor wird dabei gelöscht.

Zeichen löschen (Entf, Del, Lösch):

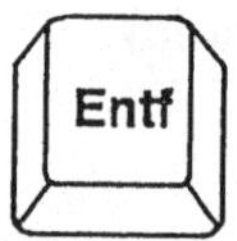

Die Taste **Entf** wird - abhängig von der Tastatur - auch mit **Lösch** oder **Del** bezeichnet. Jeder Tastenanschlag löscht das Zeichen, auf dem der Cursor steht. Die Entf-Taste können Sie in Verbindung mit dem Befehl DOSKEY im Editor EDIT und in den meisten Anwendungsprogrammen benutzen.

Zeichen einfügen (Einfg, Ins):

Die Taste **Einfg** oder **Ins** gestattet es, Zeichen in bereits eingegebene Zeichenketten einzufügen. Diese Taste kann auch in Verbindung mit DOSKEY, EDIT und Anwendungsprogrammen verwendet werden.

1.4 Systemstart

Um einen PC zu starten (engl. to boot), brauchen Sie eine **ladefähige Systemdiskette/ -platte** (Bootdisk). Das ist eine Diskette/Platte, auf der sich mindestens die drei im Abschnitt 2.1 beschriebenen Betriebssystemdateien befinden.

1.4.1 Kaltstart

Der Kaltstart beginnt mit dem Einschalten des PC. Zunächst prüfen Programme des ROM einige Systemkomponenten wie Zentralspeicher, Tastatur und Laufwerke auf Funktionstüchtigkeit. Das ist der **Selbsttest,** er findet noch vor dem Laden des Betriebssystems statt.

Ist der PC für den Start richtig vorbereitet, holt sich ein "Startprogramm" die für den laufenden Betrieb notwendigen Steuerprogramme und einige Dienstprogramme von der Systemdiskette (Laufwerk A:) oder der Magnetplatte (Laufwerk C:) in den Zentralspeicher. Beim PC mit Festplatte ist für den Start keine Diskette notwendig.

Nach erfolgreichem Ladevorgang erscheint das "Bereitzeichen" oder englisch der **Prompt** am Bildschirm. Hinter dem Prompt blinkt die Schreibmarke (cursor). Beim Start mit einer Diskette in Laufwerk A lautet der Prompt:

    A>

Wurde mit der Festplatte C: gestartet, erscheint:

    C>

Damit zeigt der PC an, daß er nun betriebsbereit ist. Der Prompt kann z.B. auch so aussehen: A:\> oder C:\>. Die Darstellung hängt von der Betriebssysteminstallation ab. Es kann auch sein, daß sofort nach dem Start eine grafische Benutzeroberfläche den Bildschirm überzieht. Auch dies ist eine Frage der Betriebssysteminstallation. Die zum Betriebssystem der DOS-Version 5.0 gehörende grafische Benutzeroberfläche DOS-Shell wird später in diesem Buch behandelt.

1.4.2 Warmstart

Wurde der PC einmal eingeschaltet, dann läßt sich ein neuerlicher Systemstart durch gleichzeitiges Drücken der 3 Tasten

    Strg-Alt-Entf (auf älteren Systemen: Strg-Alt-Lösch oder Ctrl-Alt-Del)

durchführen. Das Betriebssystem wird dann neu geladen. Gegenüber dem Kaltstart ergibt sich beim Warmstart ein Zeitvorteil, weil hier der Selbsttest entfällt. Warmstarts

werden notwendig, wenn der PC infolge von Programmfehlern "abstürzt", d.h. nicht
mehr weiterarbeitet.

1.4.3 Systemprompt

Die Plattenlaufwerke (Diskette und Festplatte) sind die externen Datenspeicher des PC.
Sie werden mit Buchstaben gekennzeichnet. Die eingebauten Diskettenlaufwerke haben
die Bezeichnungen **A** und **B**, die erste Festplatte die Bezeichnung **C**.

Das Bereit-Zeichen **C>** oder **C:\>** nach dem Start weist darauf hin, daß das Betriebssystem auf das Laufwerk **C** eingestellt ist. Man bezeichnet das eingestellte Laufwerk
als **aktuelles Laufwerk**. Das Betriebssystem sucht zu verarbeitende Dateien immer
zuerst im aktuellen Laufwerk.

Die ursprüngliche Voreinstellung können Sie durch Eingabe der Laufwerkbezeichnung
gefolgt von einem Doppelpunkt, z.B. a: oder A:, ändern. Sie müssen die Eingabe mit
der **Return-Taste** (Enter-Taste, Eingabetaste) abschließen.

Beispiel:

```
C:\>A: <Return-Taste>          (hinter dem Prompt wurde A: eingegeben)
A:\>                           (der PC antwortet mit der neuen Einstellung)
```

Jetzt sucht das Betriebssystem alle Dateien zuerst im Laufwerk A. Beim Festplatten-PC
lautet die Voreinstellung nach dem Start C:\>. Der Festplatten-PC sucht folglich Dateien normalerweise auf der Festplatte.

1.5 DOS-Shell, die Benutzeroberfläche des DOS

Benutzeroberfläche (shell) nennt man die Erscheinungsform des Bildschirmaufbaus und
die damit verbundenen Bedienungsfunktionen, die dem Benutzer ein Programm anbie-
tet. Modern sind **grafische** und sog. **intuitive** Oberflächen. Eine grafische Oberfläche
füllt den Bildschirm mit Fenstern (Bildausschnitten, windows), Sinnbildern (icons) und
Schrift aus. Mit der Tastatur oder mit einer Maus - alternativ einem Trackball - kann
der Benutzer die angebotenen Symbole und Menüpunkte oder die aufgeführten Dateien
anwählen ("anklicken") und damit bestimmte Aktionen des Programms auslösen. Intui-
tiv ist eine Oberfläche, wenn sie der Benutzer ohne besonderen Schulungsaufwand
schnell beherrscht, d.h., wenn sie weitgehend selbsterklärend ist.

In der Welt der IBM-Computer setzt sich der sog. SAA-Standard (SAA = systems ap-
plications architecture) mit dem CUA (= common user access) durch. CUA beschreibt
die Art und Weise, wie nach der von IBM entwickelten Vorstellung ein Benutzer mit
einem Programm konfrontiert wird und Zugang zu ihm findet. MS-DOS 5.0 folgt diesem Trend. Die DOS-Shell entspricht den von IBM angestrebten Standards.

1.5.1 DOS-Shell aktivieren (DOSSHELL)

Die DOS-Shell aktivieren Sie durch den Befehl DOSSHELL. Das entsprechende Programm wurde bei der Betriebssysteminstallation (SETUP) mit allen zusätzlich notwendigen Dateien auf der Festplatte/Diskette abgelegt. Der Befehl wird beim Systemstart automatisch ausgeführt, wenn Sie das bei der Installation angegeben haben. Andernfalls geben Sie den Befehl nach dem DOS-Prompt ein:

C:\> DOSSHELL <Enter>

Falls Ihr Bildschirm nach Aufruf von DOSSHELL etwas anders als in der Abbildung aussieht, dann liegt das daran, daß die DOS-Shell sich zunächst im Textmodus zeigt.

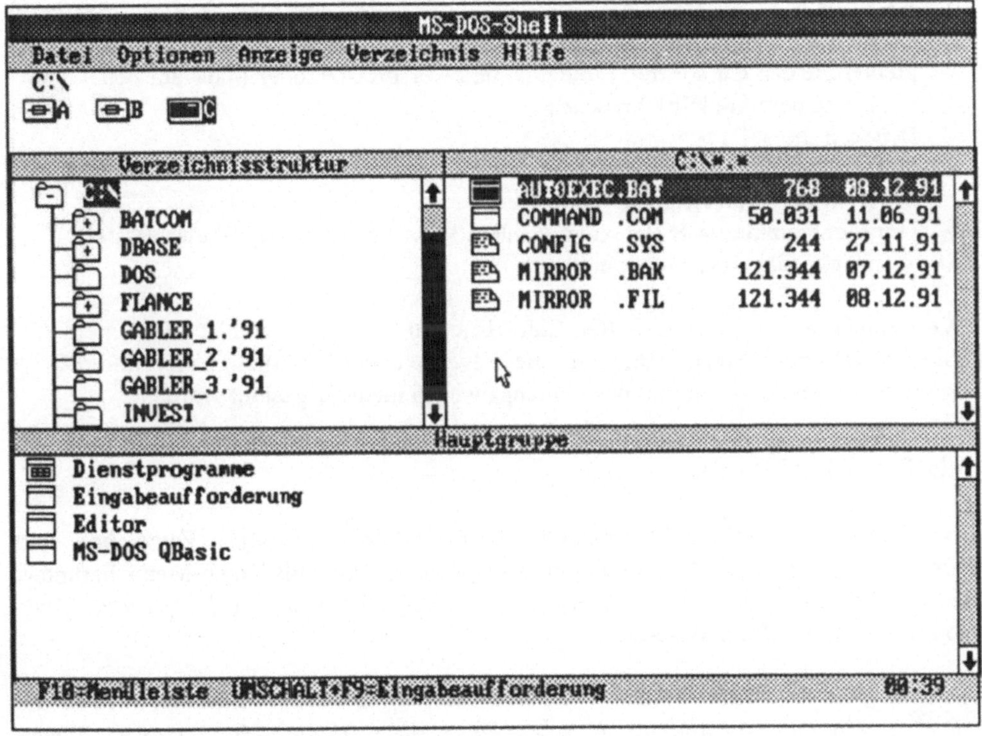

Abb. 5: Das Eingangsbild der DOS-Shell

Der Textmodus arbeitet mit dem vorgegebenen Zeichensatz des PC (vgl. Anhang 1). Im Textmodus werden alle Darstellungen aus den 256 Zeichen des PC-Zeichensatzes zusammengesetzt. Im Grafikmodus können Symbole frei gestaltet werden. Infolgedessen ist die Vielfalt der Darstellungsmöglichkeiten im Grafikmodus größer. Das DOSSHELL-Programm kann moderne Farb-Grafik-Adapterkarten in verschiedenen Modi betreiben. Wenn Ihr Gerät eine Farb-Grafik-Adapterkarte besitzt, können Sie beide Modi in verschiedenen Auflösungen und Farben wählen. Haben Sie eine Monochrom- oder Hercules-Karte, bleibt nur der Textmodus übrig.

1.5.2 Erster Kontakt mit der DOS-Shell

Jeder Benutzer kann die Aufteilung des Bildschirms mit der DOS-Shell nach seinen Bedürfnissen vornehmen. Der fortgeschrittene Benutzer wird das tun. Zunächst soll uns die Standardform genügen. Die folgenden Beispiele dienen dem Warming-up. Führen Sie diese aus.

Hinweise zur Direkthilfe
Mit der Taste <F1> erhalten Sie in jeder Situation gezielt Hilfe zum aktuellen Thema.

- Stellen Sie den Cursor mit Tabulator- und Cursortasten oder Maus auf den Punkt, zu dem Sie Hilfe brauchen
- Drücken Sie <F1>
- Mit <Pfeil-ab>/<Pfeil-auf> oder <Bild-ab>/<Bild-auf> verfolgen Sie den Text der Erläuterungen
- Um Menüpunkte im Hilfetext zu wählen, verwenden Sie die Tabulatortaste
- <Enter> führt den Menüpunkt aus

Verwenden Sie die Direkthilfe (On-Line-Hilfe) ausgiebig. Sie enthält zu allen die Shell betreffenden Fragen Hinweise, die teilweise über die in diesem Abschnitt beschriebenen hinausgehen und des Umfangs wegen nicht dargestellt wurden.

1.5.2.1 Menüleiste

Die **Menüleiste** zeigt die Menüpunkte *Datei, Optionen, Anzeige, Verzeichnis* und *Hilfe*. Durch die Wahl der Menüpunkte klappen Sie ein Pull-Down-Menü herunter. Bedienungsbeispiel für die Menüleiste soll im folgenden das Umschalten vom Textmodus auf den Grafikmodus sein:

Mit der Taste <Alt> und einem darauffolgenden Buchstaben wählen Sie ein Pull-Down-Menü. Drücken Sie <Alt>, dann <O>. Das Optionen-Menü wird sichtbar. Wählen Sie mit <A> (oder den <Pfeil-ab>/<Pfeil-auf>-Tasten und <Enter>) den Anzeigemodus. Jetzt gelangen Sie in eine **Dialogbox.** *Die Markierung steht auf "Text 25 Zeilen ...". Mit <Pfeil-ab> setzen Sie diese auf "Grafik 25 Zeilen ..." und drücken <Enter>. Nach kurzer Zeit sehen Sie die DOS-Shell im Grafikmodus (vgl. Abb. 1). Mit der Taste <Esc> (engl. escape = Flucht) verlassen Sie ein Pull-Down-Menü oder eine Dialogbox ohne Änderung.*

Stellen Sie den Mausanzeiger (Mauscursor) auf den Menüpunkt Optionen und drücken Sie die linke Maustaste. Diesen Vorgang nennt man "Anklicken". Klicken Sie den Anzeigemodus an, also Mauscursor auf Anzeigemodus und linke Maustaste betätigen. Mauszeiger auf "Grafik 25 Zeilen ..." und linke Maustaste zweimal kurz hintereinander tippen (Doppelklicken) oder den Befehl OK anklicken. Mit der rechten Maustaste brechen Sie ein Menü ab. In der Dialogbox müssen Sie dazu in der Befehlsleiste den Punkt Abbrechen anklicken.

1.5.2.2 Laufwerkliste

Unter der Menüleiste präsentiert DOS-Shell alle Laufwerke des Rechners. Das können mehr sein, als in Ihrem PC "physikalisch" tatsächlich vorhanden sind, nämlich auch virtuelle, logische oder Netzwerklaufwerke. Das hängt von Ihrer Konfiguration ab. Das aktuell eingestellte Laufwerk, es ist markiert, können Sie wechseln.

Halten Sie die Taste <Strg> gedrückt und tippen Sie den Buchstaben des gewünschten Laufwerks, z.B. <A>. Das System liest Verzeichnisse und Dateien des Laufwerks und zeigt sie an. Beachten Sie: Falls Sie ein Diskettenlaufwerk wählen, sollte dort eine formatierte Diskette liegen. Sie können auch die Tabulatortaste (in Verbindung mit gedrückter Umschalttaste rückwärts laufend) benutzen, um in die Dateiliste zu gelangen. Dann wählen Sie mit <Pfeil-rechts>/<Pfeil-links> das Laufwerk A. Schließlich drücken Sie <Enter>.

Symbol für Laufwerk A anklicken. Doppelklicken aktualisiert die Anzeige nach einer eventuellen Veränderung (z.B. Löschen von Dateien) auf dem Datenträger.

1.5.2.3 Verzeichnisstruktur

Die Liste der Verzeichnisse eines Laufwerks, in der DOS-Shell auf der linken Seite unter den Laufwerken, zeigt die Verzeichnisstruktur eines Laufwerks. Verzeichnisse werden im Grafikmodus durch das Kartei-Symbol gekennzeichnet.

1.5.2.3.1 Begriff Verzeichnis

Auf jedem Datenträger gibt es ein **Hauptverzeichnis** oder **Stammverzeichnis** (engl. root-directory) und beliebig viele **Unterverzeichnisse**. Das Stammverzeichnis wird beim Vorbereiten einer Festplatte/Diskette (vgl. Befehl FORMAT) automatisch eingetragen. Alle anderen Verzeichnisse erstellt der Benutzer selbst.

Verzeichnisse haben die Funktion von Ablagefächern oder Dokumentenmappen. Sachlich zusammengehörende Dateien werden in einem spezifischen Verzeichnis abgelegt. So finden Sie zum Beispiel im Verzeichnis namens DOS alle Dateien des Betriebs-

systems. Im Verzeichnis WORD etwa befinden sich alle Programmdateien des Text-
systems MS-WORD und in einem Verzeichnis namens KUNDEN alle Briefe und
Unterlagen, die mit Ihren Kunden zu tun haben.

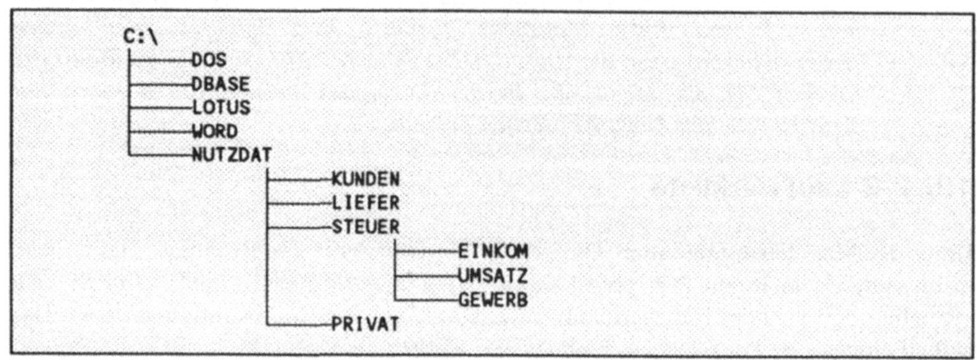

Abb. 6: Beispiel für eine Verzeichnisstruktur

Im Beispiel ist die hierarchische Verzeichnisstruktur zu erkennen. Dem Stammverzeichnis auf Platte C:, gekennzeichnet durch den Schrägstrich rückwärts (\, engl.
backslash), sind einige Verzeichnisse direkt untergeordnet, in denen sich Programmsysteme befinden. Ein Verzeichnis NUTZDAT weist darauf hin, daß hier Nutzdaten
abgelegt sind. Da es an einem Arbeitsplatz die verschiedenartigsten Nutzdateien gibt,
ist dieses Unterverzeichnis wieder in weitere Verzeichnisse untergliedert. Der Benutzer
hat es offenbar mit Kunden und Lieferern zu tun. Die diese Arbeitsbereiche betreffenden Dateien sind in den Verzeichnissen KUNDEN und LIEFER abgelegt. Es gibt ferner ein Verzeichnis STEUER für Steuerangelegenheiten. Weil der Benutzer verschiedene Steuerarten zu bearbeiten hat, ordnet er dem Verzeichnis STEUER entsprechende
Verzeichnisse, EINKOM, UMSATZ und GEWERB unter. Schließlich weist die Platte
noch ein Unterverzeichnis PRIVAT für die Privatpost auf.

Die Speicherung von Dateien in sachbezogenen Verzeichnissen ist vergleichbar mit der
Ablage von Dokumenten im Aktenschrank:

Hauptverzeichnis des Laufwerks	≈ Aktenschrank
1. Unterverzeichnisebene	≈ Aktenordner
2. Unterverzeichnisebene	≈ Register im Aktenordner
Nutzdatei	≈ Dokument

Im Gegensatz zu diesem Analogiebeispiel kann es auf dem Datenträger jedoch eine tie-
fere Staffelung der Unterverzeichnisebenen geben. Eine Struktur, die Verzeichnisse für
Nutzdaten strikt von Verzeichnissen für Programme trennt, ist für die Datensicherung
von Vorteil (vgl. Befehl BACKUP). In der Regel müssen nur Nutzdaten regelmäßig
gesichert werden, denn für die lizenzierten Programme existieren die entsprechenden

Original-Disketten. Diese bleiben immer in ihrem ursprünglichen Zustand. Nutzdaten dagegen verändern sich laufend durch Bearbeitung.

Um eine Textdatei mit dem Namen FA_12031.TXT im Umsatzsteuerverzeichnis anzusprechen, müssen Sie, die Struktur von Abb. 7 zugrundegelegt, folgendermaßen adressieren:

C:\NUTZDAT\STEUER\UMSATZ\FA_12031.TXT

Laufwerk, Verzeichnisse und Dateiname sind durch \ voneinander getrennt. Sie werden in hierarchischer Ordnung, das übergeordnete Verzeichnis zuerst, aufgeführt. Die vor der Dateibenennung stehenden Angaben nennt man **Pfad**.

1.5.2.3.2 Begriff Pfad

Ein **Pfad** ist eine Folge von hierarchisch aneinandergereihten und durch \ (Backslash) getrennten Verzeichnisnamen, denen eine Laufwerksbezeichnung vorangestellt sein kann. Der erste Backslash bzw. ein Backslash alleine bezeichnet das Stamm- bzw. Hauptverzeichnis. Alle folgenden Backslashes haben lediglich die Funktion von Trennzeichen.

Pfad-Beispiele: **Bedeutung:**

C:	Aktuelles Verzeichnis des Laufwerks C:
C:\	Stammverzeichnis von C:
\	Stammverzeichnis des aktuellen Laufwerks
C:\DOK	Dem Stammverzeichnis untergeordnetes Verzeichnis DOK
\NUTZDAT	Dem Stammverzeichnis untergeordnetes Verzeichnis NUTZDAT des aktuellen Laufwerks
C:\WORD*.*	Alle Dateien des Unterverzeichnisses WORD
C:\TEX\PRI\X.TXT	Die Datei X.TXT im Unterverzeichnis PRI des Unterverzeichnisses TEX des Stammverzeichnisses von C:

1.5.2.3.3 Verzeichnisbereich der DOS-Shell

Die Shell zeigt an oberster Stelle das Laufwerk mit dem Symbol für Stammverzeichnis, \ (Backslash). Falls Sie bisher nur DOS installiert haben, besteht die Verzeichnisstruktur nur aus Stammverzeichnis und Unterverzeichnis DOS. Für jedes neue Programmsystem, das Sie installieren, legen Sie ein entsprechendes Verzeichnis an. Im Beispiel Abb. 5 wurden bereits mehrere Unterverzeichnisse eingerichtet.

Sie können das Stammverzeichnis und jedes untergeordnete Verzeichnis anwählen. Die Dateiliste auf der rechten Seite des Bildschirms läßt alle Dateien des jeweils gewählten Verzeichnisses erkennen. Verzeichnisse mit dem Zeichen + im Verzeichnissymbol besitzen weitere Unterverzeichnisse.

Drücken Sie so oft die Tabulatortaste (im folgenden < Tab > -Taste), bis die Markierung im Bereich Verzeichnisstruktur steht. Wählen Sie mit < Pfeil-ab > / < Pfeil-auf > das Verzeichnis, z.B. DOS. Falls das Verzeichnissymbol ein "+"-Zeichen aufweist, drücken Sie < + >. Die volle Verzeichnisstruktur wird sichtbar. Mit < Pfeil-ab > / < Pfeil-auf > erreichen Sie die untergeordneten Verzeichnisse, das Zeichen < - > verbirgt diese.

Alternative:

Statt mit den Pfeiltasten ist es möglich, die Auswahl mit der dem ersten Buchstaben des gesuchten Verzeichnisses entsprechenden Buchstabentaste durchzuführen. Beispiel: Taste <D> führt zum ersten Verzeichnis, dessen Name mit D beginnt, z.B. DBASE. Der zweite Tastenanschlag läßt den Cursor zu DOS wandern usw. Vom Ende aller Verzeichnisse, die mit D beginnen, springt der Cursor schließlich auf den ersten Namen zurück. Diese Auswahltechnik gilt auch für die Bereiche: Dateiliste, Haupt- und Untergruppen.

Klicken Sie den Verzeichnisnamen, z.B. DOS, an. Falls das Verzeichnissymbol ein "+"-Zeichen aufweist, klicken Sie dieses an. Die volle Verzeichnisstruktur wird sichtbar. Durch Anklicken erreichen Sie auch die untergeordneten Verzeichnisse.

1.5.2.4 Dateiliste

Der rechte Bildschirmbereich (vgl. Abb. 5) heißt Dateiliste. Hier sind die im aktuellen Verzeichnis befindlichen Dateien alphabetisch aufgelistet. Im Grafikmodus erkennen Sie die Nutzdateien am Dokument-Symbol, die Befehlsdateien (mit Erweiterungen .COM, .EXE und .BAT) am Befehl-Symbol. Rechts neben den Dateinamen stehen die Größe der Datei in Byte und das Datum der letzten Änderung. Über der Dateiliste steht die Pfadangabe für das aktuelle Verzeichnis.

Beispiel:

Die Pfadangabe: C:\DOS*.* bedeutet: Anzeige aller Dateien (*.*) im Unterverzeichnis DOS des Laufwerks C: (zum Platzhalter < * > vgl. Befehl DIR).

Alle Befehlsdateien können Sie ganz einfach starten. Das folgende Beispiel geht davon aus, daß Sie das DOS-Verzeichnis angewählt haben (vgl. oben, zur Ausführung von Befehlen: vgl. auch Abschn. 2.5.4 Drag-and-Drop-Verfahren).

Sie wählen das Verzeichnis, z.B. DOS, falls noch nicht geschehen, an. Mit der Tabulatortaste suchen Sie die Dateiliste auf. Mit Cursortasten (= Pfeil-Tasten und Bild-Tasten) wählen Sie eine Befehlsdatei aus, z.B. HELP.EXE und betätigen < Enter >.

Alternative:

Statt mit den Pfeiltasten ist es möglich, die Auswahl mit der dem ersten Buchstaben der gesuchten Datei entsprechenden Buchstabentaste durchzuführen, z.B. im Verzeichnis DOS führt Taste <H> unmittelbar zu HELP.EXE. <Enter> startet das Programm.

Klicken Sie ein Verzeichnis, z.B. DOS, an. Mauscursor auf den unteren Pfeil der Bildlaufleiste, das ist der senkrechte Balken rechts mit Pfeilen nach oben und unten. Die linke Maustaste drücken Sie so lange, bis HELP.EXE erscheint. Falls nötig, fahren Sie mit dem oberen Pfeil wieder zurück. Markieren Sie HELP.EXE und führen Sie den Befehl mit Doppelklick aus.

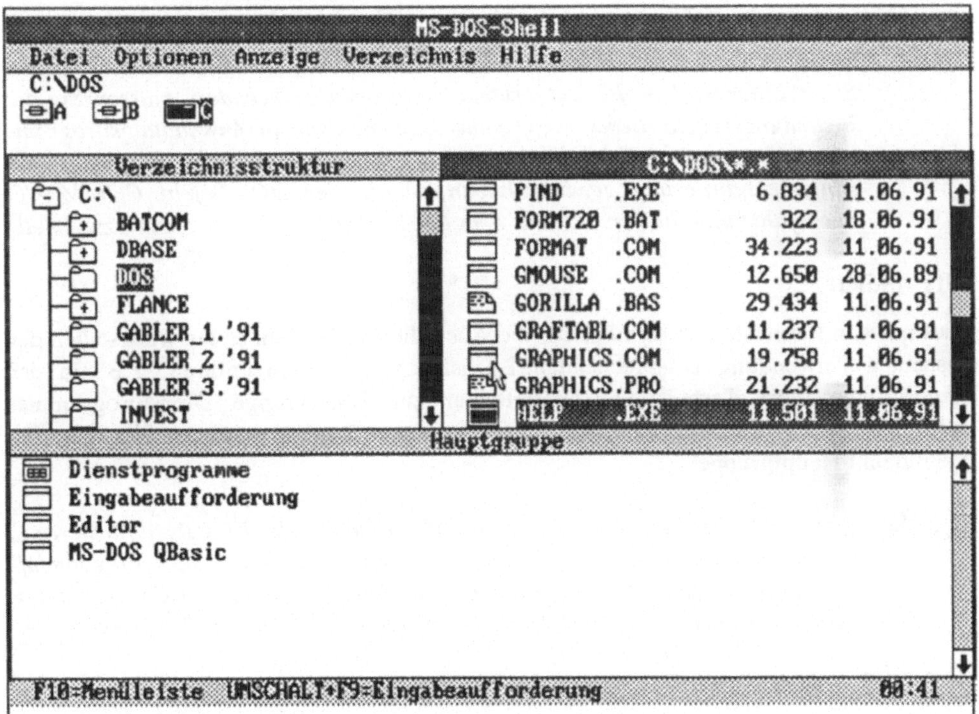

```
┌────────────────────────────── MS-DOS-Shell ──────────────────────────────┐
│ Datei  Optionen  Anzeige  Verzeichnis  Hilfe                              │
│ C:\DOS                                                                     │
│  ⊟A   ⊟B   ▬C                                                              │
│                                                                           │
│ ───── Verzeichnisstruktur ─────        ─────── C:\DOS\*.* ───────          │
│  ┌─ C:\                          ↑    □ FIND     .EXE    6.834  11.06.91 ↑ │
│    ├─⊞ BATCOM                         □ FORM720  .BAT      322  18.06.91   │
│    ├─⊞ DBASE                          □ FORMAT   .COM   34.223  11.06.91   │
│    ├─  DOS                            □ GMOUSE   .COM   12.650  28.06.89   │
│    ├─⊞ FLANCE                         ▤ GORILLA  .BAS   29.434  11.06.91   │
│    ├─  GABLER_1.'91                   □ GRAFTABL .COM   11.237  11.06.91   │
│    ├─  GABLER_2.'91                   □ GRAPHICS .COM   19.758  11.06.91   │
│    ├─  GABLER_3.'91                   ▤ GRAPHICS .PRO   21.232  11.06.91   │
│    └─  INVEST                    ↓    ▬ HELP     .EXE   11.501  11.06.91 ↓ │
│ ───────────────────────────── Hauptgruppe ─────────────────────────────── │
│  ▦ Dienstprogramme                                                      ↑ │
│  □ Eingabeaufforderung                                                     │
│  □ Editor                                                                  │
│  □ MS-DOS QBasic                                                           │
│                                                                           │
│                                                                         ↓ │
│ F10=Menüleiste  UMSCHALT+F9=Eingabeaufforderung              00:41         │
└───────────────────────────────────────────────────────────────────────────┘
```

Abb. 7: DOS-Shell mit Verzeichnis DOS

Manche Befehlsdateien, wie z.B. EDLIN.COM, brauchen schon beim Start zugeordnete Parameter (Befehlszusätze). Wenn Sie diese wie hier beschrieben starten, erhalten Sie kein Ergebnis. Auf die beschriebene Weise ist es auch möglich, Nutzdateien mit den zugehörigen Anwendungsprogrammen zu verknüpfen. Dabei werden die Anwendungsprogramme ausgeführt, obwohl sie nicht im selben Verzeichnis stehen.

1.5.2.5 Hauptgruppe

Hauptgruppe bedeutet: eine übergeordnete Gruppe von Programmen, die der Anwender aufrufen kann. Diesen Teil der DOS-Shell verwaltet der sog. **Programm-Manager**.

Innerhalb der ursprünglich sichtbaren Programme gibt es eine Untergruppe *Dienstprogramme*. Wenn Sie diese Untergruppe öffnen (vgl. unten), wird das Menü der Dienstprogramme sichtbar. Jeder Benutzer hat die Möglichkeit, das Menü der Hauptgruppe um weitere Menüpunkte, d. h. Programmaufrufe- und Untergruppen, zu erweitern.

Stellen Sie die Markierung mit dem Tabulator in die Hauptgruppe. Wählen Sie mit Cursortasten einen Menüpunkt, z.B. Eingabeaufforderung. Drücken Sie <Enter>. Um das aufgerufene Programm zu beenden, müssen Sie die Bedienungsregeln dieses Programms kennen, denn in Anwendungsprogrammen gelten andere Tastenfunktionen als in der Shell. Falls Sie den Punkt Eingabeanforderung gewählt haben, wurde der DOS-Befehl COMMAND ausgeführt und Sie kommen mit dem Befehl EXIT <Enter> zurück zur Shell.

Alternative:

Statt mit den Pfeiltasten ist es möglich, die Auswahl mit der dem ersten Buchstaben der gesuchten Anwendung entsprechenden Buchstabentaste durchzuführen, z.B. in der Hauptgruppe führt Taste <D> unmittelbar zur Untergruppe Dienstprogramme. <Enter> öffnet die Untergruppe Dienstprogramme. Zurück gelangen Sie über den Menüpunkt Hauptgruppe.

Setzen Sie den Mauscursor auf den Menüpunkt, z.B. Eingabeaufforderung, und führen Sie einen Doppelklick aus. Falls Sie den Punkt Eingabeaufforderung gewählt haben, kommen Sie mit dem Befehl EXIT <Enter> zurück zur Shell. Auf der DOS-Systemebene ist die Maus außer Funktion.

1.5.2.5.1 Menüpunkte des Menüs Hauptgruppe

Eingabeaufforderung

Dieser Punkt ist das Fenster zur Befehlsoberfläche von DOS. Die Tastenkombination <UMSCHALTUNG> + <F9> erledigt dasselbe. Mit dem Befehl EXIT kehren Sie zur Shell zurück.

Editor

Mit dem Editor können Sie Texte verfassen und ändern. Sie werden zunächst gefragt, welche Datei Sie bearbeiten wollen. Falls Sie eine neue anlegen wollen, entfällt der Eintrag. Klicken Sie OK an oder drücken Sie <Enter>. Daraufhin erscheint die Eingabemaske des Editors mit der Menüleiste am oberen Rand. Mit <Alt> gelangen Sie in die Menüs. <Esc> führt zurück. Benutzen Sie nach Aufruf des Editors die on-line-Hilfe (Taste F1), um sich über seine Funktionen zu informieren.

MS-DOS QBasic

QBasic ist der BASIC-Übersetzer, der mit DOS 5.00 ausgeliefert wird. Es handelt sich um ein komfortables Programmentwicklungssystem, mit dem professionelle BASIC-Programme entwickelt werden können. Sie können spaßeshalber einmal eines der mitgelieferten BASIC-Quellprogramme, kenntlich an der Erweiterung .BAS, übersetzen und ausführen lassen.

Ausführungsbeispiel:

Markieren Sie im Bereich Verzeichnisstruktur das Verzeichnis DOS. Wählen Sie im Bereich Hauptgruppe "MS-DOS QBasic". Tragen Sie in der sich öffnenden Dialogbox als QBasic-Datei den Namen NIBBLES ein. <Enter> drücken oder OK anklicken. Mit <Umschaltung> + <F5> startet ein Spiel.

Dienstprogramme

Der Menüpunkt bildet den Zugang zur Untergruppe *Dienstprogramme*.

1.5.2.5.2 Menüpunkte der Untergruppe Dienstprogramme

Die Untergruppe Dienstprogramme ist nur eine beispielhafte Programmgruppe. Sie können Sie erweitern und/oder weitere Untergruppen selbst schaffen.

Hauptgruppe

Hauptgruppe ist ein Menüpunkt, der wieder zurück zum Eingangsmenü Hauptgruppe führt.

Diskette kopieren

Nach dem Öffnen der Dialogbox werden Sie angewiesen, Quell- und Ziellaufwerk einzugeben. Sie können auch den Vorschlag A: (Quelle) und B: (Ziel) übernehmen. Mit dem Menüpunkt kopieren Sie den Inhalt einer Diskette vollständig von einem Laufwerk (hier A:) in das andere (hier B:). Vorsicht: Alle Dateien der Zieldiskette werden gelöscht (vgl. Befehl DISKCOPY).

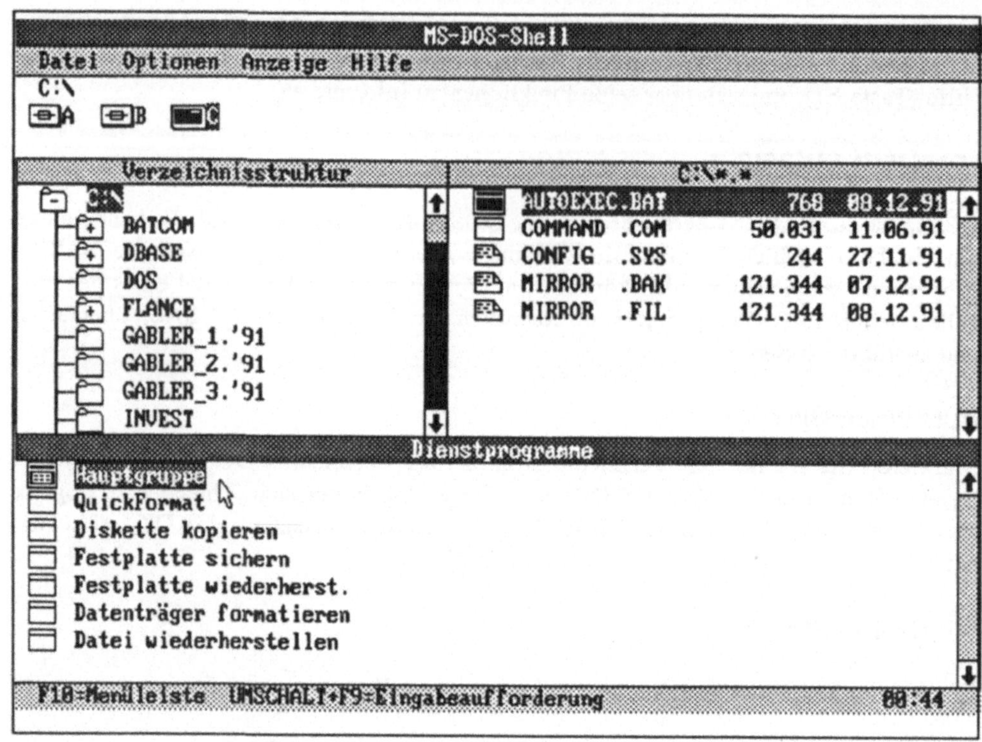

Abb. 8: Untergruppe Dienstprogramme

Festplatte sichern

Die Festplatte C: (Quelle) wird mit ihrem gesamten Inhalt aus Sicherheitsgründen auf Disketten übertragen, die Sie in Laufwerk A: (Ziel) plazieren müssen. Statt der Vorgabe können Sie auch jedes andere Laufwerk (z.B. E: als Quelle und B: als Ziel) oder Verzeichnis (z.B. \DOS) einsetzen (vgl. Befehl BACKUP).

Festplatte wiederherstellen

Sie haben eine Festplatte versehentlich gelöscht, oder Sie mußten eine defekte Festplatte gegen eine neue austauschen lassen. Nun können Sie die mit dem vorangegangenen Menüpunkt gesicherten Daten wieder zurückspielen, d.h. den ursprünglichen Datenbestand wiederherstellen. Mit dem folgenden Parameterbeispiel schreibt das System alle Dateien von Laufwerk A: auf Laufwerk C: zurück (vgl. Befehl RESTORE):

        Parameter: A: C:*.* /S

QuickFormat

Der Menüpunkt formatiert eine früher formatierte Diskette erneut. Alle Unterverzeichnisse und Dateien werden beseitigt. Vorgabelaufwerk ist A:, sie können das aber durch Eingabe eines anderen Laufwerks, z.B. B:, ändern (vgl. Befehl FORMAT).

Datenträger formatieren

Wenn Sie eine Diskette erstmals formatieren wollen, wählen Sie diesen Punkt. Sie können die Parametervorgabe A: ändern. Der PC formatiert die Diskette automatisch in der dem Laufwerk eigenen Maximalkapazität. Sind andere Kapazitäten erwünscht, z.B. für DD-Disketten, müssen Sie diese in Form von spezifischen Parametern vorgeben (vgl. Befehl FORMAT).

Datei wiederherstellen

Sie können gelöschte Dateien wiederherstellen, wenn sie nach dem Löschen nicht ganz oder teilweise durch neue Daten überschrieben wurden (vgl. Datei-Manager, Menüpunkt Löschen). Wenn Sie den Menüpunkt wählen, zeigt die Dialogbox den Parameter /LIST. Das bedeutet, Sie erhalten zunächst nur eine Liste der gelöschten Dateien, soweit ihre Namen noch im Inhaltsverzeichnis stehen. Ist die Liste zu lang, wählen Sie mit Platzhaltern (Jokern) eine Dateigruppe aus.

Ausführungsbeispiel:

Nach der Wahl des Menüpunkts geben Sie als Parameter ein:

Parameter:	Wirkung:
/LIST *.TXT	alle gelöschten Dateien mit der Erweiterung .TXT anzeigen
/LIST ?O*	alle gelöschten Dateien zeigen, deren Name an zweiter Stelle den Buchstaben O besitzt

Beim Löschen wird die erste Stelle des Namens im Verzeichnis durch ein spezielles Löschkennzeichen überschrieben. Deshalb ist es nicht möglich, nach dem ersten Zeichen eines Dateinamens zu suchen. Das erste Zeichen muß immer durch ? oder * ersetzt werden (vgl. auch Befehl UNDELETE).

Ausführungsbeispiel:

Nehmen Sie an, Sie haben die Datei AUTOEXEC.BAT versehentlich gelöscht. Sie soll gerettet werden. Nach der Wahl des Menüpunkts geben Sie als Parameter ein: ?UTOEXEC.BAT.

Das System meldet, ob die Datei wiederhergestellt werden kann. Falls Sie jetzt mit J antworten, werden Sie aufgefordert, den ersten Buchstaben des Dateinamens, in unserem Beispiel A, einzugeben. Damit ist die Datei wieder verfügbar.

Sie können eine Gruppe von Dateien retten, wenn Sie Platzhalter benutzen, z.B. heißt Parameter *.TXT: Alle Textdateien retten.

1.5.2.6 Bildlaufleiste und Bildlaufpfeile

Rechts neben manchen Fenstern verläuft senkrecht die Bildlaufleiste, oben und unten begrenzt durch die Bildlaufpfeile. Sie bringen nur dem Mausbenutzer Vorteile. Folgende Nutzungsmöglichkeiten gibt es:

Zeilenweise blättern: Mauscursor auf den unteren oder oberen Pfeil, Maustaste antippen oder gedrückt halten (Dauerfunktion).

Mehrere Zeilen überblättern: Mauscursor direkt unter den oberen Pfeil oder über den unteren Pfeil, Maustaste antippen oder gedrückt halten (Dauerfunktion). Das Bildlauffeld, ein kleines gerastertes Rechteck, wandert auf der Bildlaufleiste nach oben oder nach unten und zeigt die relative Position des Cursors an.

Variante: *Sie stellen den Mauscursor auf das Bildlauffeld, halten die Maustaste gedrückt, bewegen die Maus nach oben oder unten und lassen die Maustaste los, sobald die gewünschte Position erreicht ist.*

1.5.2.7 Statuszeile

Die Statuszeile begrenzt den unteren Bildrand. Sie dient dazu, aktuelle Mitteilungen, Modi und die Uhrzeit anzuzeigen.

1.5.3 Pull-Down-Menüs der DOS-Shell

Ein Pull-Down-Menü (engl. pull down = zieh' runter) ist ein Menüfenster, das sich nach unten öffnet. Abhängig von der aktuellen Position des Cursors in einem der Fenster stellen sich die Pull-Down-Menüs unterschiedlich dar.

1.5.3.1 Menü Datei

1.5.3.1.1 Datei-Manager

Wenn Sie das Pull-Down-Menü *Datei* aufrufen, während sich der Cursor in der Laufwerkliste, in der Verzeichnisstruktur oder der Dateiliste befindet, dann wird der sog. **Datei-Manager** aktiviert. In diesem Punkt zeigt sich die besondere Stärke der Shell von DOS 5.0. Der Datei-Manager bietet Ihnen viele Möglichkeiten der Verwaltung von Dateien.

Der Datei-Manager bezieht im Menü Datei angebotene Bearbeitungsmöglichkeiten immer auf die von Ihnen zuvor markierte(n) Datei(en). Sie können einzelne oder mehrere Dateien markieren. Möglichkeiten für das Markieren von Dateien:

Einzelne Dateien markieren

Dateiliste mit Tabulator wählen
Datei mit den Cursortasten ansteuern

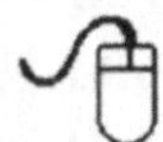

Datei anklicken

Mehrere Dateien in Folge markieren

Mit Tabulatortaste Dateiliste wählen
Cursor auf die erste Datei stellen
Umschalttaste (shift) gedrückt halten und < Pfeil-ab > oder < Pfeil-auf >
entsprechend oft anschlagen

Erste Datei der Reihe anklicken
Umschalttaste gedrückt halten und letzte Datei anklicken

Mehrere verstreut angeordnete Dateien markieren

Mit Tabulatortaste Dateiliste wählen
Cursor auf die erste Datei
Mit < Umschalttaste > + <F8> den Modus Erweitern aktivieren. Die
Abkürzung ERWEIT erscheint nun in der Statuszeile.
Mit den Cursortasten zur nächsten gewünschten Datei und mit < Leertaste >
markieren
Letzten Punkt fortsetzen, bis alle gewünschten Dateien markiert sind

Erste Datei anklicken
Taste < Strg > gedrückt halten und dabei die übrigen gewünschten Dateien
anklicken

Alle Dateien des Verzeichnisses markieren

Mit Tabulatortaste Dateiliste wählen
Tasten < Strg > + < / > drücken

Pull-Down-Menü Datei anklicken
Menüpunkt "Alles auswählen" anklicken
Das Datei-Menü wählen Sie durch Drücken der Tasten <Alt> und <D>
nacheinander oder durch Anklicken des Wortes Datei in der Menüleiste.

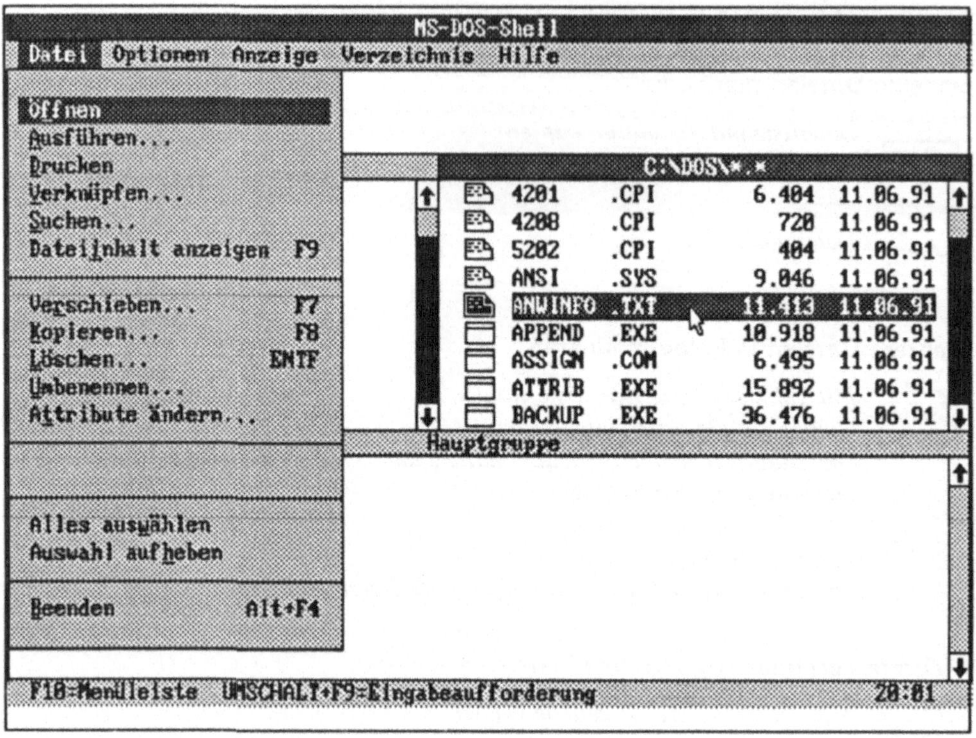

```
┌────────────────────────── MS-DOS-Shell ──────────────────────────┐
│ Datei  Optionen  Anzeige  Verzeichnis  Hilfe                      │
├─────────────────────┬─────────────────────────────────────────────┤
│ Öffnen              │                                             │
│ Ausführen...        │                                             │
│ Drucken             │              C:\DOS\*.*                     │
│ Verknüpfen...       │  ↑  📄 4201   .CPI     6.404   11.06.91  ↑ │
│ Suchen...           │     📄 4208   .CPI       720   11.06.91    │
│ Dateiinhalt anzeigen F9  📄 5202   .CPI       404   11.06.91    │
│                     │     📄 ANSI   .SYS     9.046   11.06.91    │
│ Verschieben...   F7 │     📄 ANWINFO .TXT    11.413  11.06.91    │
│ Kopieren...      F8 │     📄 APPEND .EXE    10.918   11.06.91    │
│ Löschen...    ENTF  │     📄 ASSIGN .COM     6.495   11.06.91    │
│ Umbenennen...       │     📄 ATTRIB .EXE    15.892   11.06.91    │
│ Attribute ändern... │  ↓  📄 BACKUP .EXE    36.476   11.06.91  ↓ │
│                     ├─────────── Hauptgruppe ─────────────────────┤
│                     │                                          ↑ │
│ Alles auswählen     │                                             │
│ Auswahl aufheben    │                                             │
│                     │                                             │
│ Beenden      Alt+F4 │                                          ↓ │
├─────────────────────┴─────────────────────────────────────────────┤
│ F10=Menüleiste  UMSCHALT+F9=Eingabeaufforderung            20:01  │
└───────────────────────────────────────────────────────────────────┘
```

*Abb. 9: Das Pull-Down-Menü **Datei** für die Dateiliste*

Ausführungsbeispiel:

Wählen Sie das Verzeichnis DOS. Setzen Sie den Cursor mit dem Tabulator ins Fenster *Dateiliste*. Markieren Sie die Datei ANWINFO.TXT mit den Cursortasten oder der Maus. Drücken Sie <Alt> und <D>, oder klicken Sie das Pull-Down-Menü *Datei* an.

Die Bearbeitungsmöglichkeiten für Dateien und Verzeichnisse suchen Sie mit Cursortasten oder Maus aus. Mit <Enter> oder Anklicken leiten Sie dann die Bearbeitung ein, oder Sie drücken den jeweils unterstrichenen Buchstaben auf der Tastatur, z.B. <H> für "Auswahl aufheben".

Abhängig davon, in welchem Bildschirmbereich sich der Cursor beim Aufruf des Menüs Datei befindet, stehen Ihnen unterschiedliche Menüpunkte zur Verfügung. Die grau dargestellten Menüpunkte sind gesperrt.

Innerhalb des Dateimanagers gibt es folgende Bearbeitungsmöglichkeiten:

Öffnen

Haben Sie zuvor eine Befehlsdatei (.COM, .EXE, .BAT) markiert, dann heißt *"Öffnen"* ausführen.

Bei Nutzdateien, z.B. .TXT, sucht das System ein mit dieser Erweiterung "verknüpftes" Anwendungsprogramm. Wenn eine Verknüpfung besteht, z.B. mit einem Textprogramm, wird dieses gestartet und die Nutzdatei von dem Anwendungsprogramm geladen (vgl. Menüpunkt *"Verknüpfen"*). Hinweis: Wenn mehrere Dateien markiert wurden, ist der Menüpunkt inaktiv. Sie wählen dann zuvor den Menüpunkt *"Auswahl aufheben"*.

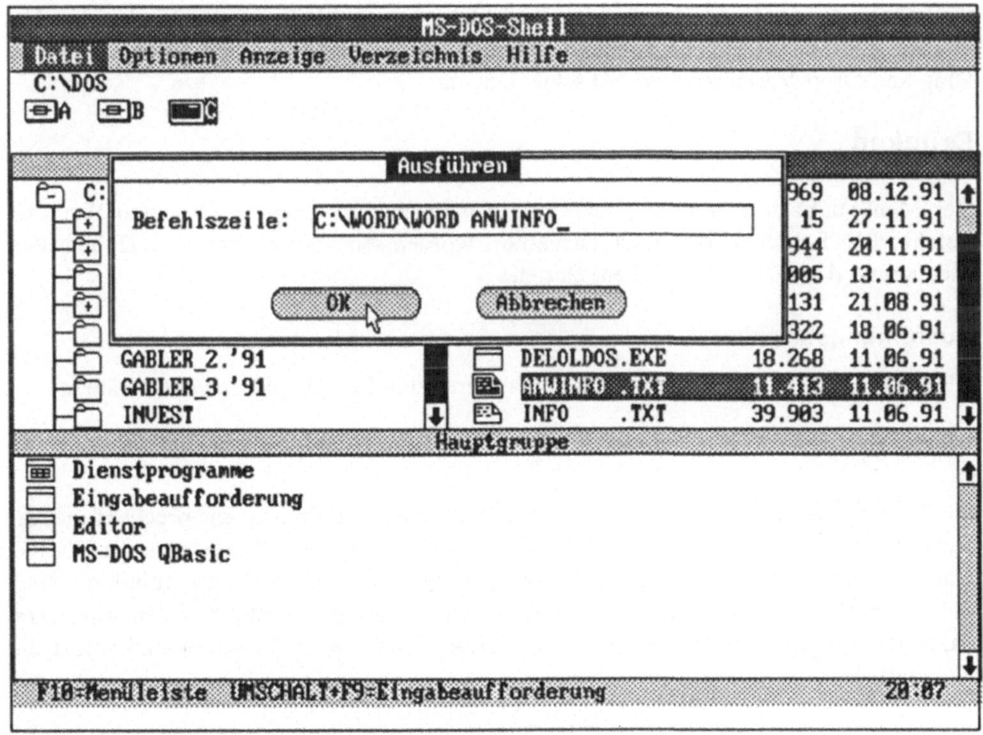

Abb. 10: Die Dialogbox Ausführen

Ausführen

Der Punkt *Ausführen* öffnet ein Dialogfenster. Wenn Sie einen Befehl in die Befehlszeile schreiben und <Enter> drücken oder OK anklicken, wird dieser Befehl ausgeführt. Dem Befehl können Sie Befehlszusätze, sog. Parameter, hinzufügen. Im Beispiel

Abb. 11 wird das Programm WORD.EXE aus dem Verzeichnis C:\WORD aufgerufen und der Text ANWINFO.TXT durch das Textprogramm geladen.

Ausführungsbeispiele:

Sie schreiben MEM in die Befehlszeile und drücken <Enter>. MEM zeigt Ihnen die aktuelle Hauptspeicherbelegung.
Wenn Sie Zeit haben: Schreiben Sie in die Befehlszeile QBASIC GORILLA, um das mitgelieferte Bananenwurfspiel zu starten. Nach Spielablauf verlassen Sie das Spiel über das Menü *Datei* und den Menüpunkt *"Beenden"*.

Alternativen:

Programme können Sie auch innerhalb der Dateiliste starten (vgl. oben). Allerdings sind dann keine Zusätze (Parameter) möglich.

Sie können das Dialogfenster auch unverrichteter Dinge durch <Esc>-Taste oder Anklicken der Schaltfläche *Abbrechen* verlassen. Eine elegante Alternative bietet das Drag-and-Drop-Verfahren (vgl. Abschn. 1.5.4).

Drucken

Der Menüpunkt erlaubt Ihnen, markierte Textdateien zu drucken. Beachten Sie: Der Befehl PRINT muß zuvor einmal ausgeführt worden sein. Sie können PRINT über den Menüpunkt *Ausführen* (vgl. oben) starten.

Ausführungsbeispiel:

ANWINFO.TXT im Verzeichnis DOS markieren und Menüpunkt *Drucken* wählen.

Verknüpfen

Sie können Nutzdateien mit festgelegten Namenserweiterungen entsprechenden Anwendungsprogrammen zuordnen; z.B. alle .TXT-Dateien dem Textprogramm WORD oder alle .BAS-Dateien dem BASIC-Interpreter QBASIC. Nach der Verknüpfung führt die Auswahl einer Nutzdatei (z.B. .TXT-Datei) mittels <Enter> oder Anklicken dazu, daß das zugehörige Anwendungsprogramm (z.B. WORD) startet und sofort die Nutzdatei lädt.

Ausführungsbeispiel:

DOS 5.0 wurde um einen Texteditor, eine Art Textprogramm ergänzt. Der Befehl, der den Texteditor aufruft, heißt *EDIT*. Wenn Sie die folgenden Schritte ausführen, wird dieser Editor immer dann aufgerufen, wenn Sie eine .TXT-Datei auswählen:

Sie stellen das Verzeichnis DOS ein. Markieren Sie die Datei INFO.TXT oder ANWINFO.TXT. Wählen Sie im Datei-Menü zuerst *Auswahl aufheben*, dann *Verknüpfen*. In der sich öffnenden Dialogbox erhalten Sie die Mitteilung:

.TXT-Dateien sind verknüpft mit:

In die Zeile darunter schreiben Sie EDIT. Klicken Sie OK an oder drücken Sie <Enter>.

Wenn Sie jetzt eine .TXT-Datei anklicken oder mit <Enter> wählen, wird das Programm EDIT.COM aufgerufen und der Text geladen.

Sie heben die Zuordnung wieder auf, indem Sie den Namen der Anwendung durch **Rücktaste** löschen.

Suchen

Der Menüpunkt *Suchen* ist besonders nützlich, wenn Sie vergessen haben, in welchem/welchen Verzeichnis(sen) sich eine oder mehrere Dateien verstecken.

Ausführungsbeispiel:

Wählen Sie "*Suchen*" im Datei-Menü. Tragen Sie unter "*Suchen nach:*" ein: *.TXT. Das bedeutet: **Suche alle .TXT-Dateien**. Drücken Sie die Tabulatortaste, oder klicken Sie den nächsten Punkt, also "[ ] **Ganzen Datenträger durchsuchen**", an. Stellen Sie sicher, daß X in der eckigen Klammer steht (Leertaste oder Klick). Dann nochmal Klick auf *OK* oder <Enter>.

In der nun erscheinenden Dateiliste haben Sie wieder alle Möglichkeiten, die Ihnen die bereits bekannte Menüleiste bietet. Mit <Esc> beenden Sie die Suchfunktion.

Dateiinhalt anzeigen

Mit diesem Menüpunkt können Sie sich eine Datei sowohl im Textmodus (ASCII) als auch hexadezimal (HEX) anzeigen lassen. Beachten Sie: Falls mehrere Dateien markiert sind, ist der Menüpunkt inaktiv. Sie müssen dann zuvor im Dateimenü "*Auswahl aufheben*" anklicken oder <H> drücken.

Ausführungsbeispiel:

Markieren Sie die Datei DOSHELP.HLP im Verzeichnis DOS. Führen Sie den Menüpunkt "*Dateiinhalt anzeigen*" aus. Die Datei wird angezeigt. Der Menüpunkt Darstellung bietet Ihnen auch eine hexadezimale Darstellung des Textes. <Esc> bricht die Funktion ab. Ersatzweise führt Taste <F9> die Funktion aus.

Verschieben

Dateien verschieben bedeutet, sie von einem Laufwerk/Verzeichnis in ein anderes zu transportieren (vgl. auch Drag-and-Drop-Verfahren Abschn. 2.5.4).

Ausführungsbeispiel:

Wechseln Sie ins Verzeichnis DOS. Wählen Sie aus dem Datei-Menü den Punkt *"Auswahl aufheben"*, um alle bisherigen Markierungen zu löschen. Markieren Sie die Datei INFO.TXT. Dann wechseln Sie in das Stammverzeichnis, dort in die Dateiliste, und wählen den Menüpunkt *"Verschieben"* im Datei-Menü, oder drücken Sie die Taste < F7 >. Eine Dialogbox gibt Ihnen Aufschluß über Quelle und Ziel Ihrer Transaktion. Sie können Quelle und Ziel noch ändern (Tab-Taste).

Sie können mehrere Dateien gleichzeitig bewegen, wenn Sie vor dem Menüaufruf mehrere Dateien - auch in unterschiedlichen Verzeichnissen - markieren. Voraussetzung: Im Optionen-Menü ist *"Aus mehreren Dateien auswählen"* eingestellt.

Kopieren

Das Kopieren von Dateien gleicht dem Vorgang des Verschiebens (vgl. oben) mit dem Unterschied, daß die Dateien im Quellverzeichnis nicht gelöscht werden. Das heißt, die kopierten Dateien bleiben im Quellverzeichnis erhalten. Den Kopiervorgang leiten Sie analog wie das Verschieben ein (vgl. dort) oder mit der Taste < F8 > (vgl. auch Drag-and-Drop-Verfahren Abschn. 1.5.4).

 Wenn Sie öfter Dateien aus einem Verzeichnis in ein anderes kopieren, empfiehlt es sich, im Menü die Anzeige *"Zweifache Dateiliste"* zu wählen. Markieren Sie die gewünschten Dateien in dem/den Quellverzeichnis(sen). Gehen Sie mit dem Cursor ins Zielverzeichnis und beginnen Sie nun erst den Kopiervorgang im Datei-Menü. Dasselbe gilt für das Verschieben von Dateien.

Löschen

Dateien werden nicht inhaltlich gelöscht. Der Löschbefehl ändert Dateinamen im Inhaltsverzeichnis lediglich insoweit ab, als das erste Zeichen des Namens gegen das Zeichen σ (Nr. 229 des PC-Zeichensatzes) ausgetauscht wird. Deshalb ist eine Datei nach dem Löschen wiederherstellbar, wenn nicht anschließend eine andere Datei ihren Platz eingenommen hat (vgl. Befehl UNDELETE).

Der Löschvorgang wird nach dem schon bekannten Muster durchgeführt: Datei(en) markieren, < Entf >-Taste oder Menüpunkt *Löschen* wählen und < Enter > drücken oder OK anklicken. Verzeichnisse löschen Sie einzeln auf dieselbe Weise. Nur leere Verzeichnisse können gelöscht werden.

Umbenennen

Wenn Sie Verzeichnissen oder Dateien neue Namen geben wollen, gehen Sie wie folgt
vor: Markieren Sie die das/die Verzeichnis(se)/Datei(en), wählen Sie *Umbenennen*.
Innerhalb der sich jetzt öffnenden Dialogbox geben Sie den/die neuen Namen ein.

Attribute ändern

Sie können Dateien durch Attribute kennzeichnen, die den Dateien zugeordnet werden:

Attribut	Bedeutung
Versteckt	Eine versteckte Datei wird im Inhaltsverzeichnis nicht angezeigt, es sei denn, Sie haben im Menü Optionen unter Dateianzeige die entsprechende Wahl getroffen. DOS findet versteckte Dateien, sie kann wie jede andere benutzt werden.
System	Mit System gekennzeichnete Dateien werden standardmäßig nicht angezeigt. Der Aufruf einer Befehlsdatei mit Systemattribut führt zur Meldung "Befehl oder Dateiname nicht gefunden", d.h., sie wird nicht ausgeführt.
Archiv	Dateien besitzen ein Archivattribut, bis diese mit einem Datensicherungsbefehl (vgl. Befehl BACKUP) kopiert werden. Wird an der Datei nach dem Sichern eine Änderung vorgenommen, so setzt DOS das Archivattribut erneut.
Schreibgeschützt	Der Schreibschutz sichert eine Datei vor dem Löschen und Überschreiben.

Verzeichnis erstellen

Sie können ein neues Unterverzeichnis nur innerhalb der Bereiche Laufwerkliste und
Verzeichnisstruktur der Shell einrichten. Markieren Sie das Verzeichnis, dem Sie ein
neues Verzeichnis unterordnen wollen. Wählen Sie den Menüpunkt *"Verzeichnis erstellen"* und geben Sie einen Verzeichnisnamen Ihrer Wahl ein. Falls Sie ein Laufwerk
markiert haben, erstellt DOS das Verzeichnis auf Stammverzeichnisebene. Sie löschen
Verzeichnisse mit Hilfe des Menüpunkts *"Löschen"*.

Alles auswählen

Mit diesem Menüpunkt markieren Sie auf einen Schlag alle Dateien eines Verzeichnisses. Voraussetzung: Der Cursor befindet sich im Bereich Dateiliste. Falls Sie

alle Dateien eines Verzeichnisses verschieben, kopieren, löschen, umbenennen oder deren Attribute verändern wollen, benutzen Sie diese Funktion.

Auswahl aufheben

Alle bisher an Dateien angebrachten Markierungen werden über diesen Menüpunkt entfernt.

Beenden

Die DOS-Shell ist eine Befehlsdatei, ein Programm. Mit dem Menüpunkt *"Beenden"* führen Sie den geregelten Abbruch des Programmablaufs herbei. Alle von Ihnen getroffenen Voreinstellungen bleiben erhalten. Sie können die DOS-Shell jederzeit mit dem Befehl DOSSHELL neu starten, z.B.:

        C:\> dosshell <Enter>

1.5.3.1.2 Programm-Manager

Sie aktivieren mit dem Datei-Menü den *Programm-Manager*, wenn der Cursor zum Zeitpunkt des Aufrufs im Bereich Hauptgruppe (oder in einer Untergruppe, z.B. Dienstprogramme) positioniert war.

Der Programm-Manager läßt Programme ausführen und gibt Ihnen die Möglichkeit, neue Menüpunkte zur Ausführung von beliebigen Programmen bereitzustellen, Menüpunkte zu ändern, zu kopieren und umzuordnen. Mit jedem Menüpunkt ist es möglich, ein oder mehrere Programme bzw. Befehle ausführen zu lassen. Ein Menüpunkt kann aber auch eine Gruppe von Programmen zugänglich machen. Sie können sich mit dem Programm-Manager Ihre persönliche Arbeitsumgebung schaffen, indem Sie Ihre Anwendungsprogramme in die Menüpunkte der Haupt- oder Untergruppen einbinden und durch den Programm-Manager starten lassen.

Ursprünglich zeigt die Hauptgruppe drei Programmaufrufe:

Menüpunkt	Durch den Menüpunkt aktiviertes Programm
Eingabeaufforderung	COMMAND.COM (DOS-Befehlsinterpreter)
Editor	EDIT.COM (DOS-Editier-Programm)
MS-DOS QBasic	QBASIC.EXE (BASIC Übersetzer)

In der Untergruppe Dienstprogramme sind weitere Programmaufrufe vorgesehen. Hinter den Menüpunkten der Haupt- und Untergruppen verbergen sich Aufrufe von Programmdateien, die in irgendeinem Verzeichnis der Platte, z.B. \DOS, abgelegt wurden.

Innerhalb des Programm-Managers gibt es folgende Bearbeitungsmöglichkeiten:

Neu

Einen neuen Menüpunkt erzeugen Sie im Datei-Manager folgendermaßen: Sie bringen die Markierung in den Bereich Hauptgruppe oder in eine Untergruppe, dann <Alt> und <D> drücken oder *"Datei"* anklicken. Der dann angezeigte Punkt *"Neu"* gibt Ihnen Gelegenheit, einen neuen Menüpunkt einzufügen.

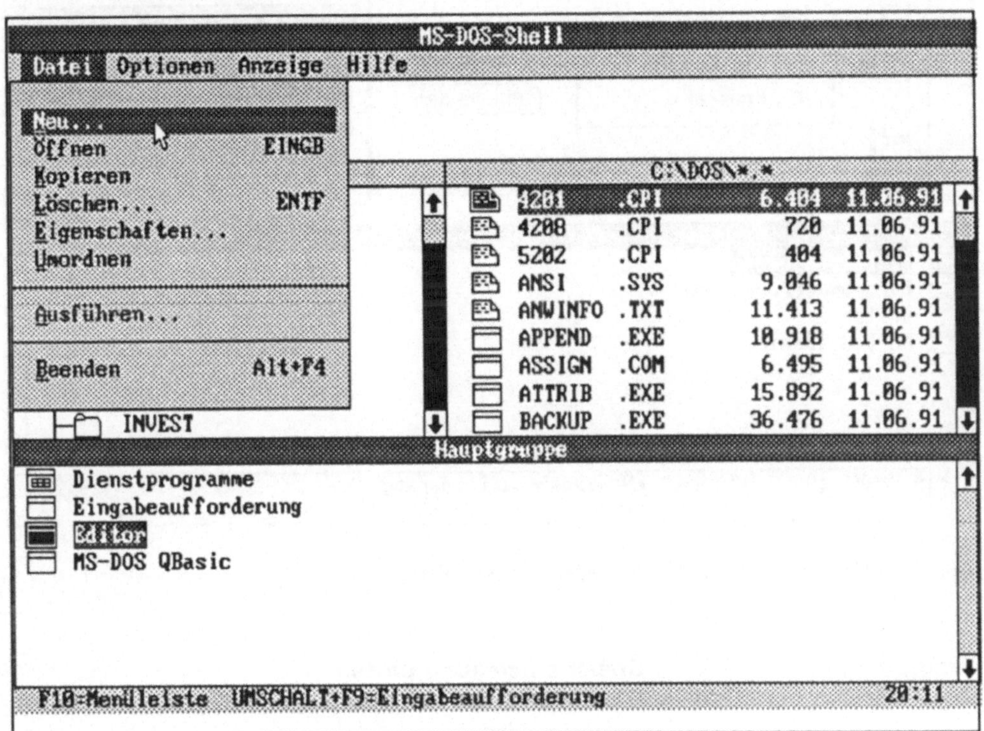

Abb. 11: Das Datei-Menü des Programm-Managers

Erstes Ausführungsbeispiel:

Der DOS-Befehl MEM (Programm MEM.EXE) gibt Ihnen einen Bericht über die Belegungssituation im Zentralspeicher. Ein Menüpunkt, der das Programm aktiviert, soll nun in der Hauptgruppe angelegt werden. Rufen Sie dazu den Programm-Manager auf, und wählen Sie Menüpunkt *"Neu"*.

In der Dialogbox ist *Programm* markiert. Drücken Sie <Enter>. Eine weitere Dialogbox öffnet sich, in die Sie in den ersten beiden Feldern Eintragungen wie in Abb. 34 vornehmen. Mit der <Tab>-Taste oder der <Pfeil-ab>-Taste springt der Cursor das nächste Eingabefeld an.

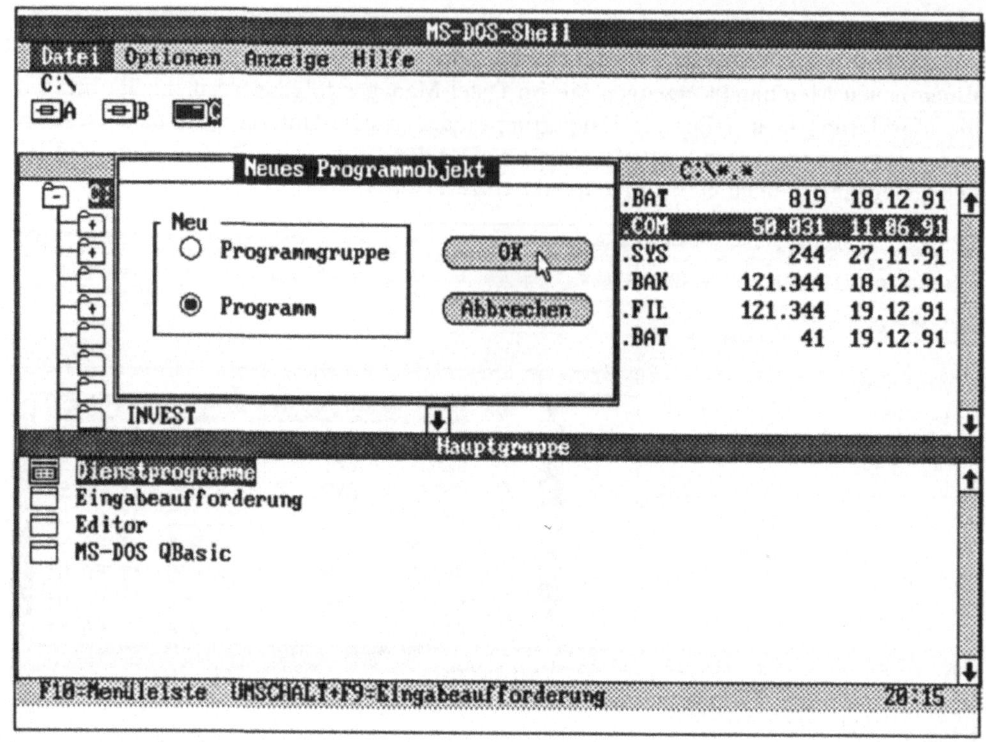

Abb. 12: Die erste Dialogbox des Menüpunkts **Neu**

Programmtitel   **Speicherbelegung prüfen**
                                 (Das Feld nimmt den Text auf, mit dem der Menüpunkt
                                 angezeigt wird.)

Befehl(e)   **C:\DOS\MEM**
                                 (Das   Eingabefeld   dient   dem/den   entsprechenden
                                 Programmaufruf(en) bzw. Befehl(en). Im vorliegenden
                                 Fall soll der Menüpunkt das Programm MEM.EXE aus
                                 Verzeichnis C:\DOS starten.)

Die restlichen Felder lassen Sie leer. Drücken Sie dann < Enter> oder klicken Sie *OK*
an. Jetzt erscheint der Menüpunkt in der Hauptgruppe. Wenn Sie ihn anklicken, wird
das Programm MEM.EXE ausgeführt.

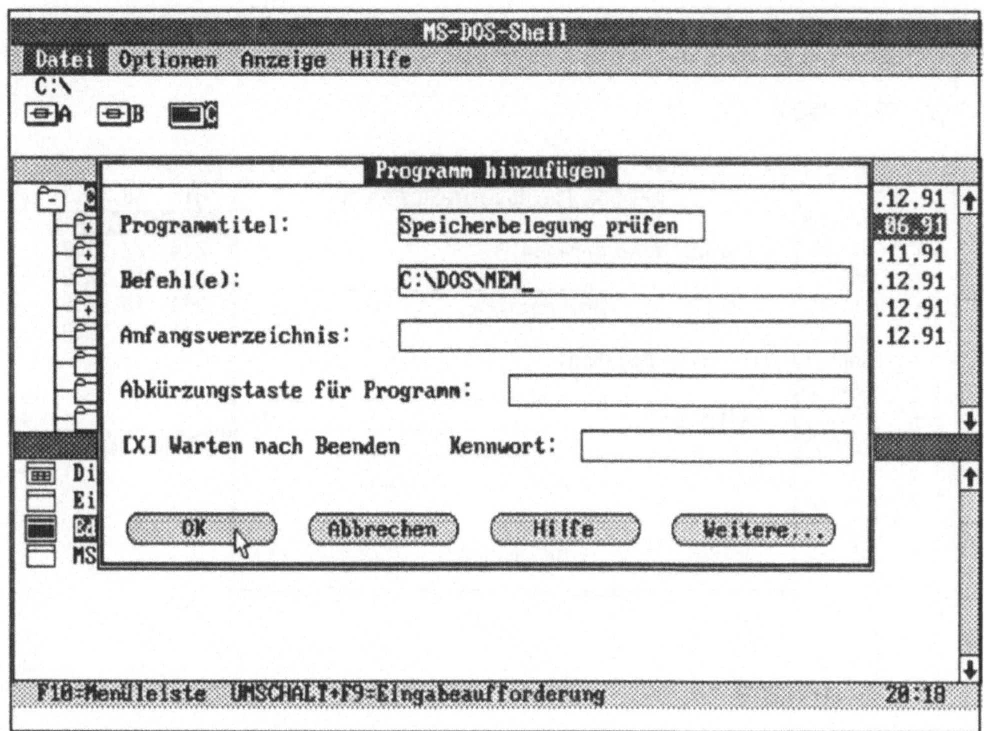

Abb. 13: Die zweite Dialogbox des Menüpunkts Neu

Alternative:

Wenn Sie über den Menüpunkt mehrere Befehle/Programme nacheinander ausführen
wollen, müssen Sie in der Befehlszeile diese durch Leerstellen und Semikolons trennen,
dazu ein Beispiel:

ECHO Momentane Arbeitsspeicherbelegung: ; ECHO; C\DOS\MEM

Diese Befehlsfolge bewirkt die Ausgabe eines Textes und einer Leerzeile vor der Ausführung von MEM.EXE.

Zweites Ausführungsbeispiel:

Um eine neue Gruppe von Menüpunkten einzurichten, wählen Sie nach Aufruf von
"Neu" in der ersten Dialogbox mit <Pfeil-auf> *"Programmgruppe"*. Der Titel soll
"Anwendungen" sein (vgl. Abb. 14). **"Optionale Angaben"** dürfen fehlen. Schließen
Sie mit <Enter> oder OK ab. Der Menüpunkt **"Anwendungen"** ist aufgenommen
(vgl. Abb. 14).

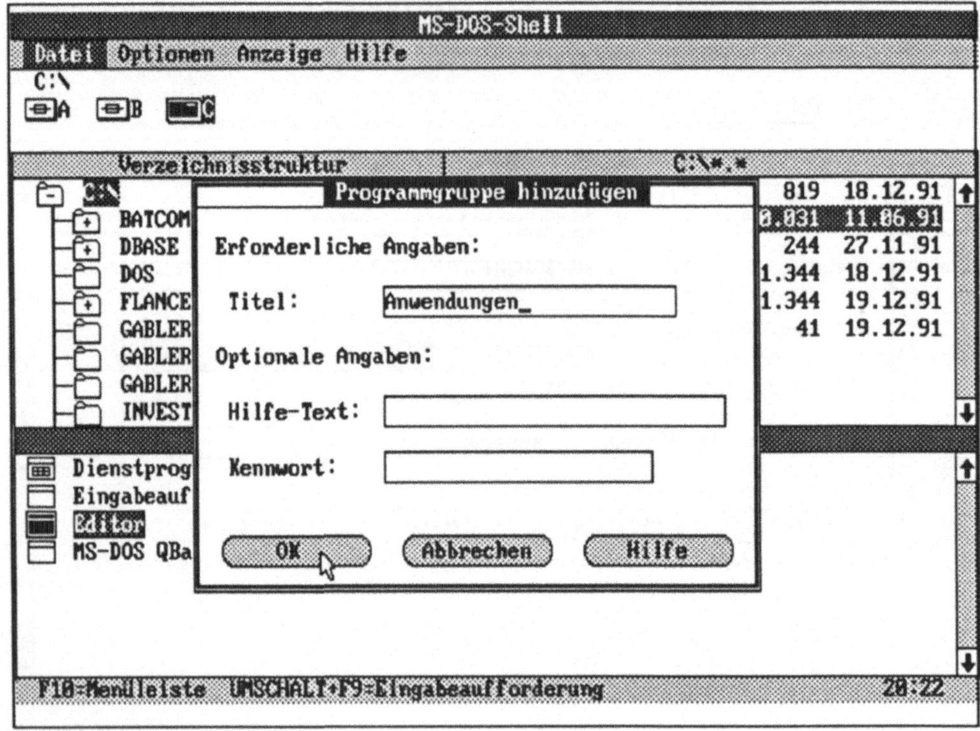

Abb. 14: Die Dialogbox **Programmgruppe hinzufügen**

Drittes Ausführungsbeispiel:

Gehen Sie von folgender Annahme aus: Sie wollen das Textprogramm WORD 5.5 (WORD.EXE befindet sich im Verzeichnis C:\WORD) von einem Menüpunkt innerhalb der Menügruppe *"Anwendungen"* starten. Ihre Schriftstücke befinden sich im Verzeichnis C:\PRIVAT. Das Programm soll nicht von jedermann gestartet werden können.

Legen Sie das Verzeichnis PRIVAT auf C:\ mit dem Datei-Manager an. Rufen Sie den im vorangegangenen Ausführungsbeispiel eingerichteten Menüpunkt *"Anwendungen"* auf. Wählen Sie *"Neu"* im Datei-Manager-Menü. Die erste Dialogbox schließen Sie unverändert, d. h. mit der Markierung auf *"Programm"*, ab. In der zweiten Dialogbox tragen Sie ein (vgl. Abb. 15):

Programmtitel	WORD mit Daten in C:\PRIVAT
Befehl(e)	C:\WORD\WORD
	(Aufruf von WORD.EXE im Verzeichnis C:\WORD)
Anfangsverzeichnis	C:\PRIVAT
	(Einstellen des Nutzdatenverzeichnisses)

Abkürzungstaste	Alt+W
	(Drücken Sie die Tasten <Alt>+<W>, sobald der Cursor im Eingabefeld steht. Wenn Sie später die sog. Programmumschaltung (task-switching) verwenden sollten, brauchen Sie nur noch diesen Handgriff zu tun, um WORD aufzurufen.)
Warten nach Beenden	[ ]
	(Im Falle des WORD-Aufrufs können Sie das X entfernen (Leerstelle oder Klick). Dann läßt das System die Aufforderung, nach Programmbeendigung eine Taste zu drücken, weg.)
Kennwort	STRENG GEHEIM
	(Das ist nun das Kennwort, ohne das WORD nicht gestartet werden kann.)

Viertes Ausführungsbeispiel:

In manchen Fällen müssen Sie Programm- bzw. Befehlsaufrufen Parameter mitgeben. Auch das läßt der Programm-Manager zu, wenn Sie es vorsehen. Der Befehl CHKDSK prüft eine Platte oder Diskette. Im folgenden Beispiel verwenden Sie diesen Befehl, um einen neuen Menüpunkt in der Untergruppe *"Dienstprogramme"* einzurichten. Als Parameter muß beim Aufruf die Laufwerkbezeichnung zusätzlich eingegeben werden.

Wählen Sie die Untergruppe Dienstprogramme. Aktivieren Sie das Programm-Manager-Menü (<Alt>+<D> oder Klick auf *"Datei"*). Wählen Sie *"Neu"* und in der ersten Dialogbox *"Programm"*. Füllen Sie die ersten beiden Felder wie in Abb. 16 aus:

Programmtitel	Datenträger prüfen
	(Dieser Text erscheint als Menüpunkt.)
Befehl(e)	CHKDSK %1
	(Der Befehl CHKDSK soll um einen Parameter ergänzt werden, der jedoch noch nicht feststeht. Die Zeichenfolge %1 teilt dem Programm-Manager mit, daß er eine Parametereingabe vom Benutzer anfordern muß.)

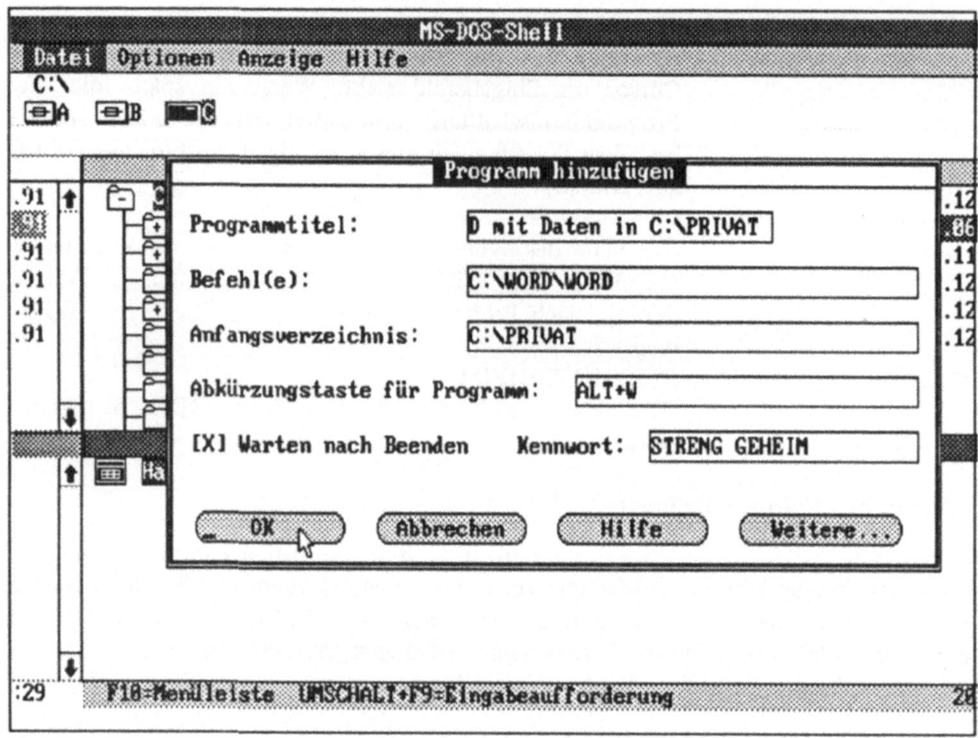

*Abb. 15: Die Dialogbox **Programm hinzufügen***

Jetzt drücken Sie < Enter >. Eine weitere Dialogbox öffnet sich, deren Felder Sie wie folgt ausfüllen (vgl. Abb. 17):

Titel des Dialogfeldes	Datenträger prüfen
Programminformation	Mit diesem Programm können Sie nur Laufwerke Ihres PC, nicht jedoch Netzlaufwerke prüfen. (Die Information teilt dem Anwender wichtige Eigenschaften des Programms mit.)
Aufforderungstext:	Laufwerk (Hinweistext für das Eingabefeld)
Vorschlag:	C: (Hier machen Sie dem Anwender einen Parametervorschlag, den er jedoch überschreiben kann.)

Sobald Sie die Dialogbox mit < Enter > oder OK verlassen, ist der Menüpunkt kunstgerecht eingefügt.

```
                         MS-DOS-Shell
 Datei  Optionen  Anzeige  Hilfe
 C:\
 [=]A   [=]B   [=]C

┌──────────────── Programm hinzufügen ─────────────────┐
│                                                       │
│  Programmtitel:      ┌─────────────────────────┐      │
│                      │ Datenträger prüfen      │      │
│                      └─────────────────────────┘      │
│  Befehl(e):          ┌─────────────────────────────┐  │
│                      │ CHKDSK %1                   │  │
│                      └─────────────────────────────┘  │
│  Anfangsverzeichnis: ┌─────────────────────────────┐  │
│                      └─────────────────────────────┘  │
│  Abkürzungstaste für Programm:  ┌─────────────────┐   │
│                                 └─────────────────┘   │
│  [X] Warten nach Beenden    Kennwort: ┌───────────┐   │
│                                       └───────────┘   │
│  (   OK   )  ( Abbrechen )  (  Hilfe  )  ( Weitere...)│
└───────────────────────────────────────────────────────┘

 Festplatte wiederherst.
 Datenträger formatieren
 Datei wiederherstellen
 F10=Menüleiste  UMSCHALT+F9=Eingabeaufforderung        20:41
```

*Abb. 16: Die Dialogbox **Programm hinzufügen***

Öffnen

Einen Menüpunkt oder eine Programmdatei öffnen heißt, das Programm ausführen lassen. Dieser Menüpunkt startet das dem markierten Menüpunkt entsprechende Programm. Andere Möglichkeiten: Menüpunkt markieren und <Enter> oder Doppelklick. Oder im Datei-Manager die Programmdatei markieren und <Enter> oder Doppelklick (vgl. auch Drag-and-Drop-Verfahren).

Kopieren

Sie können Menüpunkte in andere Untergruppen kopieren.

Ausführungsbeispiel:

Den Menüpunkt *"Speicherbelegung prüfen"*, den Sie in einem der vorangegangenen Ausführungsbeispiele in der Hauptgruppe angelegt haben, sollten Sie jetzt in die Untergruppe Dienstprogramme kopieren. Markieren Sie den betreffenden Punkt und wählen Sie *"Kopieren"* im Datei-Menü. Dann öffnen Sie die Programmgruppe *"Dienstprogramme"* und drücken <F2>.

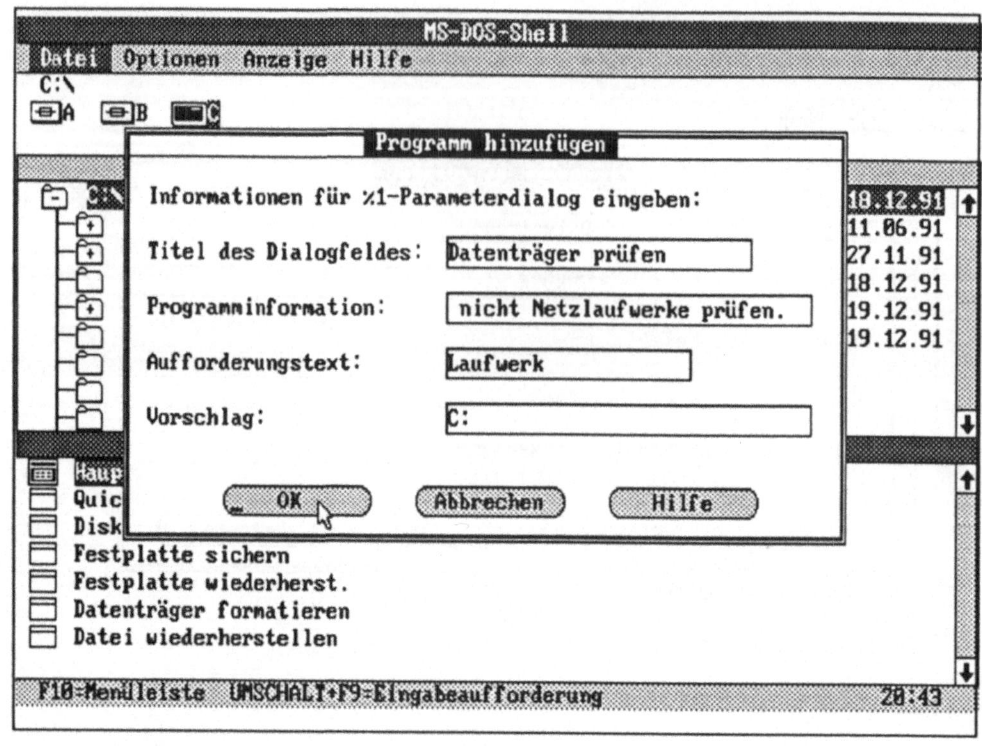

Abb. 17: Die Dialogbox für die Parameterdefinition

Löschen

Jeder Menüpunkt kann mit dieser Funktion entfernt werden. Programmgruppen müssen leer sein, um gelöscht zu werden.

Eigenschaften

Um Menüpunkte für Programme und Programmgruppen abzuändern, wählen Sie *"Eigenschaften"*. Sie treffen dabei auf die gleichen Dialogboxen wie beim Menüpunkt *"Neu"*.

Umordnen

Sie stellen die Reihenfolge der aufgelisteten Menüpunkte durch *"Umordnen"* um.

Ausführungsbeispiel:

Markieren Sie *"QuickFormat"* im Menü *"Dienstprogramme"*. Wählen Sie
"Umordnen" im Datei-Menü. Setzen Sie den Cursor auf *"Hauptgruppe"*. Mit
< Enter > oder Doppelklick fügen Sie den Menüpunkt "QuickFormat" nun hinter dem
Punkt *"Hauptgruppe"* ein.

Ausführen

Dieser Menüpunkt des Programm-Managers ist identisch mit dem des Datei-Managers
(vgl. Datei-Manager).

Beenden

Das Programm DOSSHELL wird beendet, die Steuerung geht an das DOS-Be-
triebssystem zurück. Auf dem Bildschirm ist nur noch der DOS-Prompt zu sehen.
Durch erneuten Aufruf von DOSSHELL wird die Benutzeroberfläche wieder aktiv.

Ausführungsbeispiel:

Im Datei-Menü wählen Sie *"Beenden"*. Dann starten Sie die Oberfläche wieder:

C:\> DOSSHELL < Enter >

Wenn Sie mit dem Programm-Manager die auf den vorangegangenen Seiten vorgeschlagenen Menüpunkte eingerichtet haben, besitzt Ihre DOS-Shell folgende
Menüstruktur:

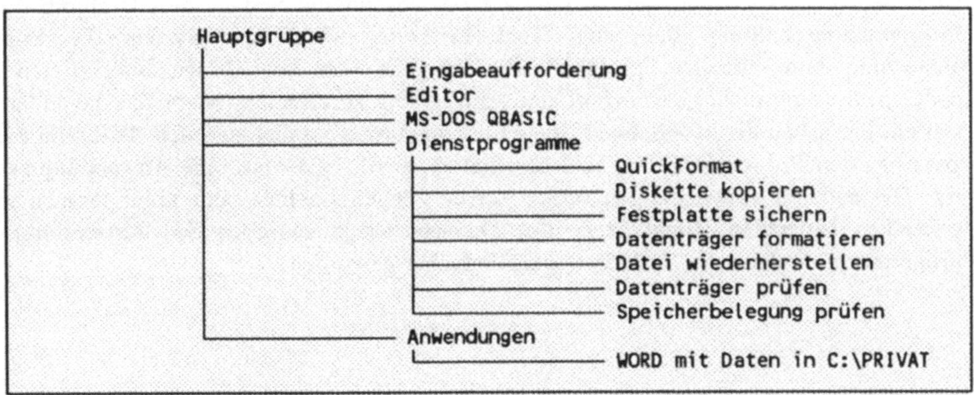

1.5.3.2 Menü Optionen

Das Optionen-Menü bietet Ihnen eine Reihe von Einstellungsmöglichkeiten der DOS-
Shell. Die Einstellungen bleiben für die folgenden Sitzungen erhalten.

Bestätigen

Wenn Sie möchten, daß das System vor Lösch- und Ersetzungsvorgängen rückfragt, nutzen Sie diesen Menüpunkt. Sie können die Rückfrage an- und abschalten.

Dateianzeige

Mit den Wahlmöglichkeiten *"Dateianzeige"* sind Sie in der Lage, die Auswahl der angezeigten Dateien und ihre Anzeigefolge zu bestimmen. Die Eintragung *.* im Feld *"Name"* bedeutet, daß die Dateien unabhängig von der Namensgebung angezeigt werden.

Aus mehreren Verzeichnissen auswählen

Diese Option ermöglicht die Auswahl von Dateien aus unterschiedlichen Verzeichnissen, um sie zu kopieren, zu verschieben, zu löschen oder ihre Attribute zu ändern. Die Systemeigenschaft wird durch **Markierung aktiviert** oder **ohne Markierung ausgeschaltet**.

Informationen anzeigen

Die Dialogbox zeigt Informationen über die ausgewählte(n) Datei(en), das Verzeichnis und den Datenträger.

Programmumschaltung aktivieren

Hier stellt die DOS-Shell dem Benutzer einen besonderen Service bereit. Durch die Programmumschaltung, dem sog. **Task-Switcher**, schafft das System die Voraussetzung zum schnellen, problemlosen Übergang von einer Anwendung zu einer anderen. Sie sind nicht gezwungen, eine Anwendung zu beenden, bevor Sie die andere starten. Sie haben die Möglichkeit, mehrere Programme parallel zu laden. Während Sie zwischen den Programmen hin- und herschalten, wird immer nur eine Anwendung aktiv. Die anderen Anwendungen (tasks) werden augenblicklich samt ihren momentan geladenen Nutzdaten **eingefroren**. Der Datenaustausch zwischen den Anwendungsprogrammen ist dank des Task-Switchers einfacher geworden.

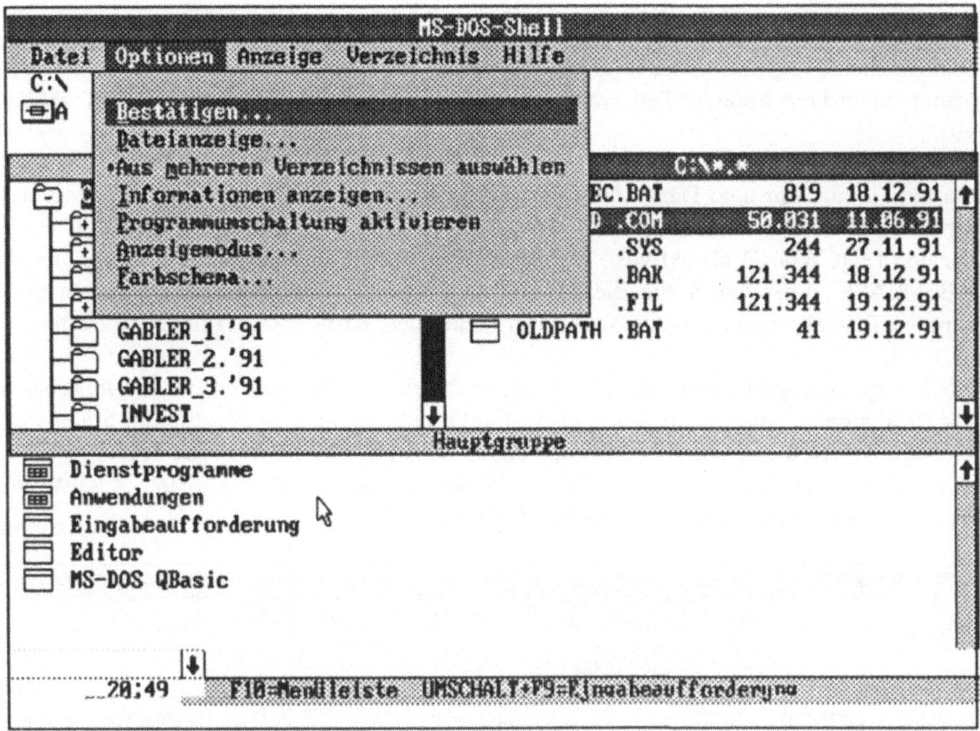

Abb. 18: Das Optionen-Menü

Für das Umschalten zwischen den Anwendungen benutzen Sie folgende Tastenkombinationen:

Tastenkombination	Handhabung und Wirkung
<Strg> + <Esc>	Vom Anwendungsprogramm zur DOS-Shell umschalten.
<Alt> + <Esc>	Von einem Anwendungsprogramm zum nächsten in der Liste schalten. Das nächste Programm kann auch die DOS-Shell sein. Deshalb ist <Alt> + <Tab> oft günstiger.
<Alt> + <Tab>	Halten Sie <Alt> gedrückt, während Sie <Tab> betätigen, um ein Anwendungsprogramm zu wählen. Sobald Sie <Alt> loslassen, wird auf das zuletzt angezeigte Programm umgeschaltet.
<Umsch> + <Alt> + <Esc>	Wie <Alt> + <Esc>, jedoch in umgekehrter Reihenfolge.

Erstes Ausführungsbeispiel:

Wählen Sie *"Programmumschaltung aktivieren"* im Optionen-Menü. Der Bildschirm öffnet im rechten unteren Teil einen neuen Bereich *"Aktive Programme"* (vgl. Abb. 19).

Starten Sie nun mit dem Datei- oder Programm-Manager ein Programm, z.B. Textverarbeitung WORD. Drücken Sie nun < Strg > + < Esc >. Die DOS-Shell erscheint wieder und zeigt WORD als aktives Programm. Nun starten Sie eine weitere Anwendung, z.B. dBASE. Jetzt haben Sie die Möglichkeit, mit den im aufgeführten Kasten genannten Tastenkombinationen eine Auswahl unter den aktiven Programmen zu treffen.

Noch bequemer geht es mit der Abkürzungstaste für ein Programm, die Sie innerhalb des Programm-Managers für einen Menü-Punkt vereinbaren (vgl. Programm-Manager, Menüpunkt Neu). Unter **Abkürzungstaste** versteht der Programm-Manager Tastenkombinationen. Das sind die Tasten < Umschaltung >, < Strg > und < Alt > in Verbindung mit einer Buchstaben- oder Zifferntaste.

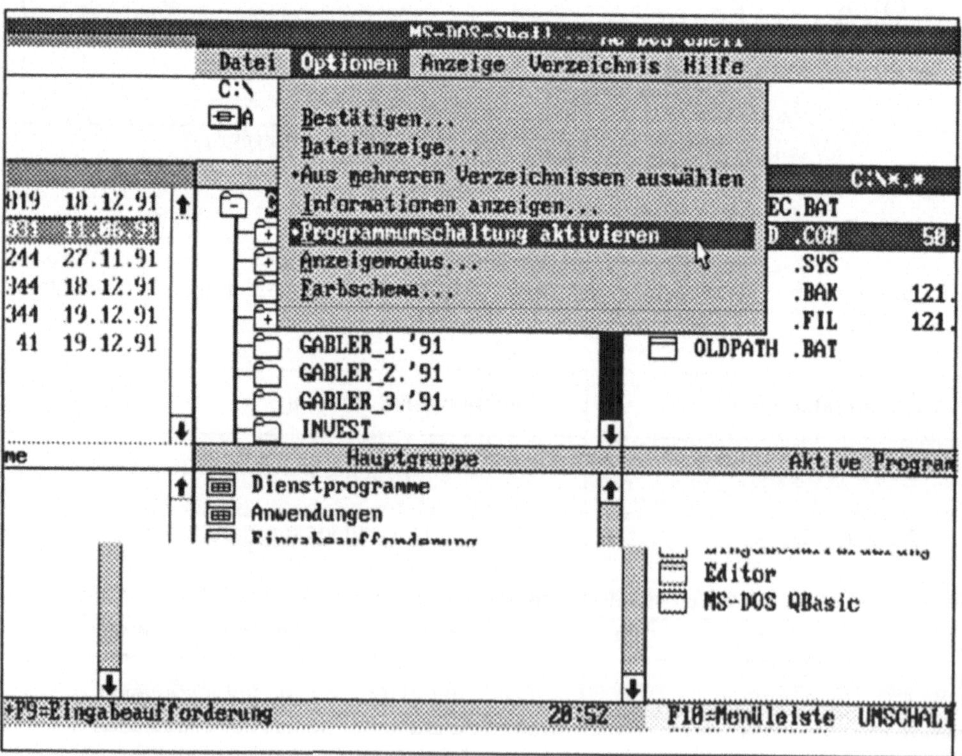

Abb. 19: Der Bereich Aktive Programme

Unter der DOS-Shell setzen sich die im Programm-Manager vereinbarten Tastenkombinationen gegen eventuell gleiche der aufgerufenen Anwendungsprogramme durch. Beispiel: <Umschaltung> + <D> für den Aufruf eines Programms bewirkt, daß Sie innerhalb eines nach diesem Programm aktivierten Textprogramms den Großbuchstaben D nicht verwenden können.

Zweites Ausführungsbeispiel:

Definieren Sie mit dem Programm-Manager zwei Menüpunkte, z.B. Textverarbeitung WORD und Datenbankverwaltung dBASE, oder Sie verwenden zweimal dasselbe Programm, jedoch mit verschiedenen Anfangsverzeichnissen. Legen Sie als Abkürzungstasten für Textverarbeitung <Alt> + <T> und z.B. für Datenbankverwaltung <Alt> + <D> fest. Starten Sie nacheinander beide Menüpunkte (hilfreich: Tasten <Strg> + <Esc> bzw. <Alt> + <Tab>, vgl. S. 41). Schalten Sie nun mit den entsprechenden Tastenkombinationen zwischen beiden Anwendungen hin und her, ohne die Programme zu beenden. Suchen Sie zum Abschluß die DOS-Shell mit <Strg> + <Esc> auf. Die beiden Programme bleiben aktiv.

Ist die Programmumschaltung aktiv, so können Sie auch mit <Umschaltung> + <Enter> oder <Umschaltung> und Doppelklick Anwendungen in die Liste der aktiven Programme aufnehmen, ohne die Programme sofort zu starten.

Anzeigemodus

Die DOS-Shell kann in verschiedenen Text- und Grafikmodi arbeiten. Die Anzahl der möglichen Modi hängt von Ihrer Grafikkarte ab.

Farbschema

Wenn Sie einen Farbbildschirm besitzen, können Sie hier die gewünschte Farbkombination wählen.

1.5.3.3 Menü Anzeige

Im Anzeige-Menü entscheiden Sie sich für verschiedene Aufteilungen Ihres Bildschirms:

Menüpunkt	Bedeutung
Einfache Dateiliste	Die Verzeichnisstruktur eines Datenträgers und der Inhalt eines Verzeichnisses werden angezeigt.

Zweifache Dateiliste	Sie können damit zwei verschiedene Datenträger und Verzeichnisse gleichzeitig anzeigen lassen. Beim Verschieben und Kopieren von Dateien wird diese Anzeige bevorzugt (vgl. Datei-Manager: Verschieben, Kopieren).
Nur Dateien	Die Liste zeigt auf der rechten Seite zusammenhängend alle Dateien aller Verzeichnisse des Datenträgers. Links stehen alle Informationen über die markierte Datei.
Programme und Dateien	Standardanzeige
Nur Programme	Nur Programme und Programmgruppen sind zu sehen.
Anzeige neu aufbauen	Setzt die Anzeige auf den Ausgangszustand zurück, z.B. alle Bildlaufleisten.
Aktualisieren	Die Dateilisten werden aufgefrischt. Hat z.B. ein Anwendungsprogramm eine Datei im aktuellen Verzeichnis abgelegt, zeigt dies die DOS-Shell nicht unmittelbar an. Zuvor müssen erneut die gesamten Verzeichnis- und Dateiinformationen des Datenträgers gelesen werden.

1.5.3.4 Menü Verzeichnis

Die Anzahl der sichtbaren Verzeichnisebenen im Bildschirmbereich Verzeichnisstruktur ist variabel. Sie können die Staffelungstiefe des markierten Verzeichnisses selbst bestimmen. Wenn Sie die Maus oder die Tastatur zu Hilfe nehmen (zu Tasten vgl. Pull-Down-Menü), geht die Umstellung schneller vonstatten.

1.5.3.5 Menü Hilfe

Im Hilfe-Menü erhalten Sie Hinweise zu Grundlagen im Umgang mit der DOS-Shell, zur Tastatur, zu Befehlen, Verfahren usw. Die DOS-Shell-Hilfe erhalten Sie auch gezielt zur aktuellen Arbeitssituation, wenn Sie < F1 > drücken.

1.5.4 Das Drag-and-Drop-Verfahren

Das Drag-and-Drop-Verfahren (drag and drop = ziehen und fallen lassen) kann nur mit Maus oder Trackball durchgeführt werden, nicht mit der Tastatur. Es bietet eine elegante Alternative zu den anderen Methoden, Dateien zu verschieben, zu kopieren oder Programme zu starten. Die Funktion kann mit allen Anzeige-Modi (Auswahl aus der Menüleiste: Anzeige), außer mit dem Modus *"Nur Programme"*, ausgeführt werden.

Häufig ist der Modus *"Zweifache Dateiliste"* der günstigste. Die folgenden Beispiele gehen von diesem Modus aus.

1.5.4.1 Dateien verschieben

Eine der einfachsten Übungen ist das Verschieben von einer oder mehreren Dateien. Leiten Sie den Vorgang mit der Auswahl des Menüpunktes *"Auswahl aufheben"* im Dateimenü ein. Markieren Sie eine oder mehrere Dateien in der Dateiliste, aus der Dateien verschoben werden sollen. Nun halten Sie in dem entsprechenden Fenster die linke Maustaste gedrückt und ziehen Sie mit der Maus auf das Zielverzeichnis.

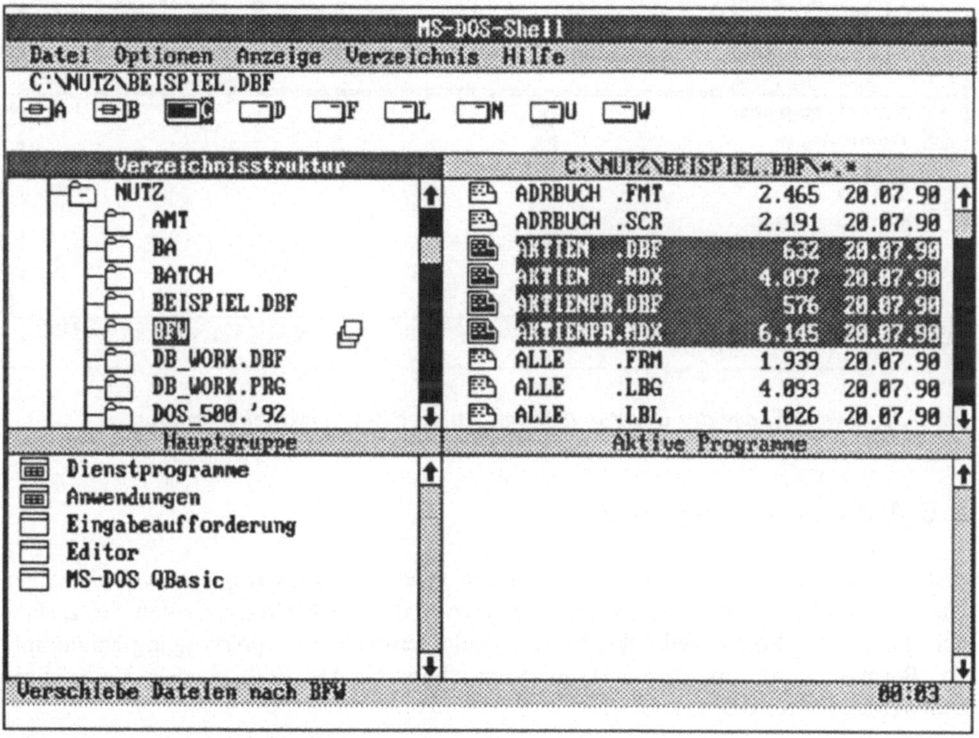

Abb. 20: Erste Phase des Drag-and-Drop

Das Symbol **"Dokument"** oder **"Stapel von Dokumenten"** zeigt an, ob Sie eine oder mehrere Dateien verschieben. Lassen Sie die Maustaste los, sobald das gewünschte Zielverzeichnis markiert erscheint.

Ein Dialogfenster öffnet sich. Wenn Sie nun die Schaltfläche *"Ja"* anklicken, wird der Vorgang abgeschlossen. Anschließend teilt Ihnen das System mit, welche Dateien es gerade verlegt.

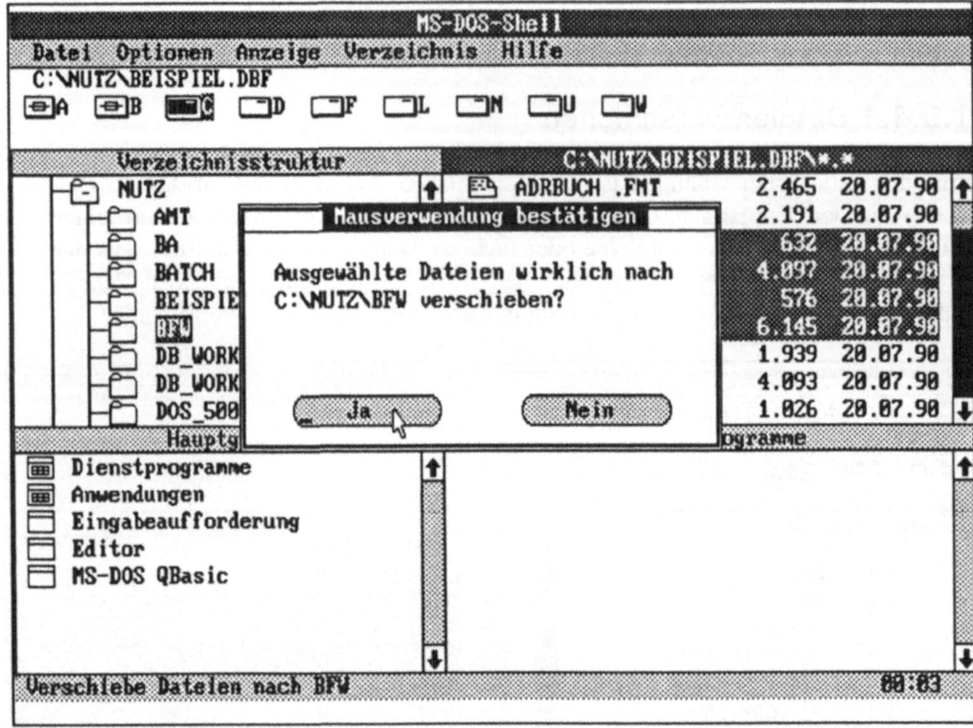

Abb. 21: Zweite Phase des Drag-and-Drop, Anzeige des Verschiebevorgangs

1.5.4.2 Dateien kopieren

Auf die gleiche Weise wie beim Verschieben gehen Sie beim Kopieren vor. Einziger
Unterschied: Bevor und während Sie die linke Maustaste betätigen, halten Sie zusätz-
lich die Taste <Strg> gedrückt, bis das Dialogfenster den Kopiervorgang ankündigt.
Im Beispiel wird eine Datei vom Verzeichnis C:\ARBEIT in das Verzeichnis
D:\GABLER\AKTUELL kopiert.

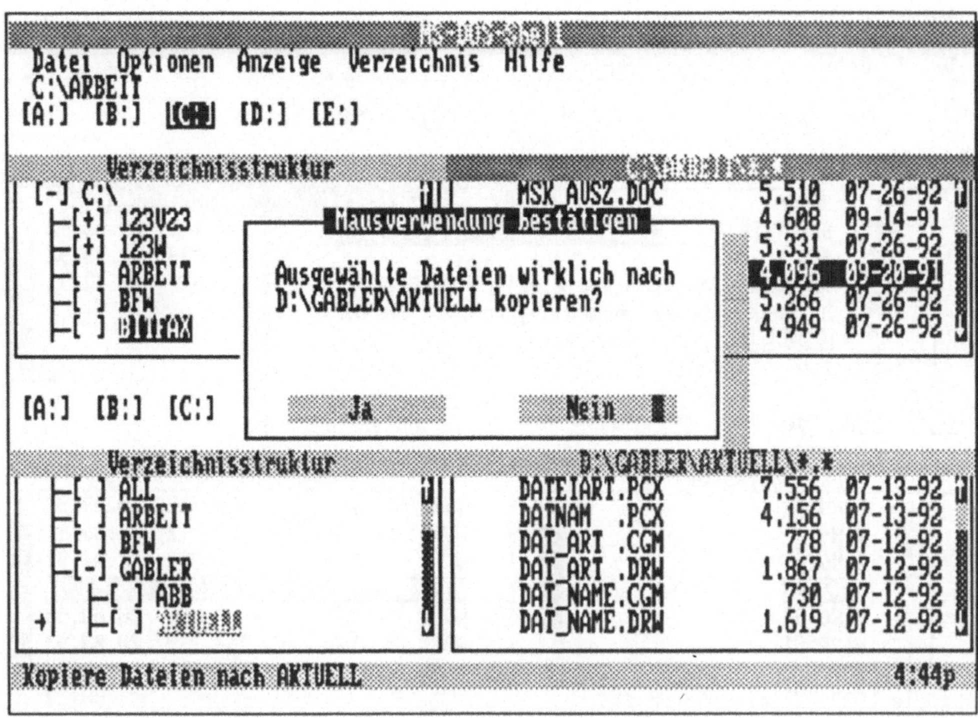

Abb. 22: Kopieren mit dem Drag-and-Drop-Verfahren

1.5.4.3 Programme mit Nutzdateien verknüpfen

Sie können Drag-and-Drop auch dazu benutzen, ein Programm so zu starten, daß es
eine entsprechende Nutzdatei sofort lädt. Führen Sie den folgenden Versuch im Verzeichnis DOS durch. Wählen Sie die Datei INFO.TXT aus. Halten Sie die linke
Maustaste gedrückt, während Sie das Symbol zur Datei EDIT.COM führen. Dort lassen Sie die Maustaste los, worauf sich ein Dialogfenster öffnet. Nun können Sie durch
Anklicken der Schaltfläche *"Ja"* den Vorgang abschließen. Im folgenden Beispiel wird
eine zuvor mit dem Textprogramm WORD angelegte Datei (DOS_50.TXT) durch das
Programm WORD.EXE erneut geladen.

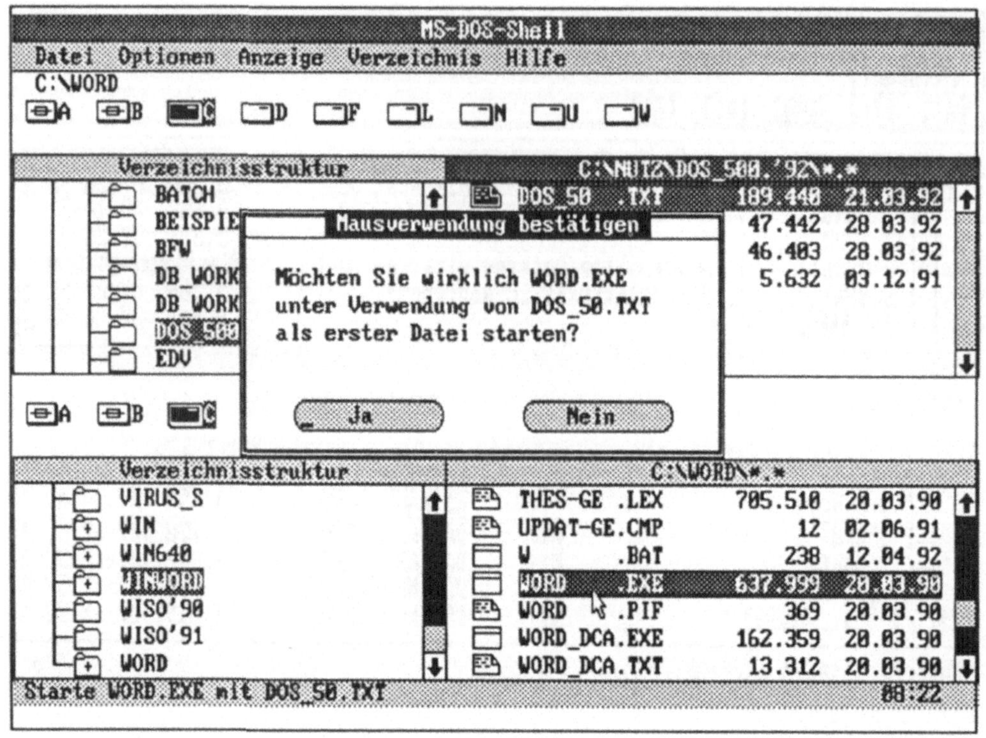

Abb. 23: Anzeige des Ladevorgangs

1.6 Grundlegende DOS-Befehle

Das Betriebssystem ist dazu da, eine Kommunikationsebene zwischen dem Computer und seinem Benutzer zu schaffen. Der Benutzer kann mit dem Betriebssystem durch **Befehle** verkehren. Der Computer führt die Befehle aus oder macht den Benutzer auf Eingabefehler aufmerksam. Zwischen Benutzer und Betriebssystem entwickelt sich ein **Dialog**.

DOS-Befehle rufen Dienstprogramme des Betriebssystems auf. Es kann sich dabei um **interne** (residente) oder **externe** (transiente) Befehle handeln. Interne Befehle lädt das Betriebssystem beim Systemstart automatisch in den Zentralspeicher, während externe Befehle für den jeweiligen Gebrauch immer von der Platte abgerufen werden.

DOS-Befehle gibt der Benutzer am DOS-Prompt (Systemanfrage, Eingabe-anforderung) ein. Falls Sie mit der DOSSHELL - der Benutzeroberfläche des DOS - gestartet sind, gelangen Sie über den Menüpunkt "Eingabeanforde-rung" der Hauptgruppe oder über das Datei-Menü, Punkt "Beenden" zur DOS-Befehlsebene.

In den Abschnitten 1.6 bis 1.8 werden die wichtigsten DOS-Befehle erläutert. Die Auswahl orientiert sich an Erfahrungen aus dem Alltag des "Normal-anwenders".

In den folgenden Befehlsbeispielen gehen die Autoren von einem PC mit zwei Diskettenlaufwerken (A: und B:) und einem Festplattenlaufwerk (C:) aus. Ist Ihr PC mit nur einem Diskettenlaufwerk A: und einer Festplatte C: ausge-stattet, müssen Sie in einigen Beispielen das Laufwerk B: durch C: ersetzen.

Bei der Eingabe von Befehlen macht DOS keinen Unterschied zwischen Klein- und Großbuchstaben. Einige Befehle erfordern zusätzliche Eingaben des Benutzers.

*In den folgenden Darstellungen der DOS-Befehlsformate sind Befehlszusätze in eckigen Klammern angegeben. Der Befehl wird auch ohne Eingabe dieser Zusätze richtig ausgeführt. Die Zusätze dienen dazu, den Befehlsablauf auf die aktuellen Bedürfnisse des Benutzers abzustimmen, d.h. das Ergebnis an-zupassen. Auf die Befehlszusätze, sog. **Parameter**, wird in den folgenden Ab-schnitten nur insoweit eingegangen, als dies den Autoren für die All-tagspraxis mit MS-DOS dienlich erschien.*

*Der Hinweis **intern** bzw. **extern** gibt Aufschluß darüber, ob die Befehle beim Systemstart im Arbeitsspeicher resident geladen wurden (intern) oder von der Platte zur Ausführung geladen werden müssen (extern). Der Aufruf externer Befehle kann die Systemnachricht "Falscher Befehl oder Dateiname" verursachen. In diesem Falle wurde der Befehl nicht gefunden. Interne Be-fehle werden auch **resident**, externe **transient** genannt.*

In den folgenden Abschnitten werden DOS-Befehle in sachlogischer Folge behandelt, d.h. Befehle für einfache Verarbeitungsfunktionen zuerst und verwandte Befehle nacheinander. Wenn Sie alphabetisch nachschlagen wollen, benutzen Sie das Sachwort-verzeichnis, in dem alle Befehle aufgelistet sind.

1.6.1 Verzeichnis anzeigen (DIR)

DIR [Pfad][Datei] [/B][/L][/P][/W][/S][/A:Attribut][/O:Sortierfolge]   (intern)

Alle auf einer Platte gespeicherten Dateien registriert DOS im Platteninhaltsverzeichnis. Der Befehl *DIR* zeigt Ihnen, welche Dateien Sie auf der Diskette/Platte
besitzen. DIR ist die Abkürzung von directory (Verzeichnis).

Als Befehlszusätze können Sie einen Pfad (Laufwerk und/oder Verzeichnisangabe) und
die Dateibezeichnung eingeben. Weitere Parameter dienen der selektiven und sortierten
Darstellung.

Ausführungsbeispiel:

```
C:\>dir a:
 Datenträger in Laufwerk A ist GABLER
 Datenträgernummer: 314D-07C8
 Verzeichnis von A:\

 AUTOEXEC BAT      341   28.05.91   22.12
 CONFIG   SYS      114   28.05.91   21.31
 ANSI     SYS     9149   13.04.89   12.00
 ASSIGN   COM     5769   13.04.89   12.00
 ATTRIB   EXE    18279   13.04.89   12.00
 BACKUP   COM    37136   13.04.89   12.00
 CHKDSK   COM    18443   13.04.89   12.00
 COMMAND  COM    38594   13.04.89   12.00
 COMP     COM     9603   13.04.89   12.00
 COUNTRY  SYS    12838   . . .
                                    USW.
```

Abb. 24: Ausführung des DIR-Befehls für das Laufwerk A:

Parameter und ihre Wirkung für die Anzeige:

/B   Dateinamen ohne weitere Informationen
/L   Dateinamen in Kleinschreibung
/P   Anzeige erfolgt bildschirmweise
/S   Anzeige mit allen Unterverzeichnissen
/W   Breite Darstellung ohne weitere Informationen
/A   Nur Dateien mit dem/den angegebenen Attribut(en) werden angezeigt.
        Ein Minuszeichen vor den Attributen kehrt die Wirkung um.

Attribute	**Selektion**
A	Ungesicherte Dateien (archiv)
D	Nur Verzeichnisse (directory)
H	Versteckte Dateien (hidden)
R	Schreibgeschützte Dateien (read only)
S	Systemdateien (system)

/O   Legt das Sortierkriterium fest. Ein Minuszeichen vor der Option kehrt
         die Sortierfolge um.

Option   **Sortierung**

D   Nach Datum und Uhrzeit, ältere Dateien zuerst
E   Nach Dateinamenserweiterung
G   Verzeichnisse am Anfang
N   Nach Dateiname
S   Nach Dateigröße, kleinere Dateien zuerst

Beispiele DOS-Befehle: **Systemreaktion:**

C:\> dir b:autoexec.bat   Das Verzeichnis der Diskette B: wird nur hinsichtlich der
                          Datei AUTOEXEC.BAT angezeigt.

C:\> dir a: /:s   Nur die Systemdateien auf der Diskette in Laufwerk A: wer-
                          den angezeigt.

C:\> dir /p/o:-d   Das Verzeichnis wird bildschirmweise mit den jüngeren
                          Dateien zuerst angezeigt.

C:\> dir \dos /w   Das Verzeichnis \DOS auf C: wird in breiter Darstellung
                          gezeigt.

C:\> dir /a:h /o:s   Zeigt alle versteckten Dateien nach ihrer Größe sortiert.

Einzelne Dateien und Dateigruppen anzeigen

Der DIR-Befehl kann, wie einige weitere DOS-Befehle, auf einzelne Dateien und auf
Gruppen von Dateien angewendet werden. Um Dateigruppen zu bilden, benutzt man
sog. **Platzhalter** oder **Joker**. Der Platzhalter * (Stern, engl. asterisk) steht für beliebige
Zeichen in einem Dateinamen oder einer Erweiterung. Beispiele für die Zusammenfassung von Dateien zu Dateigruppen:

```
Einzelne Dateien            Dateigruppe

BRIEF.TXT
MAHNUNG.TXT              }   *.TXT
ANGEBOT.TXT


FRIST.SIK
FREITAG.BAK             }   FR*.*
FROHSINN.$$$
```

Alle Dateien eines Inhaltsverzeichnisses faßt man durch den Ausdruck *.* zusammen.
Ein weiterer Platzhalter, das **?** (Fragezeichen), ersetzt nur ein einzelnes Zeichen.

```
Einzelne Dateien              Dateigruppe

VERTRAG1.TXT              ⎤
VERTRAG2.TXT              ⎬  VERTRAG?.TXT
VERTRAG3.TXT              ⎦
```

Um einzelne Dateien oder Dateigruppen des Verzeichnisses anzuzeigen, schreiben Sie die Dateibenennung direkt hinter den *DIR*-Befehl. Die Dateibenennung kann eine einzelne Datei oder eine Dateigruppe sein, wie die folgenden Beispiele zeigen.

Weitere DOS-Befehle: **Systemreaktion:**

C:\> dir *.com   Anzeige aller Dateien mit der Erweiterung .COM.

C:\>dir uni*.txt   Anzeige aller Dateien, deren Name mit UNI beginnt und deren Erweiterung .TXT lautet.

C:\> dir b:*.txt /p/o:n   Bildschirmweise Anzeige aller Dateien im Stammverzeichnis von B: mit der Namenserweiterung .TXT, nach Namen sortiert.

C:\> dir bfa* /o:-d /s   Anzeige aller Dateien im Stammverzeichnis von C: und aller Unterverzeichnisse, die mit den 3 Zeichen BFA anfangen, in umgekehrter Reihenfolge ihres Datums.

C:\> dir *.   Anzeige aller Dateien und Verzeichnisse ohne Namenserweiterung.

1.6.2 Datum und Zeit einstellen (DATE, TIME)

Datum einstellen

DATE	**(intern)**

Erstellen oder verändern Sie eine Datei, wird sie unter Systemdatum und -zeit gespeichert. Der Befehl *DATE* gestattet Ihnen, das Datum zu verändern. Mit diesem Befehl können Sie auch den zu einem bestimmten Datum passenden Wochentag abfragen (Kalenderfunktion).

Ausführungsbeispiel:

```
C:\> date
Datum: Sa, 02.11.1992
Neues Datum (TT.MM.JJ): 08.12.92
```

Abb. 25: Datum ändern

Zeit einstellen

TIME (intern)

Die Systemzeit des PC kann mit dem Befehl *TIME* abgefragt und verändert werden.

Ausführungsbeispiel:

```
C:\> time
Gegenwärtige Uhrzeit: 12:07:10,73
Neue Uhrzeit: 11.07
```

Abb. 26: Die Uhr des PC einstellen

1.6.3 Diskette/Platte formatieren (FORMAT)

FORMAT Laufwerk: [/F:Größe] [/Q][/S] (extern)

Auf fabrikneuen Disketten/Platten kann Ihr PC nicht ohne weiteres schreiben und lesen. Weil es zu viele verschiedene Formate gibt, legen die Hersteller nicht von vornherein fest, wie viele Spuren und Sektoren eine Diskette besitzen soll. Das müssen Sie mit dem Befehl *FORMAT* besorgen. Dabei werden auf der Diskette/Platte auch ein Inhaltsverzeichnis und eine Dateibelegungstabelle angelegt, damit das System alle Dateien nach ihrem Namen und ihrem Standort auf der Diskette/Platte registrieren kann.

Insgesamt gibt es beim FORMAT-Befehl neben der zwingend notwendigen Laufwerksangabe 10 verschiedene alternative Parameter. Doch mehr als die 3 hier vorgestellten Parameter werden Sie nicht brauchen.

Parameter:

/F:Größe Jedes Diskettenlaufwerk wird eine Diskette in der maximalen Kapazität formatieren, für die es ausgelegt ist. Falls Sie abweichende Formate wünschen, müssen Sie dies dem FORMAT-Befehl mitteilen (vgl. ausführliche Beschreibung weiter unten). Für **Größe** können Sie folgende Kapazitätsangaben setzen: 360, 720, 1220 (oder 1.2), 1440 (oder 1.44), 2880 (oder 2.88).

/S Nach dem Formatieren werden automatisch die Systemdateien übertragen (s. ausführliche Beschreibung weiter unten).

/Q Eine bereits formatierte Diskette/Platte wird reformatiert. Das bedeutet, alle darauf befindlichen Dateien und Verzeichnisse sind anschließend gelöscht. Die Diskette/Platte behält das ursprünglich angelegte Format.

Nutzdatendiskette formatieren

Der in der Praxis häufigste Fall ist die Formatierung von Nutzdatendisketten. Dies sind
i.d.R. Disketten, auf denen Sie Ihre Dateien sichern oder weitergeben. Die Angabe
eines Parameters erübrigt sich in den meisten Fällen.

Ausführungsbeispiel:

```
C:\> format a:
Neue Diskette in Laufwerk A: einlegen
und anschließend die EINGABETASTE drücken...

Prüfe bestehendes Datenträger-Format.
Formatiere 1.44 MB
100 Prozent des Datenträgers formatiert
  Formatieren beendet

Datenträgerbezeichnung (11 Zeichen, EINGABETASTE für keine)? Gabler '91

  1457664 Byte Gesamtspeicherbereich
  1457664 Byte auf dem Datenträger verfügbar

     512 Byte in jeder Zuordnungseinheit
    2847 Zuordnungseinheiten auf dem Datenträger verfügbar

Datenträgernummer: 2C2A-13E9
Eine weitere Diskette formatieren (J/N)? n
```

Abb. 27: Formatieren einer Nutzdatendiskette in Laufwerk A:

MS-DOS formatiert eine Diskette immer mit der größtmöglichen Kapazität des betreffenden Laufwerks. Im Beispiel wurde eine 1,44MB-Diskette von hoher Dichte
(Aufdruck 2HD oder 2S/HD, Two/double-sided High Density) in einem 3,5" Laufwerk formatiert. Diese Disketten herrschen heute bei PC mit Prozessoren ab der Klasse
80286 (AT und NEAT-Klasse) vor. Mit DOS 5.0 kam das Format der 2,8MB-Diskette
neu hinzu. Bei einigen Modellen dieser Klasse gibt es auch 5,25"-Laufwerke mit
1,2MB maximaler Kapazität (Aufdruck MD2-HD, 2HD oder 2S/HD). Oft werden
beide Laufwerktypen in einen PC eingebaut. In beiden Fällen formatieren Sie völlig
ohne Angabe von zusätzlichen Parametern (wie oben), solange Sie HD-Disketten benutzen. Die Laufwerkangabe ist jedoch obligatorisch.

Typisch für die PC der XT-Klasse (Prozessoren 8086, 8088, 80C88) sind Laufwerke
mit doppelter Dichte in beiden Größen 5,25" (360KB) und 3,5" (720KB). Dort formatieren Sie nur Disketten mit der Kennzeichnung 2DD, 2S/DD, DS/DD oder 2S/2D
(Two/double-sided Double Density). Auch in diesem Fall erübrigt sich eine zusätzliche
Parameterangabe.

DD-Disketten sind billiger als HD-Disketten. Sie können jedoch nur einen Teil der
Datenmenge ihrer leistungsfähigeren Schwestern speichern. Trotzdem gibt es Gründe,
DD-Disketten zu benutzen, auch wenn der PC mit einem HD-Laufwerk ausgestattet ist:

-   Sie wollen nur geringe Datenmengen speichern, z.B. für den Versand.
-   Sie wollen Daten von einem PC mit HD-Laufwerk auf einen PC mit DD-Laufwerk übertragen.

In diesem Fall geben Sie zusätzliche Parameter an, und zwar bei 5,25"-DD-Disketten Parameter */F:360* (in früheren DOS-Versionen */4*) und für 3,5"-DD-Disketten Parameter */F:720* (in früheren DOS-Versionen */N:9 /T:80*, für 9 Sektoren, 80 Spuren).

Ausführungsbeispiel:

```
C:\> format a: /f:720
Neue Diskette in Laufwerk A: einlegen
und anschließend die EINGABETASTE drücken...

Prüfe bestehendes Datenträger-Format.
Formatiere 720 KB
100 Prozent des Datenträgers formatiert
  Formatieren beendet

Datenträgerbezeichnung (11 Zeichen, EINGABETASTE für keine)? Gabler '91


   730112 Byte Gesamtspeicherbereich
   730112 Byte auf dem Datenträger verfügbar

    1024 Byte in jeder Zuordnungseinheit
     713 Zuordnungseinheiten auf dem Datenträger verfügbar

Datenträgernummer: 065B-1901

Eine weitere Diskette formatieren (J/N)?n
```

Abb. 28: Formatieren einer DD-Diskette in einem 3,5" HD-Laufwerk

Das Beispiel zeigt die Formatierung einer 720KB-Diskette in einem 1,44MB-HD-Laufwerk. Eine Zuordnungseinheit (engl. cluster) ist eine aufeinanderfolgende Gruppe von Sektoren. Eine Datei wird immer in Clustern gespeichert. Auch die kleinste Datei belegt mindestens einen Cluster. Die 720KB-Diskette besitzt Cluster von 2 Sektoren Länge (=1024B). Bei dieser Diskette hätte eine Datei von 1 Zeichen Länge den gleichen Platzbedarf wie eine von 1024 Zeichen. Eine Datei mit 1025 Zeichen würde schon 2 Cluster beanspruchen. Die 1,44MB-Diskette verwaltet Daten rationeller, dort ist ein Cluster nur 1 Sektor (= 512 Byte) groß (vgl. oben).

Typ	Format	HD-Laufwerk	Parameter in DOS 5.00	Alternativ-parameter
2S/DD	360KB	5,25"	/F:360	/4 (ab DOS 3.0)
2S/HD	1,2MB	5,25"	/F:1.2	keiner
2S/DD	720KB	3,5"	/F:720	/N:9 /T:80 (ab DOS 3.3)
2S/HD	1,44MB	3,5"	/F:1.44	keiner
2S/HD	2,88MB	3,5"	/F:2.88	keiner

Abb. 29: Diskettenformate und FORMAT-Parameter bei der Formatierung in HD-Laufwerken

Boot-Diskette formatieren

Es empfiehlt sich für jeden Benutzer, eine ladefähige Diskette (sog. Boot-Diskette, engl. boot = Stiefel) in der Schublade zu haben. Dafür gibt es folgende Gründe:

- Es wurden versehentlich oder absichtlich wichtige Systemdateien auf C: gelöscht oder umbenannt. Ein Start über die Festplatte gelingt nicht mehr.
- Die Festplatte C: hat einen nicht behebbaren Fehler. Sie muß ausgetauscht werden.

Mit einer Boot-Diskette können Sie Ihren PC trotzdem starten und verwenden. Dazu sollten Sie nicht die Original-Betriebssystemdiskette einsetzen, die gehört in den verschließbaren Schrank für die Lizenzprogramme.

Eine Boot-Diskette besitzt mindestens 3 Betriebssystemdateien. Beim PC sind das die Dateien: COMMAND.COM, IO.SYS (IBMBIO.COM) UND MSDOS.SYS (IBMDOS.COM). Die beiden letzten sind verborgene Dateien. Der Parameter /S veranlaßt die automatische Übernahme dieser Dateien beim Formatieren.

Ausführungsbeispiel:

```
C:\> format a: /s
Neue Diskette in Laufwerk A: einlegen
und anschließend die EINGABETASTE drücken...

Prüfe bestehendes Datenträger-Format.
Formatiere 1.44 MB
  100 Prozent des Datenträgers formatiert
Formatieren beendet
Systemdateien übertragen

Datenträgerbezeichnung(11 Zeichen, EINGABETASTE für keine)?

  1457664 Byte Speicherplatz auf dem Datenträger insgesamt
   121856 Byte vom System benutzt
     2560 Byte in fehlerhaften Sektoren
  1333248 Byte auf dem Datenträger verfügbar

      512 Byte in jeder Zuordnungseinheit
```

```
Fortsetzung
       2604 Zuordnungseinheiten auf dem Datenträger verfügbar

Datenträgernummer: 0C11-14CF

Eine weitere Diskette formatieren (J/N)?n
```

Abb. 30: Formatieren einer Boot-Diskette

Beim Formatieren hat das System 5 fehlerhafte Sektoren (= 2560 Byte) ausgemacht. Kein Grund zur Panik, die Diskette ist brauchbar. Das System verwendet die fehlerhaften Sektoren nicht. Das Beispiel zeigt, daß 121856 Byte (= 119KB) vom Betriebssystem belegt wurden. Es handelt sich hier lediglich um die oben genannten 3 Dateien.

Um die Diskette wirklich gebrauchsfähig zu machen, müssen Sie nun noch weitere Dateien auf die Diskette kopieren (vgl. COPY-Befehl, Abschn. 2.8). Um mit landesüblichen Anpassungen starten zu können, brauchen Sie folgende Dateien im Stammverzeichnis der Diskette:

        AUTOEXEC.BAT
        COMMAND.COM
        CONFIG.SYS
        COUNTRY.SYS
        KEYB.COM
        KEYBOARD.SYS

Die Datei CONFIG.SYS sollte mindestens den folgenden Befehl beinhalten:

        COUNTRY=049

Die Datei AUTOEXEC.BAT sollte wenigstens die folgenden beiden Befehle aufweisen:

        PROMPT PG
        KEYB GR

Sie erstellen diese Dateien mit dem Texteditor (vgl. DOS-Shell) oder mit WORD.

Falls es Ihnen nicht auf Anhieb gelingen sollte, eine Boot-Diskette zu formatieren, können Sie auch so vorgehen:

Formatieren Sie ohne Parameter /S. Geben Sie unmittelbar nach dem Formatieren den Befehl SYS A: oder SYS B:, je nachdem, wo Ihre Diskette liegt.

Der SYS-Befehl überträgt die Systemdateien nachträglich, allerdings nur, wenn noch keine anderen Dateien gespeichert wurden.

Falls Sie folgende Meldung erhalten,

```
DOS-Diskette in Laufwerk A: einlegen
und anschließend Eingabetaste betätigen...
```

findet das System wichtige Dateien nicht auf dem aktuellen Laufwerk. Folgen Sie der Anweisung (Originaldiskette einlegen), oder verfahren Sie wie oben beschrieben.

Festplatte formatieren

Eine Festplatte kann abschließend erst dann formatiert werden, nachdem die sog. Low-Level-Formatierung, die Anmeldung im Konfigurationsspeicher (system configuration setup) und die Aufteilung der Platte in Partitions (Befehl FDISK) durchgeführt wurden. Dies sind Arbeiten für PC-Fachleute, sie werden im Rahmen dieses Bandes nicht besprochen. Der FORMAT-Befehl für Festplatte C: wird nach dem Start mit einer Boot-Diskette in A:, auf der sich die Datei FORMAT.COM befindet, mit dem Parameter /S ausgeführt. Für weitere Platten ist außer der Angabe des Ziellaufwerks kein Parameter notwendig.

Weitere DOS-Befehle:	**Systemreaktion:**
`C:\> format b: /f:720 /s`	Im Laufwerk B: wird eine Boot-Diskette mit 720KB Speicherkapazität formatiert.
`C:\> format b: /n:9 /t:80 /s`	Dieselbe Prozedur läuft ab. Es wurden Format-Parameter verwendet, die vor der DOS-Version 5.00 üblich waren.
`A:\> format c: /s`	Die Festplatte C: wird formatiert.

1.6.4 Diskette kopieren (DISKCOPY)

DISKCOPY Quellenlaufwerk: Ziellaufwerk: (extern)

Es gibt viele Gründe dafür, eine Diskette vollständig zu kopieren. Sie wollen Nutz-/Programmdateien weitergeben, eventuell versenden, oder teure Lizenzprogramme sollen vor Verlust gesichert werden für den Fall, daß die originale Lizenzdiskette infolge Beschädigung unlesbar wird. *DISKCOPY* stellt eine vollkommen identische Kopie der ursprünglichen Diskette her.

Ausführungsbeispiel:

```
C:\> diskcopy a: a:

Quellendiskette in Laufwerk A: einlegen

Eine beliebige Taste drücken, um fortzusetzen

Kopiert werden 80 Spuren
mit 18 Sektoren je Spur, 2 Seite(n)

Zieldiskette in Laufwerk A: einlegen

Eine beliebige Taste drücken, um fortzusetzen

Diskette wird beim Kopieren formatiert
Quellendiskette in Laufwerk A: einlegen

Eine beliebige Taste drücken, um fortzusetzen
       .        .          usw.

Datenträgernummer: 10D5-125E

Eine weitere Diskette kopieren (J/N)?n
```

Abb. 31: Nachrichten des DISKCOPY-Befehls

Das Beispiel zeigt das Kopieren einer Diskette mit nur einem Laufwerk.. In diesem
Fall sind Quellenlaufwerk und Ziellaufwerk identisch. DISKCOPY fordert Sie solange
zum Diskettenwechsel auf, bis alle Daten kopiert wurden.

DISKCOPY formatiert die Zieldiskette, falls dies noch nicht geschehen ist.

*DISKCOPY löscht alle Dateien der Zieldiskette, also ist Vorsicht geboten.
Verwenden Sie nur Zieldisketten, bei denen Sie sicher wissen, daß sie keine
wichtigen Dateien enthalten. Sichern Sie unbedingt die Quellendiskette
mittels Schreibschutz, damit Fehlbedienung keinen Schaden anrichtet.*

*DISKCOPY kann nur auf eine Zieldiskette mit der gleichen Beschaffenheit
und Größe wie die Quellendiskette kopieren (anders als COPY und XCOPY).*

*DISKCOPY kann nur auf Disketten, nicht auf Magnetplatten (Fest- oder
Wechselplatten) angewendet werden.*

1.7 Dateiorientierte DOS-Befehle

1.7.1 Dateien kopieren (COPY)

COPY Quelle [Ziel] /V   **(intern)**

Der Befehl *COPY* kopiert Dateien. Verwenden Sie diesen Befehl, um Dateien auszutauschen oder Sicherungskopien zu erstellen.

Für **Quelle** können folgende Angaben stehen:

- eine Dateibenennung, z.B. A:\TEXT*.TXT
- ein Verzeichnis, z.B. A:\TEXT
- der DOS-Name für ein Eingabegerät, z.B. CON für Tastatur (<u>Kon</u>sole, CON ist in DOS die Einheit von Tastatur und Bildschirm, also sowohl Eingabe- als auch Ausgabegerät).

Quelle darf nicht aus der bloßen Laufwerksbezeichnung bestehen.

Ziel kann sein:

- ein Laufwerk, z.B. A:
- eine Dateibenennung, z.B. C:\KUNDEN\MAHN1.DOC
- ein Verzeichnis, z.B. C:\KUNDEN
- der DOS-Name für ein Ausgabegerät, z.B. PRN für Drucker (<u>pri</u>nter) oder CON für Bildschirm.

Ziel muß nicht unbedingt angegeben werden. Falls die Zielangabe fehlt, ist immer das aktuelle Laufwerk oder Verzeichnis automatisch das Ziel des Kopiervorgangs:

- eine Dateibenennung, evtl. mit vorangestelltem Laufwerk und/oder Verzeichnispfad
- ein Laufwerk, evtl. ergänzt durch einen Verzeichnispfad.

Ausführungsbeispiele:

```
C:\> copy autoexec.bat a:
         1 Datei(en) kopiert

C:\> copy *.bat a:
C:AUTOEXEC.BAT
C:MENU.BAT
         2 Datei(en) kopiert
```

Abb. 32: COPY-Befehle

Weitere DOS-Befehle:	**Systemreaktion:**
C:\> copy b:brief	Die Datei BRIEF wird vom aktuellen Verzeichnis von B: nach C:\ kopiert.
A:\> copy c:*.txt	Alle Dateien mit der Erweiterung .TXT werden vom Stammverzeichnis von C: ins Stammverzeichnis von A: kopiert.
A:\> copy c:\text\steuer*.txt	Alle Dateien, deren Name mit STEUER beginnt und die die Erweiterung .TXT besitzen, werden vom Unterverzeichnis TEXT von C: nach A:\ kopiert.
A:\> copy x.txt y.txt	Die Datei X.TXT entsteht unter der Bezeichnung Y.TXT nochmal.
C:\TEXT> copy *.txt *.doc	Alle Dateien mit der Erweiterung .TXT entstehen nochmal unter gleichen Namen, jedoch mit der Erweiterung .DOC.
A:\> copy autoexec.bat b:\	Die Datei AUTOEXEC.BAT auf A:\ wird nach B:\ kopiert.
A:\> copy *.exe c:	Alle Dateien mit der Erweiterung .EXE werden in das aktuelle Verzeichnis von C: kopiert.
A:\> copy b:\doku\brief.txt c:	Die Datei BRIEF.TXT wird im Verzeichnis B:\DOKU gelesen und ins aktuelle Verzeichnis von C: kopiert.
C:\> copy config.sys prn	Die Datei CONFIG.SYS wird von C: auf den Drucker kopiert, d.h. gedruckt.
C:\TEXT> copy con notiz	Damit legen Sie im Unterverzeichnis TEXT eine Textdatei namens NOTIZ an. Schließen Sie mit <F6> bzw. <Strg>+Z (=^Z) und <Enter> ab.

Weitere Beispiele finden Sie im Abschnitt 2.8 bei den verzeichnisorientierten Befehlen.

Parameter:

/A Die gekennzeichnete Datei ist eine reine Textdatei. Sie wird nur bis zum Auftreten des Dateiendezeichens (=ASCII-Nr. 26) kopiert.

/B Die Datei ist eine Binärdatei, d.h., Dateiendezeichen werden nicht beachtet. Bei /B hinter der Zieldatei erhält diese kein Dateiendezeichen.

/V (verify, Schreib-/Leseprüfung) Hängen Sie diesen Parameter an den Befehl, wenn Sie sicherstellen wollen, daß das System die Daten fehlerfrei ins Ziellaufwerk geschrieben hat, sie also später wieder lesbar sind.

Wenn Sie nur ein Diskettenlaufwerk besitzen, können Sie das auch unter B: ansprechen. Um von einer Diskette auf eine andere zu kopieren, geben Sie als Ziellaufwerk B: an. In diesem Fall verwendet DOS Laufwerk A automatisch auch als Laufwerk B. COPY fordert Sie dann auf, die Diskette zu wechseln.

Wollen Sie mehrere oder große Dateien kopieren, empfiehlt es sich, statt des COPY-Befehls den XCOPY-Befehl zu einzusetzen. Sie verkürzen dadurch den Kopiervorgang, weil XCOPY zunächst so viele Dateien wie möglich in den Arbeitsspeicher einliest, um dann zum Diskettenwechsel aufzufordern und zu schreiben. Dagegen liest und schreibt COPY jede einzelne Datei.

Angenommen, Ihr PC ist mit einem 3,5"- und einem 5,25"-Laufwerk ausge-stattet und Sie wollen Daten zwischen Disketten gleichen Formats austauschen. In diesem Fall richten Sie ein Verzeichnis auf der Festplatte als Zwischenspeicher ein. Kopieren Sie Ihre Dateien von der Diskette dorthin, wechseln Sie die Diskette und kopieren Sie das gesamte Verzeichnis ins gleiche Laufwerk zurück. Eine weitere Möglichkeit bietet die Einrichtung zusätzlicher logischer Laufwerke. Der Weg führt über den Gerätetreiber DRIVER.SYS, den Sie mit dem DEVICE-Befehl in die Datei CONFIG.SYS einbinden müssen - für den Normalanwender eine unübliche Methode.

Falls eine Datei so groß ist, daß Sie nicht auf den Datenträger, z.B. 360KB-Diskette, paßt, wählen Sie den Weg über die Befehle BACKUP und RESTORE. Die Datei wird dann durch BACKUP auf mehrere Disketten verteilt. RESTORE fügt Sie auf dem Zieldatenträger wieder zusammen.

1.7.2 Dateien umbenennen (REN)

REN [Pfad]Dateibenennung1 Dateibenennung2	(intern)

Oft wollen Sie Dateibenennungen ändern. Dabei hilft der Befehl *REN* (rename). Die erste Dateibenennung ist die bisherige, die zweite die künftige Bezeichnung.

Ausführungsbeispiel:

```
C:\> ren brief.txt brief1.txt
Doppelter Dateiname oder Datei nicht gefunden

C:\> ren brief.txt brief2.txt

C:\>
```

Abb. 33: REN-Befehle

Im ersten Beispiel wurde als zweite Dateibenennung eine Datei angegeben, die bereits existiert.

Weitere DOS-Befehle: **Systemreaktion:**

C:\\> **ren steuer.txt einkst.doc**   Die bisherige Datei STEUER.TXT in Laufwerk A heißt jetzt EINKST.DOC.

C:\\> **ren a:\\text\\brief1.txt br3.***   Die Datei BRIEF1.TXT im Verzeichnis A:\\TEXT wurde umbenannt in BR3.TXT.

1.7.3 Dateien löschen (DEL)

DEL [Pfad]Datei(en) /P   **(intern)**

Mit dem Befehl *DEL* (delete) löschen Sie Dateien oder Dateigruppen.

Ausführungsbeispiele:

```
C:\> del brief.txt

C:\> del brief.txt
Datei nicht gefunden

C:\>
```

Abb. 34: DEL-Befehle

Beim zweiten Beispiel wird der Befehl nicht erfolgreich durchgeführt, weil die Datei BRIEF.TXT bereits gelöscht war.

Der DEL-Befehl bringt im Inhaltsverzeichnis ein Löschkennzeichen an der Dateibezeichnung an, ohne den Inhalt der Datei wirklich zu löschen. Das erste Zeichen des Dateinamens wird durch den Löschvermerk überschrieben. Das System zeigt als gelöscht gekennzeichnete Dateien nicht mehr an und gibt den Platz, den sie auf dem Datenträger belegen, zum Speichern anderer Dateien frei.

Weitere DOS-Befehle: **Systemreaktion:**

A:\\> **del *.***   **Alle Dateien im Verzeichnis werden gelöscht**
                                                  Sind Sie sicher (J/N)?

                                                  Nach Eingabe von J werden alle Dateien des aktuellen Verzeichnisses der Diskette im Laufwerk A gelöscht.

C:\> del a:\brief???.txt   Die Gruppe von Dateien in B:\, deren Benennung mit BRIEF beginnt, wobei die folgenden 3 Zeichen beliebig sein können, wird gelöscht.

C:\> del test   Datei TEST auf der Festplatte löschen.

C:\> del a:\priv*.txt /p   Die Dateigruppe im Unterverzeichnis A:\PRIV, deren Erweiterung .TXT lautet, wird nach Bestätigung des Benutzers gelöscht.

Parameter /P fordert sie für jede zu löschende Datei zur Bestätigung auf.

Ausführungsbeispiel:

```
C:\> del *.* /P

C:\AUTOEXEC.BAT    Löschen (J/N)?n
C:\COMMAND.COM     Löschen (J/N)?
   .      .       .       .
   .      .       .   usw.
```

Abb. 35: DEL-Befehl mit Anforderung der Löschbestätigung

1.7.4 Dateien wiederherstellen (UNDELETE)

UNDELETE [Pfad][Dateibenennung] [/ALL][/DOS][/DT][/LIST]   (extern)

Mit dem Befehl *UNDELETE* stellen Sie gelöschte Dateien wieder her.

Ausführungsbeispiele:

```
C:\> undelete

Verzeichnis: C:\
Dateiangaben: *.*

Löschverfolgungsdatei wurde nicht gefunden.

Das Verzeichnis enthält 9 gelöschte Dateien.
Von diesen können  9 Dateien wahrscheinlich
wiederhergestellt werden.

Das MS-DOS-Verzeichnis wird verwendet.

?OUSE    COM    14551  1.02.88 13:00  ....
Wiederherstellen (J/N)? J
Geben Sie den ersten Buchstaben des Dateinamens
ein: ?OUSE    .COM: M
```

```
Fortsetzung

Datei erfolgreich wiederhergestellt.

?OMMAND  COM     50031 11.06.91 12:00   ...A
Wiederherstellen (J/N)?

                          usw.
```

Abb. 36: UNDELETE-Befehl ohne Parameter

Parameter:

/ALL   Mit diesem Parameter bietet UNDELETE alle Dateien eines Verzeichnisses zur Wiederherstellung an. Falls keine **Löschverfolgungsdatei** (vgl. MIRROR-Befehl) existiert, wird das erste Zeichen des Namens der gelöschten Datei in Form eines #-Zeichens dargestellt. Sie werden zum Ersetzen dieses Zeichens aufgefordert. Wenn eine Löschverfolgungsdatei geführt wurde, kann UNDELETE /ALL alle gelöschten Dateien ohne Ihr weiteres Zutun wiederherstellen, soweit diese nicht bereits überschrieben wurden.

Empfehlung: Richten Sie in der Datei AUTOEXEC.BAT folgenden Befehl ein. Sie ermöglichen MIRROR damit, für Laufwerk C: eine Löschverfolgungsdatei zu führen.

MIRROR C: /TC

/DOS   UNDELETE verwendet mit diesem Parameter die Löschverfolgungsdatei ausdrücklich nicht, d.h., es hält sich ausschließlich an die von DOS im Inhaltsverzeichnis aufgezeichneten Informationen. Das ist Standard, wenn Sie keine Löschverfolgungsdatei durch MIRROR erstellt haben.

/DT   Verwendet zur Wiederherstellung ausschließlich die Löschverfolgungsdatei.

/LIST   Zeigt alle im Inhaltsverzeichnis als gelöscht gekennzeichneten Dateien an und verwendet dazu die Löschverfolgungsdatei, falls vorhanden.

UNDELETE untersucht die spezifizierten Dateien bzw. das aktuelle oder das von Ihnen genannte Verzeichnis und berichtet Ihnen, ob entsprechend gelöschte Dateien vorhanden sind und eine Wiederherstellung möglich ist. Sie entscheiden für jede Datei, ob Sie deren Wiederherstellung wünschen. Existiert keine Löschverfolgungsdatei, so müssen Sie das erste Zeichen des Dateinamens ersetzen, das zuvor vom Löschbefehl überschrieben wurde (vgl. DEL-Befehl).

Weitere DOS-Befehle:	**Systemreaktion:**
C:\> undelete a:\	Alle gelöschten Dateien des Hauptverzeichnisses von Laufwerk A: werden - soweit möglich - wiederhergestellt.
C:\> undelete ?rief.txt	Versuch, eine Datei mit dem Restnamen RIEF.TXT zu retten.
C:\> undelete \dos*.com	Versuch, alle Dateien mit der Erweiterung .COM im Verzeichnis DOS von C: wiederherzustellen.
C:\> undelete /list	Liste aller gelöschten Dateien anzeigen
C:\> undelete \text /all	Alle Dateien im Verzeichnis \TEXT von C: werden nach Möglichkeit mittels Löschverfolgungsdatei gerettet.

1.8 Verzeichnisorientierte DOS-Befehle

Beim Formatieren einer Platte legt DOS ein Inhaltsverzeichnis an, wo es gespeicherte Dateien mit ihren Benennungen und weiteren Merkmalen aufnimmt. 360KB-Disketten können 112 Benennungen registrieren. 1,2- und 1,4-MB-Disketten registrieren 224 und Festplatten 512 Benennungen in ihren Inhaltsverzeichnissen.

Zwei wichtige Gründe sprechen dafür, zusätzliche Verzeichnisse auf der Platte anzulegen:

- Die Zahl von nur 512 Einträgen pro Festplatte würde es nicht zulassen, ihre volle Speicherkapazität auszunutzen. Mehrere tausend Dateien pro Platte sind in der professionellen EDV keine Seltenheit.

- Bei 50 bis 100 Einträgen mögen Inhaltsverzeichnisse gerade noch überschaubar sein. Darüber hinaus verlieren Sie vermutlich den Überblick. Möglicherweise stehen dann Befehlsdateien zusammen mit Text-, Adressen-, Artikel- und Liefererdateien und verschiedenen Anwendungsprogrammen für Datenbankverwaltung, Textverarbeitung und Tabellenkalkulation in einem Verzeichnis.

Kein Angestellter eines kaufmännischen Betriebes würde auf die Idee kommen, alle anfallenden Briefe, Dokumente, Verträge und Belege chronologisch in ein und denselben Aktenordner zu packen. Ebensowenig sollten Sie alle im Laufe der Zeit entstehenden Dateien und erworbenen Programme in einem Verzeichnis speichern.

MS-DOS bietet die Möglichkeit, auf einer Platte zusätzliche Verzeichnisse, sog. **Unterverzeichnisse**, aufzubauen. Unterverzeichnisse tragen Namen wie Dateien. Die Benennung von Verzeichnissen dient demselben Zweck wie die Beschriftung von Aktenordnern: Sie sagt etwas über den Inhalt eines Verzeichnisses aus.

Nehmen wir an, ein kleiner Betrieb verwahrt Unterlagen zentral in einem Schrank in Ordnern mit folgenden Bezeichnungen und Akten. Beispiel:

Bezeichnungen	**Akten**
Kunden	Informationen über Kunden
Korrespondenz	Geschäftsbriefe
Verträge	Vereinbarungen
Organisation	Organisatorische Regelungen
Steuern	Unterlagen fürs Finanzamt

Das Haupt- oder **Stammverzeichnis** (root-directory) einer Platte läßt sich mit einem Aktenschrank vergleichen, in welchem Aktenordner stehen. Die Unterverzeichnisse (subdirectories) auf einer Platte sind mit Ordnern vergleichbar. In den Unterverzeichnissen sind Dateien abgelegt, ebenso wie in Ordnern Akten untergebracht sind.

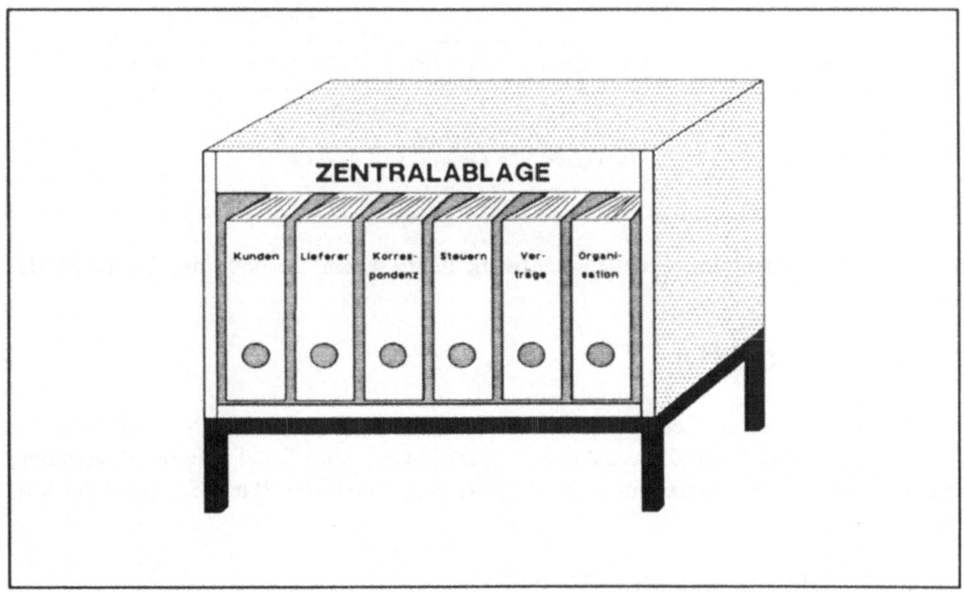

Abb. 37: Aktenschrank mit Ordnern

Übertragen auf eine Platte, ergibt sich für das angeführte Beispiel folgende Struktur:

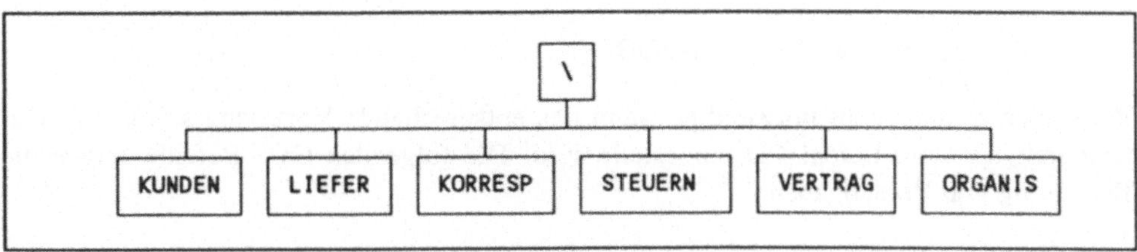

Der umgekehrte Schrägstrich \ (Backslash) kennzeichnet das Stammverzeichnis. Ähnlich wie man in Ordnern Register bzw. Trennblätter verwendet, um eine weitere Unterteilung zu erreichen, kann man einem Unterverzeichnis weitere Verzeichnisse anfügen.

Dateien in Unterverzeichnissen werden über den **Pfad** angesprochen. Der Pfad, auch **Zugriffspfad** genannt, beschreibt den Weg zu einer Datei. Die einfachste Pfadangabe ist die für das Stammverzeichnis, der Backslash \. Um eine Datei im Stammverzeichnis anzusprechen, setzt man den Backslash vor den Dateinamen, z.B.

\AUTOEXEC.BAT

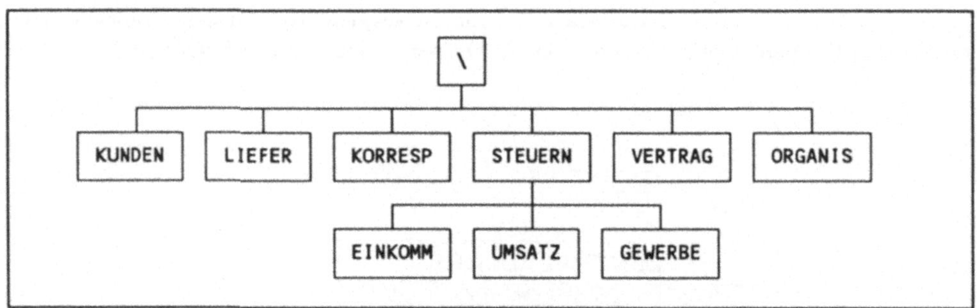

Wenn die Datei nicht im aktuellen Laufwerk liegt, setzen Sie noch das Laufwerk davor, z.B.

C:\AUTOEXEC.BAT

In Pfadangaben dürfen Leerstellen nicht vorkommen. Der Backslash dient auch der **Trennung** von Pfad und Dateinamen. Angenommen, eine Datei mit der Benennung EST3D.TXT liegt im Verzeichnis EINKOMM (vgl. oben) der Platte C:, so ist der korrekte Pfad:

C:\STEUERN\EINKOMM\EST3D.TXT

Der Aufruf von Programmen, die in Unterverzeichnissen liegen, kann eine Pfadangabe erfordern. Falls das Programm WORD.COM in einem angenommenen Verzeichnis \PROGRAM\WORD5.5 des Laufwerks C: zu finden ist, lautet der Programmaufruf:

C:\PROGRAM\WORD5.5\WORD

Pfadangaben sind nicht notwendig, wenn das entsprechende Verzeichnis vor dem Dateizugriff mit dem Befehl CD eingestellt wird. Die folgenden DOS-Befehle zeigen die Benutzung von Pfadangaben:

Weitere DOS-Befehle: **Systemreaktion:**

A:\\> dir c:\\steuern	Zeigt das Verzeichnis \\STEUERN auf C: an.
C:\\> copy a:\\korr\\fritz.txt b:	Kopiert die Datei FRITZ.TXT aus dem Verzeichnis \\KORR der Diskette A: ins Stammverzeichnis von B:.
B:\\> copy c:\\fa\\est\\est.txt a:\\fin_amt	Kopiert die Datei EST.TXT aus dem Verzeichnis \\FA\\EST der Platte C: auf Diskette A: ins zuvor angelegte Verzeichnis \\FIN_AMT.
C:\\>del \\steuer\\umsatz*.*	Löscht alle Dateien im Verzeichnis \\STEUER\\UMSATZ der Platte C:.
A:\\>type c:\\autoexec.bat	Listet die Datei AUTOEXEC.BAT aus dem Stammverzeichnis der Platte C: auf.

Begriff

> Ein **Pfad** ist eine Folge von hierarchisch aneinandergereihten und durch \\ (Backslash) getrennten Verzeichnisnamen, denen eine Laufwerksbezeichnung vorangestellt sein kann. Der erste Backslash bzw. ein Backslash alleine bezeichnet das Stamm- bzw. Hauptverzeichnis. Alle folgenden Backslashes haben lediglich die Funktion von Trennzeichen.

Beispiele:

**DIR **	Anzeigen des Stammverzeichnisses
DIR \\TEXT\\AMT	Anzeigen des Verzeichnisses AMT, das dem Verzeichnis TEXT untergeordnet ist, welches am Stammverzeichnis angebunden wurde.
DIR A:\\DOS	Anzeigen des DOS-Verzeichnisses auf A:

1.8.1 Verzeichnis anlegen (MD)

> **MD Pfad**   (intern)

Der Befehl *MD* ist die Abkürzung für **Make Directory** und bedeutet "erstelle Verzeichnis". Der Parameter **Pfad** kann aus einer Verzeichnisangabe oder aus einem Laufwerk **und** der Verzeichnisangabe bestehen.

Ausführungsbeispiele:

```
C:\> md steuer

C:\> md steuer
Verzeichnis existiert bereits

C:\> md \steuer\einkomm

C:\> md a:\dos
```

Abb. 38: Anlegen von Unterverzeichnissen

Im zweiten Ausführungsbeispiel wurde versucht, ein zweites Verzeichnis gleichen Namens anzulegen.

Weitere DOS-Befehle: **Systemreaktion:**

A:\>md c:\steuer\gewerb   Das Unterverzeichnis GEWERB wird an das Unterverzeichnis \STEUER auf der Platte C: geknüpft.
C:\STEUER> md gewerb   Das Ergebnis ist dasselbe wie beim vorangehenden Befehl.
C:\>md b:\privat   Auf der Diskette im Laufwerk B entsteht das Verzeichnis \PRIVAT.

1.8.2 Verzeichnis wechseln (CD)

CD [Laufwerk:][Pfad]   (intern)

CD kommt von **Change Directory**, "wechsle Verzeichnis". Der Verzeichniswechsel stellt das System auf ein anderes Verzeichnis ein. Der Verzeichniswechsel findet nicht statt, wenn Sie keinen Parameter oder nur ein Laufwerk als Parameter angeben. Dann zeigt CD die aktuelle Verzeichniseinstellung an.

Das System erwartet Dateien und externe Befehle immer zuerst im aktuell eingestellten Verzeichnis. Nur wenn der Dateibenennung ein Pfad vorangestellt wird, durchsucht das System das im Pfad angegebene Verzeichnis. Um sich das wiederholte Eintippen von Pfaden zu ersparen, können Sie das gewünschte Verzeichnis einstellen.

Ausführungsbeispiele:

```
C:\> cd \einkomm
Ungültiges Verzeichnis

C:\> cd \steuer\einkomm

C:\STEUER\EINKOMM> cd ..
```

```
Fortsetzung

C:\STEUER> cd a:\dos

C:\STEUER> cd a:
A:\DOS
```

Abb. 39: CD-Befehle

Im ersten Ausführungsbeispiel wurde kein korrekter Pfad genannt, denn das Verzeichnis EINKOMM ist an das Verzeichnis \STEUER geknüpft. Ist der DOS-Prompt auf die Anzeige von Verzeichnissen eingestellt, informiert er Sie, wie im Beispiel, über das neue aktuelle Verzeichnis. Im dritten Ausführungsbeispiel stellen zwei dem CD-Befehl folgende Punkte das übergeordnete Verzeichnis ein. Die folgende Zeile ändert das aktuelle Verzeichnis der Diskette A und der letzte Befehl zeigt diese Änderung an.

Wenn Sie die im Ausführungsbeispiel (vgl. oben) aufgeführten Einstellungen zugrunde legen, dann haben die folgenden Befehle eine zunächst überraschende Wirkung:

Weitere DOS-Befehle: **Systemreaktion:**

C:\> copy *.* a: Alle Dateien des Stammverzeichnisses von C werden nach A:\DOS kopiert.

C:\> del a:*.com   Alle externen Befehle mit der Erweiterung .COM im Verzeichnis \DOS von A wurden gelöscht.

Wenn Sie nur die Laufwerksbezeichnung, nicht aber die Verzeichnisangabe für das Ziel des Befehls angeführt haben, nimmt DOS das zuvor eingestellte Verzeichnis als Zielverzeichnis an.

Weitere DOS-Befehle: **Systemreaktion:**

C:\STEUER > cd \   Das Stammverzeichnis ist nun das aktuelle
C:\>   Verzeichnis.

C:\STEUER\EINKOMM > cd ..\umsatz   Das auf gleicher Verzeichnisebene liegende
C:\STEUER\UMSATZ>   Verzeichnis \STEUER\UMSATZ wurde aktuell.

C:\STEUER\EINKOMM > cd\steuer\umsatz Gleiche Wirkung wie der vorangegangene
C:\STEUER\UMSATZ>   Befehl.

1.8.3 Verzeichnis entfernen (RD)

RD Pfad   (intern)

Ein Verzeichnis läßt sich mit dem Befehl **RD** (Remove Directory, entferne Verzeichnis) löschen. Das System löscht nur leere Verzeichnisse, d.h., es dürfen keine Dateien bzw. Unterverzeichnisse in einem zu entfernenden Verzeichnis stehen.

Im zweiten Ausführungsbeispiel wurde der Befehl zwar richtig geschrieben, doch das Verzeichnis A:\DOS war nicht leer. Um es zu entfernen, müssen zuerst alle Dateien und Unterverzeichnisse gelöscht werden.

Ausführungsbeispiele:

```
C:\> rd \steuer\einkomm

C:\> rd a:\dos
Ungültiger Pfad, kein Verzeichnis,
oder Verzeichnis nicht leer
```

Abb. 40: RD-Befehle und Nachrichten

Weitere DOS-Befehle: **Systemreaktion:**

C:\> rd a:\steuern\umsatz   Das Verzeichnis \STEUERN\UMSATZ wird entfernt.

A:\> rd \   Das System meldet:

                                    **"Ungültiger Pfad, kein Verzeichnis,
                                    oder Verzeichnis nicht leer"**

Stammverzeichnisse können nicht gelöscht werden.

1.8.4 Suchpfade für Programme festlegen (PATH)

PATH [Pfad] [;Pfad] ...   (intern)

Ein Programm- bzw. Befehlsaufruf veranlaßt das System, den entsprechenden Dateinamen im aktuellen Verzeichnis zu suchen. Mit dem *PATH*-Befehl (path=Pfad) teilen Sie DOS mit, daß es Befehlsdateien, die Sie ausführen wollen, auch in anderen Verzeichnissen suchen soll. Das System sucht dann Befehle und Anwendungsprogramme zunächst im aktuellen Verzeichnis. Wenn sie dort nicht zu finden sind, prüft es nacheinander alle im Pfadbefehl genannten Verzeichnisse durch. Ein sicheres Zeichen dafür, daß DOS Ihren Befehl nicht gefunden hat, ist die Nachricht:

Falscher Befehl oder Dateiname

Im PATH-Befehl dürfen mehrere durch Semikolon getrennte Verzeichnisse genannt werden.

Der Befehl PATH allein, d.h. ohne Parameter eingegeben, gibt Auskunft über den eingestellten Pfad.

Der PATH-Befehl speichert den Parameter, den Sie eingeben, in der sog. Systemumgebung von DOS (Environment). Dies ist ein Speicherbereich für diverse Systemvariablen, den DOS beim Start im Arbeitsspeicher einrichtet. PATH ohne Parameter macht die dort abgelegte PATH-Variable sichtbar.

Ausführungsbeispiele:

```
C:\> path c:\dos

C:\> path
PATH=C:\DOS
```

Abb. 41: PATH-Befehle

Der PATH-Befehl bezieht sich nur auf den Aufruf **ausführbarer Dateien**, also nur auf Dateien des Typs **COM**, **EXE** und **BAT**, und nur für den Fall, daß Sie das Programm zur Ausführung aufrufen.

Angenommen, die PATH-Variable wurde wie im Ausführungsbeispiel definiert. Im Verzeichnis C:\DOS ist der Stapel-Befehl FORM720.BAT gespeichert. Falls Sie nun den folgenden Befehl eingeben,

```
C:\> format720 a:
```

findet DOS den Befehl und führt ihn aus. Wenn Sie die Datei jedoch anzeigen lassen möchten,

```
C:\> type form720.bat
```

erscheint die Meldung "Datei nicht gefunden".

Weitere DOS-Befehle:	**Systemreaktion:**
A:\> path c:\norton	Das System findet Befehle im aktuellen Verzeichnis und im Verzeichnis \NORTON der Platte C.

A:\> path c:\;c:\dos;\c:\word   DOS sucht nun von Ihnen eingegebene Befehle in
                                          den Verzeichnissen:
                                                    A:\
                                                    C:\
                                                    C:\DOS
                                                    C:\WORD

C:\> path
PATH = C:\;C:\DOS;C:\WORD   Auf den PATH-Befehl ohne Parameter antwortet
                                          DOS mit der aktuellen Pfadvorgabe.

*Der PATH-Befehl wird i.d.R. in die Stapeldatei AUTOEXEC.BAT gestellt,
die für die Systemanpassung beim Start sorgt. Sie sollten den Pfadangaben
(wie in den Beispielen) immer das Laufwerk voranstellen, dann findet DOS
die Befehle auch nach einem Laufwerkwechsel (z.B. Wechsel von C: nach
A:).*

1.8.5 Verzeichnisstrukturen mit Dateien kopieren (XCOPY)

> **XCOPY Quelle Ziel [/E] [/M] [/P] [/S] [/V]**   **(extern)**

Der *XCOPY*-Befehl kann auf die gleiche Weise wie der COPY-Befehl eingesetzt werden, aber er ist leistungsfähiger als dieser, ein wahrer Allround-Kopierbefehl. Er kopiert nicht nur Dateien, sondern ganze Verzeichnisstrukturen samt den darin befindlichen Dateien. Darüber hinaus arbeitet er zeitsparend, wenn Sie mehrere Dateien
kopieren wollen. Er liest zunächst so viele Dateien wie möglich in den Arbeitsspeicher
ein und schreibt sie dann ins Zielverzeichnis. COPY liest immer nur eine Datei, um sie
dann sofort zu schreiben.

Quelle und Ziel können sein:

-    eine Laufwerksbezeichnung
-    Laufwerk mit Verzeichnispfad und/oder Dateiangabe:
     Wenn das Zielverzeichnis nicht existiert, kann es XCOPY selbst anlegen.

Parameter:

XCOPY kann mit einer verwirrenden Anzahl von Parametern arbeiten. Nur die wichtigsten werden hier genannt.

/S   Der meistgebrauchte ist wohl /S. Falls Sie diesen Parameter einsetzen, sucht
          XCOPY nach allen an das Quellverzeichnis angebundenen Unterverzeich-
          nissen und kopiert die vorgefundene Verzeichnisstruktur komplett mit Dateien
          auf das Ziellaufwerk bzw. an das Zielverzeichnis.

/E   Mit Parameter /E legt XCOPY auch leere Unterverzeichnisse im Zielver-
            zeichnis an.
/M   Mit Parameter /M werden nur Dateien kopiert, die das Archiv-Attribut (vgl.
            DOS-Shell, Attribute) besitzen. Beim Kopieren entfernt XCOPY mit /M das
            Archiv-Attribut an den kopierten Dateien. Beim nächsten XCOPY werden
            diese Dateien nicht mehr erfaßt. Die Anwendung von /M ist beispielsweise zu
            empfehlen, wenn Sie mehr Dateien auf Diskette kopieren wollen, als darauf
            passen. Sie legen nach der Meldung **"Nicht genug Platz auf Diskette/Platte"**
            die nächste Diskette ein und wiederholen den XCOPY-Befehl. Dann setzt
            XCOPY den Kopiervorgang mit den Dateien fort, die das Archiv-Attribut
            noch besitzen. Diese Kopiermethode funktioniert nicht, wenn die Größe
            einzelner Dateien die Diskettenkapazität überschreiten. Verwenden Sie in
            diesem Falle den Befehl BACKUP und gegebenenfalls RESTORE.
/P   Parameter /P fordert für jede Datei eine Bestätigung des Kopiervorgangs.
/V   Parameter /V führt eine Schreib-Lese-Prüfung durch. Er stellt sicher, daß
            übertragene Dateien auch richtig angekommen und fehlerfrei lesbar sind.

Ausführungsbeispiel:

```
C:\NUTZDAT\GABLER91> xcopy *.txt a:\
Einlesen der Quelldatei(en) ...
DOS21.TXT
DOS25.TXT
DOS30.TXT
DOS38.TXT
Einlesen der Quelldatei(en) ...
DOS42.TXT
DOS45.TXT
DOS58.TXT
        7 Datei(en) kopiert
```

Abb. 42: XCOPY-Befehl und Meldungen

Das Beispiel zeigt, daß die sieben Dateien in zwei Portionen kopiert wurden. Im
nächsten Beispiel kann XCOPY nicht erkennen, ob TEXT ein Verzeichnis auf A: oder
ein Dateiname sein soll, weil ein Verzeichnis mit diesem Namen dort noch nicht
existiert.

Ausführungsbeispiel:

```
C:\NUTZDAT\GABLER91> xcopy dos21.txt a:\text
Ist TEXT ein Dateiname oder ein Verzeichnisname
auf der Zieleinheit?
(D = Datei, V = Verzeichnis)V
Einlesen der Quelldatei(en) ...
     .      .    usw.
```

Abb. 43: XCOPY fragt nach ...

Der Benutzer beantwortet die Frage mit V (=Verzeichnis). Das führt dazu, daß XCOPY nun das Verzeichnis A:\TEXT anlegt und die Datei DOS21.TXT dort hinein kopiert. Hätte der Benutzer mit D (=Datei) geantwortet, wäre die Datei DOS21.TXT unter dem Namen TEXT in A:\ abgelegt worden.

Beispiele:

Sie wollen alle Verzeichnisse für Versicherungsangelegenheiten im Laufwerk A: sichern.

    C:\> xcopy \word\versich a:\ /s

Sie geben mit diesem Befehl die Anweisung, das Verzeichnis \WORD\VERSICH mit allen darin befindlichen Dateien und untergeordneten Verzeichnissen in das Stammverzeichnis von A: zu kopieren. Die folgende Abbildung zeigt die Struktur, nachdem der Befehl ausgeführt wurde:

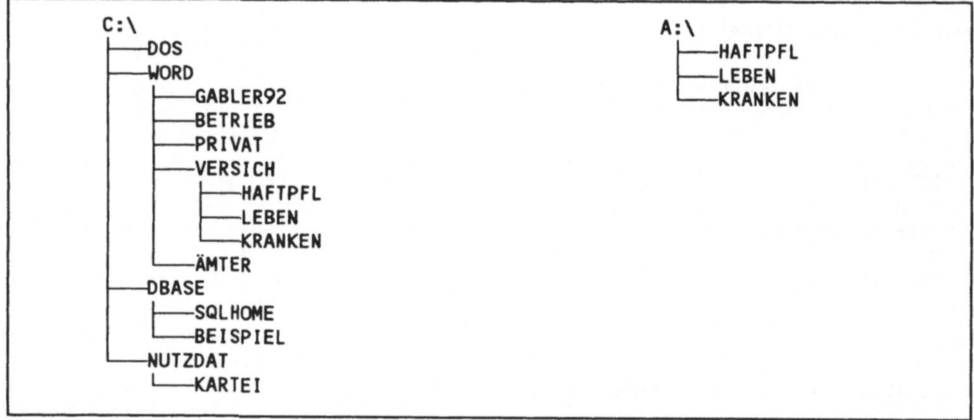

Angenommen, Sie wollen die Verzeichnistruktur Ihrer Festplatte ändern. Alle am Verzeichnis \WORD angebundenen Verzeichnisse sollen dem Verzeichnis \NUTZDAT untergeordnet werden.

    C:\> xcopy \word \nutzdat /s

Nach Ausführung dieses Befehls wurden die an das Verzeichnis \WORD gebundenen Verzeichnisse nochmal an das Verzeichnis \NUTZDAT angehängt, stehen also doppelt zur Verfügung. Leider gibt es keinen Parameter zum "Bewegen" von Verzeichnisstrukturen, deshalb müssen Sie die kopierten Verzeichnisse im Quellverzeichnis \WORD später löschen, um zum gewünschten Ergebnis zu kommen. Die linke Struktur zeigt die Ausgangslage, die rechte das Ergebnis.

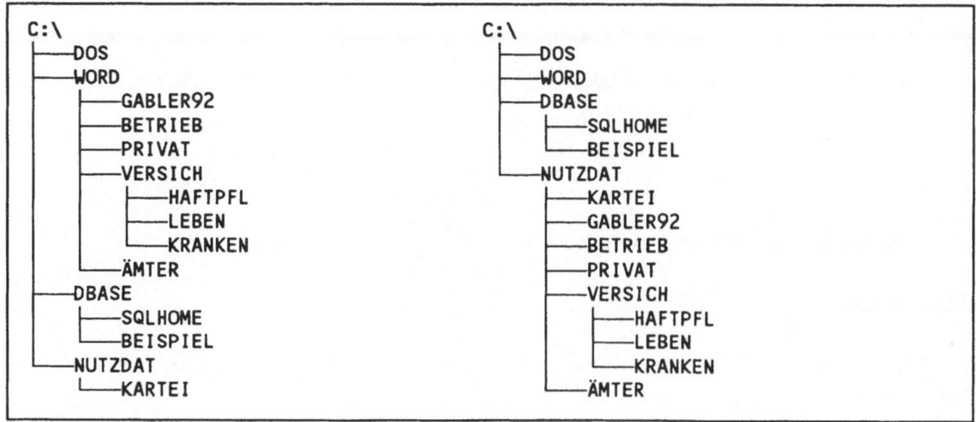

Da der XCOPY-Befehl so viele Dateien wie möglich liest, bevor er zu schreiben beginnt, eignet er sich besser als Kopierbefehl bei PC, die nur ein Diskettenlaufwerk besitzen. In diesem Fall muß auf einem Laufwerk von einer Diskette zur anderen kopiert werden. DOS benutzt dasselbe Laufwerk beim Lesen als A: (Quellaufwerk) und beim Schreiben als B: (Ziellaufwerk).

1.8.6 Dateien sichern (BACKUP)

BACKUP Quelle Ziel [/D:Datum] [F:Format][/M] [/S]　　　　　　　　　　**(extern)**

Datenträger, auch die Festplatte, sind nicht vor Datenverlusten als Folge mechanischer oder elektronischer Fehlfunktionen gefeit. Um Ihre Daten auf der Festplatte vor Verlust zu schützen, sollten Sie den *BACKUP*-Befehl in regelmäßigen Abständen anwenden. Er sichert die Daten Ihrer Festplatte auf Disketten. Sie werden ihn auch brauchen, wenn Dateien, die auf der Festplatte liegen und die Sie transportieren wollen, größer sind als die Kapazität Ihrer Diskette. In diesem Fall teilt BACKUP die Dateien in mehrere Portionen auf.

Es ist üblich, vor allem die Nutzdaten regelmäßig zu sichern, denn die Programmdateien ändern sich nicht und sind zusätzlich auf Originaldisketten vorhanden. Die Datensicherung wird durch eine Verzeichnisstruktur der Festplatte erleichtert, bei der alle Nutzdatenverzeichnisse einem übergeordneten Verzeichnis, z.B. namens NUTZDAT, angegliedert sind.

Quelle:

- Angabe eines Disketten-/Plattenlaufwerks und/oder Verzeichnispfades. Dem Pfad können Dateiangaben (auch mit Jokern) folgen.

Ziel:

- ein Disketten-/Plattenlaufwerk.

Parameter:

BACKUP erlaubt die Verwendung verschiedener Parameter, von denen nur die gebräuchlichsten hier aufgeführt sind:

/D:Datum   Nur ab dem angegebenen Datum erstellte oder veränderte Dateien werden gesichert.

/F:Format   Die Zieldiskette wird, falls notwendig, vor dem Sichern im angegebenen Format formatiert. Übliche Formate: 360, 720, 1200, 1440 und 2880. Bei fehlender Formatangabe wird das für das Laufwerk maximal mögliche Format angenommen.

/M   BACKUP berücksichtigt nur Dateien, die nach der letzten Datensicherung erstellt oder verändert wurden (die ein Archiv-Attribut besitzen).

/S   Alle dem spezifizierten Verzeichnis untergeordneten Verzeichnisse werden ebenfalls gesichert.

Ausführungsbeispiel:

```
C:\> backup c:\*.* a: /s

Sicherungsdiskette 01 in Laufwerk A: einlegen

WARNUNG! Dateien im Stammverzeichnis A:\
des Ziellaufwerks werden gelöscht
Eine beliebige Taste drücken, um fortzusetzen
```

Abb. 44: BACKUP sichert die gesamte Platte C:

Im Beispiel wird die Festplatte C: vollständig, mit allen Verzeichnissen (Parameter /S) auf Laufwerk A: gesichert. Das System fordert Sie auf, eine Diskette ins Laufwerk A: einzulegen. Numerieren Sie alle Sicherungsdisketten sorgfältig und versehen Sie sie mit Datum. Die Numerierung ist wichtig für das Zurückspeichern (vgl. RESTORE-Befehl).

Weitere DOS-Befehle: **Systemreaktion:**

C:\> backup c:\text b: /d:9.9.91   Alle Dateien der Platte C: im Verzeichnis \TEXT, die am 9.9.91 oder danach verändert wurden, ins Laufwerk B: übertragen.

C:\> backup c: a: /m   Aus dem aktuellen Verzeichnis nur die Dateien im Laufwerk A: sichern, die seit der letzten Datensicherung geändert wurden.

C:\> backup c:\nutzdat a: /s   Aus dem Verzeichnis C:\NUTZDAT und seinen Unterverzeichnissen alle Dateien sichern.

C:\> backup c:\nutzdat a: /s/m   Aus dem Verzeichnis C:\NUTZDAT und seinen Unterverzeichnissen alle Dateien sichern, die seit der letzten Datensicherung geändert wurden.

1.8.7 Dateien zurückspeichern (RESTORE)

RESTORE Quelle Ziel [/N] [/P] [/S]	**(extern)**

RESTORE speichert Dateien zurück, die mit dem Befehl BACKUP zuvor gesichert wurden, und zwar in **dasselbe** oder das **gleichlautende** Verzeichnis aus dem sie stammen. Wenn gesicherte Unterverzeichnisse auf dem Zieldatenträger fehlen, legt RESTORE sie an.

Quelle:

-    ein Disketten-/Plattenlaufwerk.

Ziel:

-    Angabe eines Disketten-/Plattenlaufwerks und/oder Verzeichnispfades. Dem Pfad können Dateiangaben (auch mit Jokern) folgen.

Parameter:

Auch für RESTORE gibt es eine Reihe von Parametern. Die wichtigsten werden hier besprochen:

/N   Nur Dateien, die im Zielverzeichnis fehlen, werden zurückgespeichert. Damit können Sie Dateien wiedergewinnen, die evtl. versehentlich gelöscht wurden.

/P   Vor dem Zurückspeichern von Dateien, die entweder das Nur-Lese-Attribut (R) besitzen oder versteckte Dateien sind oder nach der letzten Datensicherung verändert wurden, werden Sie zur Bestätigung aufgefordert.

/S   Alle Dateien aus allen Unterverzeichnissen des in Ziel benannten Verzeichnisses werden zurückgeschrieben.

Ausführungsbeispiel:

```
C:\> restore a: /s
Kein Ziellaufwerk angegeben

C:\> restore a: c:\*.* /s

Sicherungsdiskette 01 in Laufwerk A: einlegen
Eine beliebige Taste drücken, um fortzusetzen
```

Abb. 45: RESTORE stellt Dateien und Verzeichnisse auf C: wieder her

Der erste Versuch ging fehl, weil das Ziellaufwerk nicht angegeben wurde. Abweichend von COPY, XCOPY und anderen DOS-Befehlen geht RESTORE nicht davon aus, daß das aktuelle Laufwerk/Verzeichnis das Ziel ist. Das Ziel muß immer bezeichnet werden. Das zweite Befehlsbeispiel ist korrekt. Aus Laufwerk A: werden sämtliche Dateien ins Stammverzeichnis und alle Unterverzeichnisse von C: zurückgeholt. RESTORE fordert Sie auf, die Sicherungsdisketten in der Reihenfolge einzulegen, in welcher Sie mit BACKUP erstellt wurden.

Weitere DOS-Befehle:	**Systemreaktion:**
C:\> **restore a: c:*.txt**	Alle Dateien mit der Erweiterung .TXT von A: ins aktuelle Verzeichnis von C: speichern.
C:\> **restore a: c:*.* /s/n**	Dateien, die auf dem Ziellaufwerk fehlen, in das Stammverzeichnis und in alle Unterverzeichnisse schreiben.
C:\> **restore a: c:\dos\ansi.sys**	Datei ANSI.SYS in das Verzeichnis C:\DOS zurückholen.

2   Datenbankverwaltung und Datenbankauswertung mit dem Programm dBASE IV Versionen 1.1/1.5

2.1 Der Aufbau von Datenbankdateien

Im kaufmännischen Betrieb müssen Informationen schnell und unkompliziert aufbewahrt und zu gegebener Zeit abgerufen werden können. Man bedient sich dazu je nach Art der Informationen unterschiedlicher Systeme: Text-, Tabellenkalkulations-, Grafik- und u.a. Datenbankprogramme. **Datenbankprogramme** nehmen insofern eine Sonderstellung ein, als sie es dem Benutzer erlauben, die Struktur der gespeicherten Daten weitgehend selbst zu bestimmen.

dBASE IV (database, 4.Version) heißt ein weitverbreitetes Datenbankprogramm für Personalcomputer. Mit dBASE IV wird in den folgenden Abschnitten gearbeitet. dBASE IV ist aufwärtskompatibel zu dBASEIII Plus.

2.1.1 Dateien

Eine Datei ist eine **Sammlung sachlich zusammengehörender Daten**. Ganz grob unterscheidet man Dateien nach ihrer Verwendung in

**Programmdateien und
Nutzdateien.**

Während man die Programmdatei als **sinnvoll angeordnete Folge von Anweisungen an den Computer** zur Lösung einer Aufgabe bezeichnen kann, enthalten Nutzdateien **Informationen über Personen, Sachen und Sachverhalte,** die der Benutzer für seine Arbeit braucht.

Nutzdateien können aus Briefen, Berichten, Buchungen, Kalkulationen, Personaldaten, statistischen Zahlen u.ä. bestehen. Der Art der gesammelten Daten entsprechend unterscheidet sich der Aufbau von Nutzdateien erheblich. Textdateien etwa sind Aneinanderreihungen von Wörtern, Sätzen, Absätzen usw. in unregelmäßiger Folge. Andere Dateien, wie beispielsweise Personal-, Artikel-, Kundendateien, besitzen eine festgefügte Struktur, wie sie von Karteikarten her bekannt ist.

In der Vergangenheit hat man einen erheblichen Teil betrieblicher Datensammlungen in Karteien festgehalten, z.B. Informationen über Personal, Material, Artikel, Anlagegegenstände, Konten, Buchungen usw. Das Prinzip, Informationen auf Karteikarten zu ordnen, die in Karteikästen in festgelegter Reihenfolge (z.B. in alphabetischer Ordnung) stehen, um einen schnellen Zugriff darauf zu haben, wurde in die Datenverarbeitung übertragen.

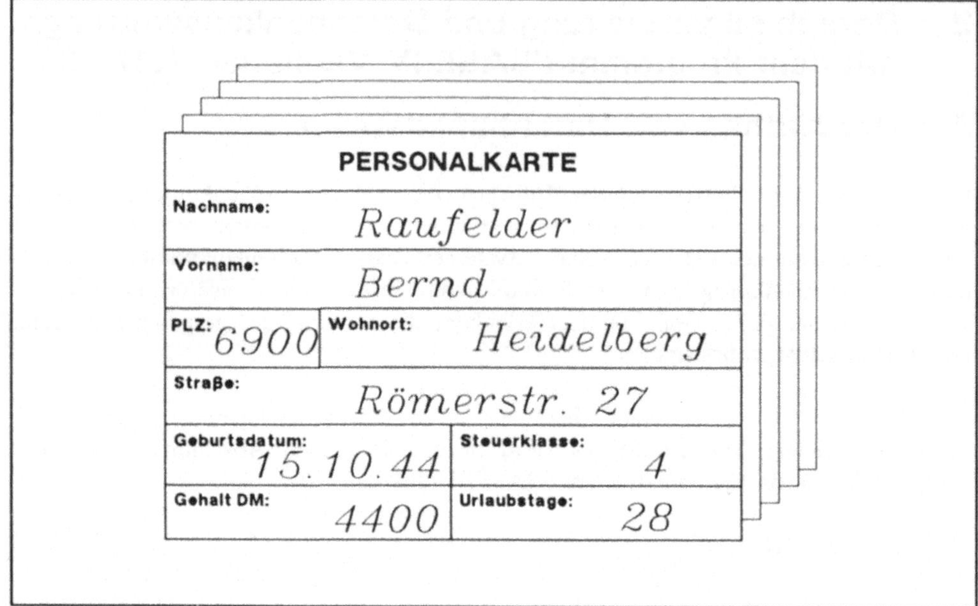

Abb. 1: Struktur einer Personalkartei

Kartei und Datei sind im Prinzip sehr ähnlich aufgebaut. Eine komplette Kartei entspricht einer **Datei**, die Karteikarte dem **Datensatz** und die einzelne Rubrik dem **Datenfeld**. Dateien setzen sich aus Datensätzen und Datensätze wiederum aus Datenfeldern zusammen.

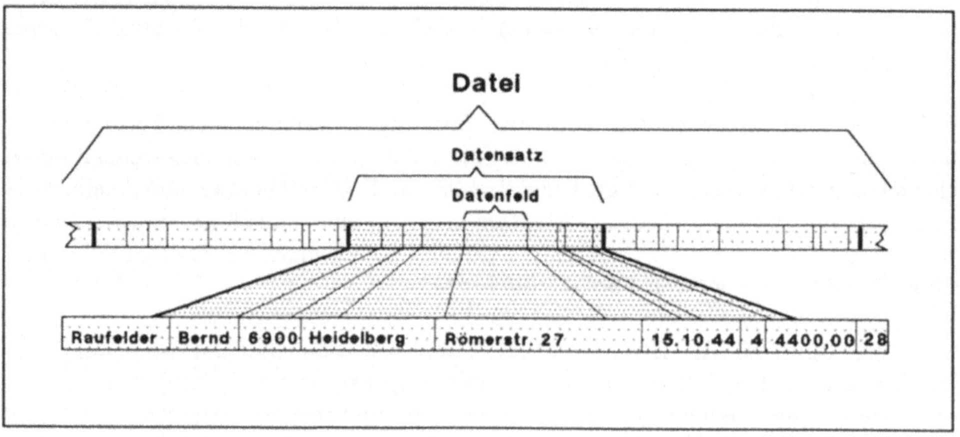

Abb. 2: Struktur einer Personaldatei

Karteien sind im allgemeinen nach einem **Sortiermerkmal** oder **Suchbegriff** geordnet, z.B. alphabetisch nach dem Familiennamen, nach Personalnummer, Wohnort usw. Eine der Rubriken der Karteikarte muß das Sortiermerkmal enthalten.

Auf dem Datenträger sind die Datensätze ursprünglich in der Reihenfolge ihrer Eingabe angeordnet. Diese Ordnung kann der Benutzer für die Auswertung nach seinen Wünschen dadurch verändern, daß er bestimmte Datenfelder zu Sortiermerkmalen macht. Das Datenbankprogramm legt daraufhin eine entsprechende Sortierfolge automatisch neu fest. Datenfelder, die das Sortiermerkmal enthalten, heißen **Schlüsselfelder** oder kurz **Schlüssel**.

Welches Datenfeld ein Schlüssel sein soll, richtet sich nach dem Zweck der Anwendung. Beispiele für sinnvolle Sortiermerkmale oder Schlüssel:

Datei	Schlüssel	Zweck
Personal	Name	Alphabetische Liste des Personals ausgeben
	Geburtsdatum	Liste der Jubilare ausgeben
	Gehalt	Erhöhtes Urlaubsgeld für Geringverdienende zahlen
Kunden	Postleitzahl	Die Kunden in einem bestimmten Gebiet für die Vertreter auflisten
	Jahresumsatz	Boni an Kunden zahlen
Artikel	Jahresabsatz	Ladenhüter aussondern
	Artikelbezeichnung	Alphabetischen Artikelkatalog drucken

2.1.2 Datenbank

Bei der Verarbeitung betrieblicher Daten ist der Aufwand für die meist manuelle Datenerfassung erheblich. Um Kosten einzusparen, muß vermieden werden, daß für jede Anwendung und jede Auswertung die gleichen Daten neu erfaßt werden. Diese Forderung führte zur Entwicklung von Datenbanksystemen, mit denen Dateien für verschiedene Anwendungen und unter unterschiedlichen Gesichtspunkten verarbeitet und umgeordnet werden können.

Eine **Datenbank** besteht aus **beliebig vielen Dateien**, die von einem **gemeinsamen Programmsystem** verwaltet werden. Das Programmsystem, **Datenbanksystem** genannt, gestattet es den Benutzern, Dateien nach Wunsch aufzubauen, zu ändern, zu sortieren, zu selektieren, zu mischen und auszugeben.

Relationale Datenbanken haben in den letzten Jahren immer mehr Verbreitung gefunden. Auch dBASE IV ist ein relationales Datenbanksystem. Bei dieser Art von

Datenbank besitzen die Dateien die Erscheinungsform von **Tabellen** (Tabelle = Relation).

Beispiel Artikeldatei:

Satz- Nr.	ART.NR.	ART.BEZ.	PREIS	BESTAND
1	8001	PC FLASH	6450,00	8
2	8003	Bildschirm M	350,00	3
3	8004	Bildschirm C	750,00	5
4	8007	Tastatur	250,00	8
5	8011	Disk. 5,25"DD	45,00	15
6	8012	Disk. 5,25"HD	67,00	25
7	...			

Die **Satz-Nr.** ist kein Datenfeld, also **kein Teil des Datensatzes.** Satznummern geben lediglich die Positionen an, auf welcher die Datensätze in die Datei gespeichert wurden. Das Beispiel zeigt, daß Anzahl, Art und Länge der Datenfelder aller Datensätze gleich sind, d.h., alle Datensätze haben die gleiche **Struktur.**

Für eine relationale Datenbank gilt:
- Jeder Datensatz entspricht einer Tabellenzeile.
- Datenfelder bilden die Tabellenspalten.
- Alle Datensätze einer Datei besitzen die gleiche Struktur.

Relationale Datenbanken besitzen die Eigenschaft, die Verknüpfung von Daten aus verschiedenen Dateien zu einer neuen Information auf einfache Weise zuzulassen. Solche Verknüpfungen kann das System dann ausführen, wenn zwei oder mehrere Dateien gleiche Datenfelder aufweisen. Die Datensätze werden dann über die gleichen Inhalte der Datenfelder zu einer neuen Datensicht zusammengeführt.

Beispiel Rechnungsschreibung:

Ein Handelsbetrieb führt eine Artikeldatei, in der alle Artikel mit den wichtigsten Angaben und ihrem Lagerbestand verzeichnet sind.

Alle Aufträge von Kunden werden in die Auftragsdatei aufgenommen.

Das Programm für die Rechnungsschreibung verknüpft die Datensätze beider Dateien über die gemeinsamen Artikelnummern. Dadurch entstehen die Rechnungspositionen.

Die Erstellung einer Rechnung erfordert noch eine weitere Datenverknüpfung. Anhand der Kundennummer in der Bestelldatei sucht das System die entsprechende Kundenanschrift in der Kundendatei, um die Adresse ins Rechnungsformular zu drucken.

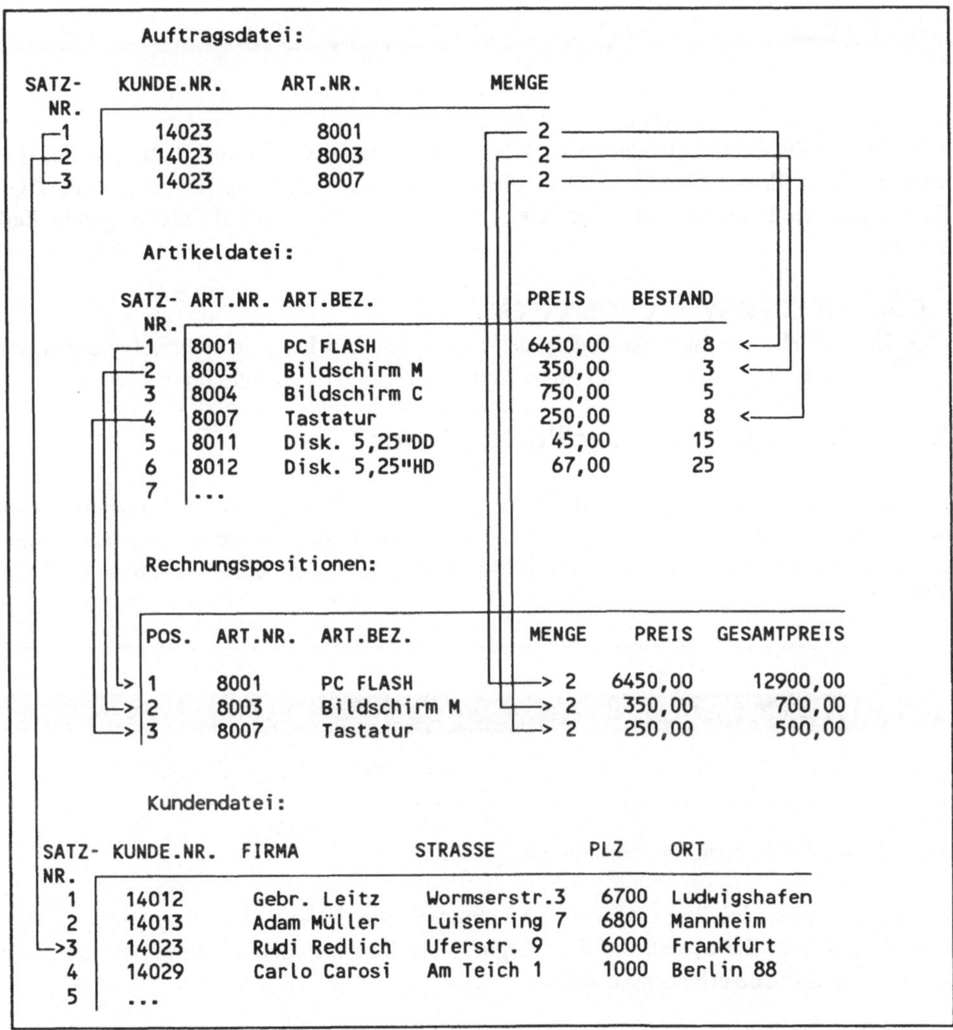

Abb. 3: Verknüpfung der Auftrags- Artikel- und Kundendatei zu einer Rechnung

2.2 dBASE IV starten

Das Programm dBASE IV wird wie ein DOS-Befehl von der DOS-Benutzeroberfläche
(DOS-Prompt) aus gestartet:

```
Befehl: DBASE
```

dBASE IV antwortet mit einem Hinweis auf das Copyright und mit einem Punkt (.).
Der Punkt ist der spezifische **Prompt von dBASE**, also die Eingabeaufforderung. Falls

bei der Installation von dBASE IV die Option Regiezentrum gewählt wurde, zeigt dBASE IV anstatt des Prompt-Punktes den Bildschirm des Regiezentrums.

Es ist empfehlenswert, sich auf der Nutzdatendiskette/Platte ein separates Verzeichnis, z.B. DBDATEN, zur Ablage aller dBASE-Nutzdateien anzulegen. In diesem Fall sollten Sie in Ihrem dBASE IV-Verzeichnis die Datei CONFIG.DB mit dem DOS-Editor ändern. Ergänzen oder verändern Sie die Datei so, daß sie die folgende Zeile enthält:

DIRECTORY = C:\DBDATEN
Natürlich können Sie auch jedes andere gewünschte Verzeichnis benutzen oder ein anderes während der Arbeit mit dBASE IV nächträglich auswählen.

2.2.1 Regiezentrum oder Punkt-Modus?

Es gibt grundsätzlich zwei Möglichkeiten, wie Sie mit dem dBASE-Programm kommunizieren. Wenn Sie dBASE Ihre Befehle in der dBASE-Sprache eingeben wollen, arbeiten Sie im Punkt-Modus. Der Bildschirm zeigt dann lediglich einen Punkt (s. Abb. 4).

Abb. 4: Der Bildschirm im Punkt-Modus

Bequemer ist es, das Regiezentrum zu benutzen, um dBASE Anweisungen zu geben. Der Vorteil liegt darin, daß Sie die "Regie" über Ihre Datenbank führen können, ohne die dBASE-Sprache erlernen zu müssen.

Falls Ihr Bildschirm nach dem Start von dBASE den Punkt-Modus zeigt, liegt das am Inhalt der Datei CONFIG.DB, die sich in Ihrem dBASE-Verzeichnis befindet. Sie haben mehrere Möglichkeiten, in das Regiezentrum zu gelangen.

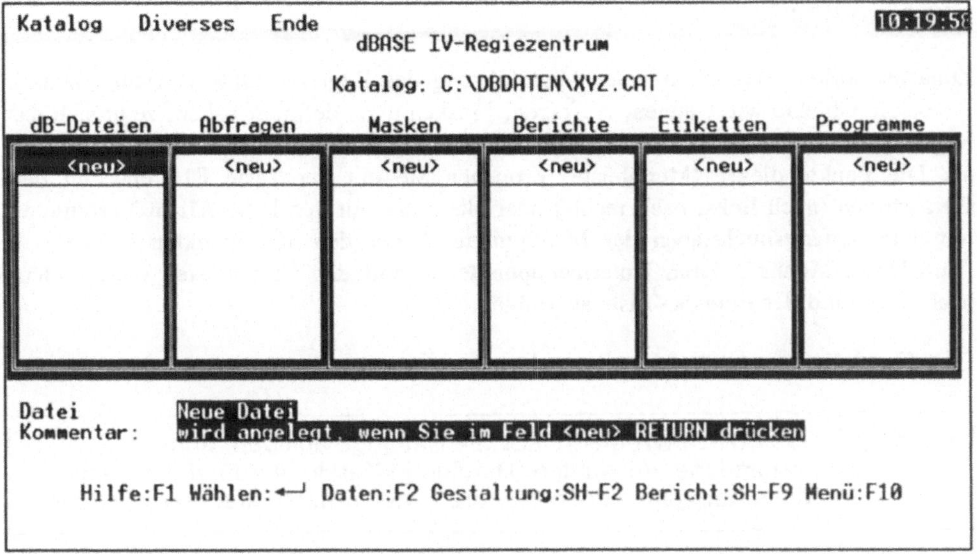

Abb. 5: Der Bildschirm des Regiezentrums

*Geben Sie direkt an der Cursorposition (direkt nach dem Punkt) den Befehl
ASSIST ein.*
.ASSIST
*Sie können auch die Taste [F2] zum Aufruf des ASSIST- Befehls betätigen.
Falls das Regiezentrum immer direkt nach dem Start zur Verfügung stehen
soll, nehmen Sie mit Hilfe des DOS-Editors den Befehl*
COMMAND = ASSIST
als separate Zeile in die Datei CONFIG.DB auf.

Alle in diesem Buch beschriebenen Funktionen werden mit Hilfe des Regiezentrums
ausgeführt.

2.2.2 Die Bildschirmmaske des Regiezentrums

Die Online-Hilfe

Für den ungeübten Anwender sieht dBASE einen besonderen Service vor: die **Online-Hilfe**. Die Titel der Menü- und Untermenüpunkte sind nicht immer selbsterklärend. Deshalb versetzt Sie dBASE in die Lage, auf einfache Art und Weise Hilfe anzufordern. Wenn Sie den Cursor auf einen Menüpunkt gesetzt haben, können Sie mit der **F1-Taste** einen gezielten Erläuterungstext anzeigen lassen. Mit den Tasten **F4** und **F3** blättern Sie im Text vor und zurück.

Sie verlassen die Pull-Down-Menüs und die Hilfetexte mit der Taste **Esc**.

Die Menüleiste

Zunächst sollten Sie sich mit der Menüführung des Regiezentrums vertraut machen.
Bevor Sie Objekte wie Dateien, Abfragen, Masken usw. definiert haben, zeigt sich das
Regiezentrum wie in Abb. 2. Die erste Zeile des Bildschirms bietet ein 3-Punkte-Menü
an. Die Punkte dieser "Menüleiste" erreichen Sie mit der Taste **F10** und mit den
Cursortasten (nach links, nach rechts) oder alternativ mit der Taste **Alt** in Verbindung
mit dem Anfangsbuchstaben der Menüpunkte. Unter den Menüpunkten öffnen sich
"Pull-Down-Menüs", deren Untermenüpunkte Sie mit den Cursortasten (nach unten,
nach oben) und der Eingabe-Taste auswählen.

Die Funktionen der Menüpunkte:

Katalog	Das Pull-Down-Menü läßt Sie Kataloge anlegen, ändern, vorhandene auswählen, Dateien in Kataloge aufnehmen usw. Mit Katalogen ordnen Sie Ihre Dateien nach ihrer Verwendung.
Diverse	Hier können Sie Folgen von Tastenanschlägen zu sog. Makros bündeln und sie später wie ein Programm ablaufen lassen. Fremddateien werden hier in das Programm dBASE importiert, und dBASE-Dateien in andere Programmsysteme exportiert. Eine DOS-Benutzeroberfläche kann verfügbar gemacht werden. Sie können Ihre Dateien durch einen Zugriffschutz mit einem Kennwort versehen und das dBASE-Programm nach Ihren Wünschen einstellen.
Ende	Der Menüpunkt läßt Ihnen die Wahl, zum dBASE-Prompt (wie [Esc]) zu gelangen oder zu DOS zurückzukehren.

Beispiel:

[Alt]+[E] und [R] beendet die Arbeit mit dBASE IV.

*dBASE IV Version 1.1 läßt nur das Arbeiten mit der Tastatur zu. Bei der
Version 1.5 können Sie auch die Maus zu Hilfe nehmen, um die Menüpunkte
anzuklicken und zu aktivieren.*

Die Kataloginformation

In einer weiteren Zeile zeigt Ihnen dBASE, in welchem Verzeichnis es Ihre Dateien ab-
legt und den Namen des Katalogs, in den sie automatisch aufgenommen werden. In der
Abbildung ist das Arbeitsverzeichnis C:\DBDATEN, der Name des automatisch angelegten Katalogs XYZ.CAT. Mit selbstdefinierten Katalognamen können Sie zusammengehörende Dateien zusammenfassen (s. Menüpunkt *Katalog* im Zeilenmenü).

Die Dateilisten

Während Ihrer Arbeit werden eine Reihe von Dateien entstehen: Datenbankdateien, Abfragedateien, Maskendateien usw. Alle in einem Arbeitsverzeichnis erstellten Dateien zeigt das Dateilistenmenü mit ihren Namen in der entsprechenden Rubrik.

Die Orientierungszeile

Im unteren Bildteil erhalten Sie Hinweise auf die gerade gewählte Datei und auf die Tastenfunktionen, wobei die Abkürzung SH Shift-Taste bzw. Hochstelltaste bedeutet:

Tasten	Bedeutung
F1	On-Line-Hilfe
F2	Daten anzeigen, ändern, hinzufügen.
SH-F2	Die Angaben bedeuten [Umschalten] + [F2]. Damit können Sie eine Dateistruktur ändern.
SH-F9	Wie [Umschalten] + [F9], gestattet die formatierte Ausgabe von Listen auf Drucker und Bildschirm oder in eine Datei.
F10	Aktiviert die Menüleiste.

2.3 Elementare Problemstellungen der Datenbankverwaltung

2.3.1 Dateistruktur entwerfen

Wer eine Kartei anlegen möchte, muß sich zuerst über den Zweck Gedanken machen, die sie erfüllen soll. Dann sind Entscheidungen über das Aussehen der Karteikarte zu treffen, vor allem, welche Rubriken und Spalten sie aufweisen soll und welcher Art die Eintragungen sein werden.

Beim **Entwurf einer Datenbankdatei** sind sehr ähnliche Überlegungen anzustellen. Vom Nutzen, den eine Datei bringen soll, hängt die **Einteilung eines Datensatzes**, die **Art**, der **Inhalt** und die **Größe** seiner Datenfelder ab. Der Benutzer eines Datenbanksystems muß die Struktur seiner Dateien im Hinblick auf die spätere Verwendung der Daten sorgfältig planen und durchführen.

2.3.1.1 Dateistruktur

Die Struktur einer Datei richtet sich nach ihrem Verwendungszweck. Unter **Dateistruktur** versteht man den **Aufbau der Datensätze** (kurz: Sätze) einer Datei. **Anzahl, Name, Länge und Art der Datenfelder** (kurz: Felder) bestimmen die Struktur einer Datei.

Alle Felder werden durch **Feldnamen** eindeutig identifiziert. Zwei Felder eines Satzes können nicht den gleichen Namen tragen. Feldnamen sollen möglichst präzise auf den Feldinhalt hinweisen. Nehmen Sie als Beispiel die **Kundendatei** eines Produktionsbetriebes. Einige wichtige Informationen über Kunden sind:

Beispiele für Feldnamen:

FELDINHALT	FELDNAME
Kundennummer	KNDNR
Firma	FIRMA
Straße	STRASSE
Postleitzahl	PLZ
Ort	ORT
Umsatz seit 1.1. d. lfd. J.	UMSATZ

Falls Sie sich für die aufgeführten Felder entscheiden, müssen Sie die Informationen über **alle** Kunden des Betriebs in diesem Schema speichern.

Eine weitere Entscheidung ist hinsichtlich der **Feldlängen** zu treffen. Die Feldlänge gibt die Anzahl der Zeichen (Byte) an, die für die **Speicherung des Feldinhalts** zur Verfügung stehen. Beim Beispiel der Kundendatei könnten die folgenden Feldlängen ausreichen:

Beispiele für Feldlängen:

Feldname	Feldlänge
KNDNR	5
FIRMA	16
STRASSE	14
PLZ	4
ORT	13
UMSATZ	9

Der Festlegung der Feldlängen kommt eine wichtige Bedeutung zu. Zu kurze Feldlängen führen zur Verstümmelung von Informationen, wenn sie nicht in voller Länge ins Feld passen. Hätte im angeführten Beispiel das Feld ORT nur eine Länge von 10

Zeichen, würde ein Ortsname wie z.B. "Ludwigshafen" zu "Ludwigshaf" verkürzt. Dagegen beanspruchen unnötig große Feldlängen zuviel Platz auf dem Datenträger.

2.3.1.2 Feldtypen

Eine grobe Unterscheidung in die Datentypen **numerische** und **alphanumerische** Daten haben Sie bereits kennengelernt. dBASE IV unterscheidet mehrere numerische und alphanumerische Datentypen. Auf die Felder eines Datensatzes bezogen heißen sie hier **Feldtypen**.

Feldtyp	Erläuterung
Zeichen	Feld von maximal 254 Zeichen Länge für beliebige **alphanumerische Daten**. Namen, Anschriften, Artikelnummern, Produktbeschreibungen, Kontonummern usw. speichert man in Zeichenfeldern. Beispiele: Die Personalnummer: 08123501 Der Buchtitel: Datenbankdesign mit dBASE IV
Numerisch	Feld für **Zahlen, mit denen gerechnet werden soll.** Dezimalstellen und Dezimalpunkt müssen bei der Feldlänge berücksichtigt werden. 20 Zeichen ist die maximale Länge. Beispiel: Die Zahl 987654.23 ist 9 Stellen lang
Gleit	Zahlenwerte in Gleitkommafeldern werden in einem für komplexe Berechnungen günstigeren Format gespeichert. Das wirkt sich bei sehr großen und sehr kleinen Zahlen in wissenschaftlichen Anwendungsprogrammen positiv auf das Zeitverhalten aus. In kaufmännischen Anwendungen spielt der Feldtyp kaum eine Rolle. 20 Zeichen ist die maximale Länge.
Datum	Feld für ein **Datum in der Form TT.MM.JJ**, d.h. Tag, Monat und Jahr mit je 2 Zeichen Länge. Das Jahr kann abhängig von der Einstellung (CENTURY) auch 4-stellig sein. Mit Datumsfeldern kann gerechnet werden. Man kann die Differenz zwischen zwei Datumsangaben in Tagen ermitteln oder ein Datum durch Addition/Subtraktion einer Anzahl von Tagen zu/von einem anderen Datum berechnen. Ein Datumsfeld ist stets 8 Stellen lang. Beispiel: 12.12.88

Logisch	Feld für die **logische Aussage** "wahr" (true) oder "falsch" (false). Ein logisches Feld akzeptiert nur die folgenden Feldinhalte: Aussage Feldinhalt wahr J (für "ja") oder T (für "true") falsch N (für "nein") oder F (für "false") Logische Felder dienen der Speicherung von JA/NEIN-Informationen. Ein logisches Feld ist 1 Zeichen lang. Beispiel: Besitzt ein Mitarbeiter den Führerschein Kl. 2? Die Antwort kann nur J(T) oder N(F) sein.
Memo	Feld zum Erfassen von **längeren Texten** (max. 64KB). Ein Memofeld ist im Datensatz zwar immer nur 10 Stellen lang, doch es stellt die Verbindung zu einer separaten Datei her, die den zum Feld gehörenden Text enthält. Diese Datei trägt die Namenserweiterung DBT. Sie wird nur dann eingerichtet, wenn Sätze einer Datenbankdatei Memofelder besitzen. Beispiel: Ein Kundensatz soll einen Vermerk erhalten, nachdem der Reisende den Kunden besucht hat: "Kunde fragte am 20.12.92 um höhere Rabatte nach."

2.3.2 Datei anlegen

Im Eingangsbild des Regiezentrums steht der Cursor in der obersten Zeile der Spalte **dB-Dateien** auf < **neu** >.

- *Betätigen Sie die [Return-Taste]. (Die Eingabetaste heißt in der dBASE-Online-Hilfe immer Return. Online-Hilfe erhalten Sie in jeder Situation mit [F1]).*
- *Es öffnet sich eine Bildschirmmaske für die Neuanlage einer Datei. In Abb. 5 wurde die Struktur einer Datei bereits definiert. Vollziehen Sie die Festlegung der Struktur nach. Tragen Sie die abgebildeten Angaben ein. Es ist empfehlenswert, sprechende Namen für die Datenfelder zu wählen, also Namen, die auf den Dateiinhalt hinweisen.*

Das Zeilenmenü am oberen Rand können Sie ignorieren, da es Ihnen jetzt noch keine nennenswerten Funktionen bietet. Die in der oberen rechten Ecke der Bildschirmmaske sichtbare Mitteilung bezieht sich auf die maximale Satzgröße:

Byte frei: 3914

```
Layout   Verwaltung   Hinzufügen   Suchen   Ende                    10:22:3(

                                                      Byte frei:    3914
 ┌─────┬───────────┬─────────────┬────────┬──────┬────────┐
 │ Num │ Feldname  │ Feldtyp     │ Länge  │ Dez  │ Index  │
 ├─────┼───────────┼─────────────┼────────┼──────┼────────┤
 │  1  │ KNDNR     │ Zeichen     │   5    │      │   N    │
 │  2  │ FIRMA     │ Zeichen     │  18    │      │   N    │
 │  3  │ STRASSE   │ Zeichen     │  18    │      │   N    │
 │  4  │ PLZ       │ Zeichen     │   4    │      │   N    │
 │  5  │ ORT       │ Zeichen     │  13    │      │   N    │
 │  6  │ EH        │ Logisch     │   1    │      │   N    │
 │  7  │ BESUCH    │ Datum       │   8    │      │   N    │
 │  8  │ NOTIZ     │ Memo        │  10    │      │   N    │
 │  9  │ UMSATZ    │ Numerisch   │   9    │  2   │   N    │
 └─────┴───────────┴─────────────┴────────┴──────┴────────┘

dB-Datei C:\dbdaten\KUNDEN              Feld 1/9
       Geben Sie den Feldnamen ein - Feld einfügen/löschen: STRG-N/STRG-U
Feldnamen müssen mit Buchstaben beginnen und können Ziffern/Unterstr. enthalten
```

Abb. 6: Die Bildschirmmaske für die Definition der Dateistruktur

Lassen Sie die Spalte Index zunächt unverändert. Sie wird uns später noch beschäftigen. Die Beispieldatei weist folgende Struktur auf:

Struktur der Kundendatei

Feld-Nr.	Feldname	Typ	Länge	Dezimalstellen
1	KNDNR	Zeichen	5	
2	FIRMA	Zeichen	16	
3	STRASSE	Zeichen	14	
4	PLZ	Zeichen	4	
5	ORT	Zeichen	13	
6	UMSATZ	Numerisch	9	2

Die Bildung von Feldnamen unterliegt in dBASE folgenden Regeln:

Regeln für die Formulierung von Feldnamen:
- Die maximale Länge ist 10 Zeichen.
- Das erste Zeichen muß ein Buchstabe sein.
- Alle anderen Zeichen dürfen Buchstaben, Ziffern und Unterstreichungszeichen sein.
- Umlaute, ß und Leerstellen sind nicht erlaubt.

Gehen Sie wie folgt vor:

- **Feldnamen**
  Max. 10 Zeichen, das 1. Zeichen ist ein Buchstabe, [Return] betätigen.
- **Typ**
  Wählen Sie mit der [Leertaste] aus und betätigen Sie [Return].
  Drücken Sie den Anfangsbuchstaben (z.B. [N] = Numerisch).
- **Feldlänge**
  [Return] betätigen. Diese Angabe entfällt bei den Feldtypen Datum, Lo-gisch und Memo.
- **Dezimalstellen**
  Geben Sie die Stellenzahl ein und betätigen Sie [Return]. Diese Angabe ist nur beim Feldtypen Numerisch und Gleit erforderlich.
- **Index**
  Hier steht nur die Option N oder J zur Verfügung.
- *Nach Eingabe des letzten Feldes [Return] betätigen oder [Strg]+[W] bzw. [Strg]+[Ende]. Diese beiden Tastenkombinationen verwenden Sie in Zukunft immer, wenn Sie irgendeine Veränderung der Datenbank vorgenommen haben und eine Eingabemaske verlassen wollen.*

Korrekturregeln:

- Schalten Sie stets den Einfügemodus mit der Taste [Einfg] ein, Sie erleichtern sich dadurch Korrekturen. In der Statuszeile (drittletzte Zeile) wird der Einfügemodus durch die Silbe **Ins** angezeigt.
- Mit den Cursortasten bewegen Sie den Cursor zur Falscheingabe. Löschen Sie einzelne Zeichen durch Rücktaste oder [Entf]-Taste und bestätigen Sie eine korrekte Eintragung mit [Return].
- Sie löschen versehentlich eingetragene Felder mit [Strg]+[U] und fügen <u>vor</u> einem Feld ein neues mit [Strg]+[N] ein.
- Alle laufenden Aktivitäten können mit [Esc] abgebrochen werden. Sie kommen dann auf die Regieebene zurück.

dBASE fordert Sie jetzt auf, einen Dateinamen einzugeben.:

```
Dateiname: KUNDEN
```

Geben Sie **KUNDEN** ein, da eine Kundendatei angelegt werden soll. Bestätigen Sie den Namen mit [Return]. Die Datei erhält nun bei der Speicherung automatisch die Erweiterung .DBF (<u>data</u>base <u>f</u>ile, Datenbankdatei). Das System fragt:

```
Möchten Sie jetzt
Daten eingeben?

   Ja    Nein
```

 *Falls Sie mit [J] antworten, zeigt dBASE die Eingabemaske zur Erfassung von Datensätzen.*
Betätigen Sie zuerst [N] oder [Return], da der Cursor auf Nein steht. Damit kehren Sie zum Regiezentrum zurück.

Die Datei **KUNDEN.DBF** wird zweimal angezeigt: in der Spalte dB-Dateien mit ihrem Namen und zusätzlich im unteren Bildteil mit ihrer Erweiterung. Der Dateiname steht über dem Horizontalstrich der dB-Dateien-Spalte. Das zeigt an, daß sie noch geöffnet ist.

```
Datei schließen      Ändern      Anzeigen

Ausführen: RETURN          Abbrechen: ESC
```

 **Schließen Sie die Datei:**
Sie drücken [Return] und in der darauf angezeigten Dialogbox [D] oder wieder [Return], denn der Cursor steht auf dem Menüpunkt **Datei schließen.**

Erst wenn Sie eine Datei geschlossen haben, können Sie sicher sein, daß trotz Stromunterbrechung oder anderen Störungen alle Daten auf dem Datenträger angekommen sind. Der Name **KUNDEN** steht nun im Regiezentrum unter dem Strich. dBASE hat Ihrem Dateinamen die Namenserweiterung **.DBF** angefügt. Das bedeutet, nach dem Speichern finden Sie die Kundendatei auf der Diskette/Platte unter der DOS-Bezeichnung **KUNDEN.DBF** wieder.

2.3.3 Dateistruktur ändern

Nachdem eine Datei angelegt bzw. ihre Struktur festgeschrieben wurde, stellt man nachträglich häufig fest, daß sie in bestimmten Punkten doch nicht den Praxisansprüchen genügt.

Aufgabe:

Es sollen folgende Änderungen vorgenommen werden:

- Die Felder FIRMA und STRASSE sind zu kurz. Sie sollen beide eine Länge von 18 Zeichen erhalten.
- Ein Feld zur Kennzeichnung, ob ein Kunde Einzelhändler ist, soll eingefügt werden. Feldname: EH, Feldtyp: Logisch.
- Ein weiteres Feld für das Datum des letzten Vertreterbesuchs soll eingefügt werden. Feldname: BESUCH, Feldtyp: Datum.
- Ein Feld für Notizen und Bemerkungen über den Kunden und seine Wünsche soll eingefügt werden. Feldname: NOTIZ, Feldtyp: Memo.

Im vorigen Abschnitt haben Sie erfahren, daß Dateien nach ihrer Bearbeitung geschlossen werden müssen. Die erneute Bearbeitung einer Datenbankdatei setzt voraus, daß sie zuvor wieder **geöffnet** wurde. Unter dem **Öffnen einer Datei** versteht man einen Vorgang, der alle Voraussetzungen schafft, um eine Datei zu verändern. Wird eine Datei geöffnet, so reserviert das System einen Speicherbereich im Arbeitsspeicher, den sog. **Ein-/Ausgabepuffer** (E/A-Puffer). In diesen Bereich werden Datensätze nach dem Lesen von der Diskette/Platte zwischengespeichert, bevor das Programm sie weiterverarbeitet. Vor dem schreibenden Disketten-/Plattenzugriff legt das Programm Datensätze in den E/A-Puffer. Erst wenn der Puffer voll ist oder die Datei geschlossen wird, überträgt das System die Daten vom Puffer zur Diskette/Platte. Deshalb sollten Sie Dateien <u>nach</u> ihrer Änderung auch bald wieder schließen, um **Datenverlusten** vorzubeugen.

```
Datei öffnen        Ändern      Anzeigen

   Ausführen: RETURN      Abbrechen: ESC
```

Öffnen Sie die Datei KUNDEN:

KUNDEN	*Setzen Sie den Cursor in der Spalte dB-Dateien*
	auf den Namen KUNDEN
[Return]	*Betätigen Sie [Return]*
	Sie haben die Wahl:
	<u>*nur*</u> *zu öffnen (**Datei öffnen**),*
	öffnen <u>*und*</u> *die Struktur zu ändern (**Ändern**)*
	zu öffnen <u>*und*</u> *Daten anzuzeigen (**Anzeigen**)*
[Ä]	*Betätigen Sie Ä für ändern*
	Alternative:
	[Umschalten]+[F2] im Regiezentrum
[Esc]	*Zum Schließen des geöffneten Verwaltungsmenüs*
FIRMA	*Positionieren Sie den Cursor auf das Feld*
[Return]	
[Return]	
18	*Geben Sie 18 ein*
UMSATZ	*Positionieren Sie den Cursor*
	auf das Feld UMSATZ
[Strg] + [N]	*Diese Tastenkombination*
	macht ein neues Feld auf
EH	*Eintragung des Feldnamens*
L	*Für Feltyp: Logisch*
UMSATZ	*Positionieren Sie den Cursor auf das Feld UMSATZ*
[Strg] + [N]	*Zur Einfügung einer Zeile*

BESUCH	*Tragen Sie den Feldnamen ein*
D	*Für Feldtyp: Datum*
UMSATZ	*Positionieren Sie den Cursor*
	auf das Feld UMSATZ
[Strg] + [N]	*Zur Einfügung einer Zeile*
NOTIZ	*Tragen Sie den Feldnamen ein*
M	*Für Feldtyp: Memo*
[Strg] + [W]	*speichert die neue Struktur*
	Alternative: [Strg] + [Ende]

Wichtige Hinweise:

- Wenn Sie Feldnamen korrigieren, sollten Sie beim gleichen Bearbeitungsvorgang keine anderen Änderungen durchführen, sonst gehen die Inhalte der Felder mit Namensänderung verloren.
- Falls Sie die Reihenfolge von Feldern ändern wollen, tun Sie das mit Feld löschen [Strg] + [U] und einfügen [Strg] + [N]. Achten Sie dabei darauf, exakt die gleichen Angaben hinsichtlich Namen, Feldtyp, Länge usw. wieder zu verwenden, die das Feld vorher hatte. Andernfalls droht Datenverlust.
- Nach dem Kürzen von Zeichen-Feldern schneidet dBASE die bisherigen Feldinhalte rechts bis auf die neue Länge ab.
- Nach dem Kürzen von numerischen Feldern gehen die bisherigen Feldinhalte verloren, wenn die neue Feldlänge kürzer ist als die gespeicherte Zahl.
- Beim Ändern des Feldtyps von Zeichen auf Numerisch gehen die bisherigen Daten verloren, wenn Buchstaben den Ziffern vorangehen. Nachkommastellen werden nicht übernommen.
- Im umgekehrten Falle werden die Zahlen in Zeichenketten umgewandelt, das Dezimalkomma durch den Dezimalpunkt ersetzt.

2.3.4 Daten erfassen

Im kaufmännischen Betrieb werden Daten im allgemeinen durch **Eingabe** über die Tastatur erfaßt. Wenn Sie eine Datei geöffnet haben, gibt es zwei einfache Möglichkeiten, Daten in die Datei zu schreiben und/oder Daten zu ändern:

- *Sie betätigen die Taste [F2] (siehe Hinweiszeile am unteren Bildrand: Daten: F2).*
- *Anschließend können Sie mit [F2] zwischen Satz- und Tabellendarstellung wechseln. Für die Datenerfassung empfiehlt sich die Satzdarstellung.*

- *Eine weitere Methode:*
  Betätigen Sie [Return], solange der Cursor noch auf dem Dateinamen steht. Wählen Sie mit [A] den Punkt Anzeigen. Der Bildschirm zeigt jetzt die Datenerfassungs- und Editiermaske.

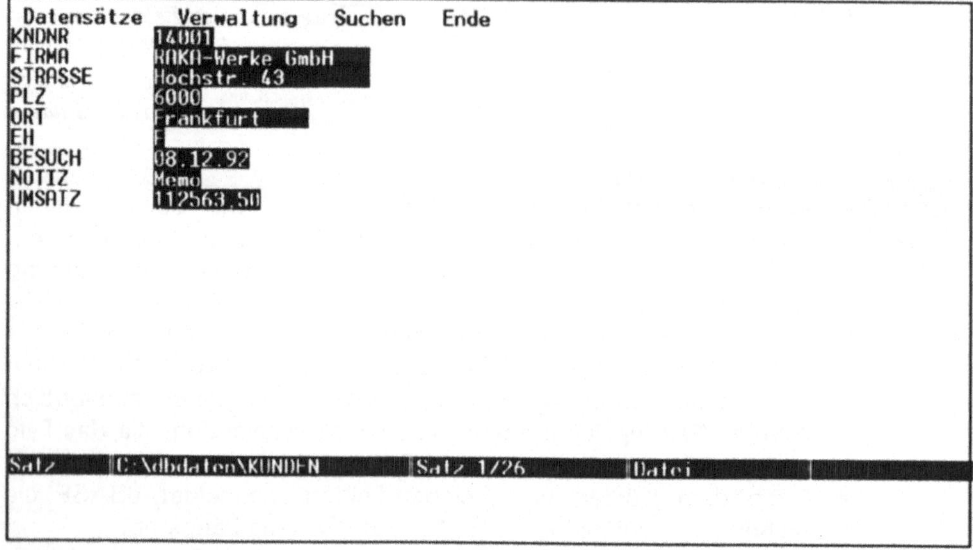

Abb. 7: Datenerfassungs- und Editiermaske

Mit diesem Befehl werden die Felder der gerade geöffneten Datei in Form einer Eingabemaske angezeigt. Über der Eingabemaske steht das Zeilenmenü, mit dem wir uns später beschäftigen, darunter die Statuszeile. Die Statuszeile berichtet über den Stand Ihrer Arbeit, u.a. zeigt sie den Dateinamen, die Nummer des aktuellen Datensatzes und ob Sie die Umschalttaste [Umschalten] oder die Einfügetaste [Einfg] gedrückt haben.

Innerhalb der Eingabemaske können Datenfelder mit den **üblichen Korrekturtasten**, wie [Entf] (früher [Lösch], [Del]) und Rücksetztaste, verändert werden. Die Taste [Einfg] schaltet zwischen Einfügemodus und Überschreibemodus hin und her. Erfassen Sie nun die folgenden Datensätze. Die Dateneingabe für jedes Feld schließen Sie mit [Return] ab. Für einzelnen Feldtypen gibt es Eingaberegeln:

Typ	Regeln
Zeichen	Felder vom Typ Zeichen nehmen jedes beliebige Zeichen an. Die Eingabe für jedes Zeichenfeld ist mit [Return] abzuschließen, es sei denn, das Datenfeld ist voll. Dann springt der Cursor automatisch zum nächsten Feld. Falls Ihnen das nicht gefällt, können Sie das durch die Zeile **CONFIRM = ON** in der CONFIG.DB ändern.
Numerisch	Numerische Felder nehmen nur Ziffern, Dezimalkommas und Vorzeichen an.
Gleit	Gleitkommafelder verhalten sich wie numerische Felder.
Datum	Bei Datumsfeldern wird die Gültigkeit des Datums geprüft. Falls Sie das Datum mit dem Jahrhundert darstellen wollen, also zum Beispiel: statt 31.12.93 die Form 31.12.1993 bevorzugen, ergänzen Sie die Datei CONFIG.DB um die Zeile: **CENTURY = ON**
Logisch	Logische Felder akzeptieren nur die Zeichen J,N,T und F (ja, nein bzw. true, false).
Memo	In Memofelder können Sie durch Betätigen der Tasten [F9] oder [Strg] + [Pos1] den Texteditor des dBASE aktivieren und beliebige Texte eingeben. Noch bequemer: Die Tasten [F4] (vorwärts) und [F3] (zurück) öffnen das Memofeld selbsttätig. Statt über das Menü zu beenden, können Sie mit diesen Funktionstasten speichern und den Editor verlassen. Die Texte werden nicht in einer .DBF-Datei, sondern in einer der jeweiligen .DBF-Datei zugeordneten .DBT-Datei gespeichert. Wenn Sie das Memofeld genutzt haben, um Texte zu speichern, wird der Feldinhalt in Großbuchstaben angezeigt (MEMO), andernfalls nur mit großem Anfangsbuchstaben (Memo).

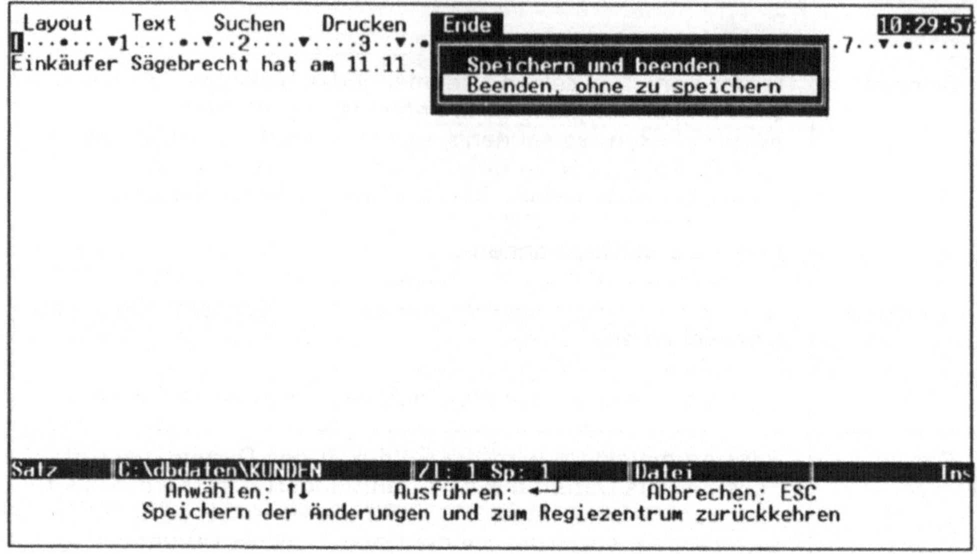

Abb. 8: Geöffnetes Memofenster und Pull-Down-Menü

Erfassen Sie die abgebildete Liste der Kundendaten und beachten Sie die Regeln für die Eingabe in die Felder unterschiedlichen Typs und die Tastenfunktionen (vgl. folgende Tabelle).

KNDNR	FIRMA	STRASSE	PLZ	ORT	EH	BESUCH	
NOTIZ		UMSATZ					
14001	RAKA-Werke GmbH	Hochstr. 43	6000	Frankfurt	F	08.12.92	Kunde ver-
langt Angebot für Windsurfer		112563,50					
14002	AKL Technik GmbH	Odenwaldstr. 7	6950	Mosbach	F	08.12.92	
		65342,60					
14003	Helwig & Co.	Heerstr. 58	6000	Frankfurt	T	08.12.92	
		25934,20					
14004	TRAVE GmbH	Bäckergrube 1	2400	Lübeck 1	T	10.11.92	Einkäufer
Brecht hat am 12.12. Geburtstag		325,60					
14005	Weber & Landry	Am Norddeich 7	2300	Kiel	F	10.11.92	
		83845,00					
14006	Berner & Co. KG	Dragonerstr.13	3000	Hannover	F	17.11.92	
		121572,00					
14007	Hobbymarkt OHG	Am Kloster 16	4421	Reken 2	T	24.11.92	Z.Zt. nur
Zugang über Hauptstraße		35176,40					
14008	Rotopack GmbH	Luisenring 5	6800	Mannheim 1	T	08.12.92	
		30519,00					
14009	Freizeitmarkt KG	Gutachweg 13	6900	Heidelberg	F	08.12.92	Kunde will
neue Einkaufskonditionen		231846,90					
14010	Sportex GmbH	Feldstr. 67	6000	Frankfurt	F	08.12.92	
		183654,00					
14011	Wohnen & Leben	Rather Str. 78	4000	Düsseldorf 1	T	24.11.92	stellt
größere Aufträge in Aussicht		8764,70					
14012	Schaffer & Koch	Kohlhökerstr.9	2800	Bremen 21	T	10.11.92	
		12865,50					
14013	City-Sport	Stadtring 99	1000	Berlin	F	03.11.92	
		87612,60					
14014	Wikingtuch GmbH	Schützenstr.54	2350	Neumünster	T	10.11.92	
		45865,20					
14015	Else-Plastik	Drubbel 17-18	4400	Münster	T	24.11.92	GF Schlager
läßt sich nicht sprechen		0,00					
14016	Helwig & Co.	Oberrain 71	6000	Frankfurt	T	08.12.92	
		25042,80					
14017	Willy Wolf	Hinterm Esel 7	6720	Speyer	T	08.12.92	
		3419,00					
14018	Arnold GmbH	Rathenaustr. 9	6120	Michelstadt	F	08.12.92	
		164094,20					
14019	Fidelitas GmbH	Moltkestr. 13	7500	Karlsruhe	F	15.12.92	Will mehr
Info über Neuheiten		254369,00					
14020	Alpha GmbH	Gartenstr. 40	7080	Aalen	T	15.12.92	
		976,20					
14021	Atropa GmbH	Hauptstr. 34	7100	Heilbronn	T	15.12.92	
		0,00					
14022	GREIF-ZU GmbH	Amalienstr. 93	7500	Karlsruhe	T	15.12.92	
		39165,50					
14023	Sport-Menzel	Ludwigstr.56	7980	Ravensburg	T	15.12.92	
		0,00					
14024	Impex GmbH	Luisenstr. 76	7730	Villingen	T	15.12.92	
		5319,90					

Abb. 9: Kundenliste

Wichtige Tastenfunktionen für das Erfassen/Editieren von Daten

Tasten	Funktionen
[Bild-ab]	Zum folgenden Datensatz (Satzdarst.), einen Bildschirm nach unten (Tabellendarst.)
[Bild-auf]	Zum vorangehenden Datensatz (Satzdarst.), einen Bildschirm nach oben (Tabellendarst.)
[Einfg]	Zwischen Überschreibe- und Einfüge-Modus wechseln
[Ende]	An das Ende des Feldes (Satzdarst.), an das Ende des Satzes
[Entf]	Zeichen auf Cusorposition löschen
[Esc]	Laufenden Vorgang abbrechen
[F3]	Cursor ein Feld rückwärts, im Memofeld den Editor öffnen, speichern und schließen
[F4]	Cursor ein Feld vorwärts, im Memofeld den Editor öffnen, speichern und schließen
[Pos1]	An den Anfang des Feldes (Satzdarst.), an den Anfang des Satzes (Tabellendarst.)
[Return]	Zum nächsten Feld
[Rücksetzen]	Zeichen links vom Cursor löschen
[Strg] + [Bild-ab]	Letzten Datensatz einstellen
[Strg] + [Bild-auf]	Ersten Datensatz einstellen (Tabellendarst.)
[Strg] + [Cursor-rechts]	Cursor um ein Wort nach rechts setzen
[Strg] + [Cursor-links]	Cursor um ein Wort nach links setzen
[Strg] + [Ende]	Speichern und beenden des Vorgangs
[Strg] + [Pos1]	Memofeld öffnen
[Tab]	Zum nächsten Feld
[Umschalten] + [Tab]	Zum vorangehenden Feld

2.3.5 Daten ändern

Falls Sie Eingabefehler korrigieren oder Datensätze aus anderen Gründen ändern
wollen, können Sie das sofort oder später leicht tun. Den Vorgang nennt man
Editieren (herausgeben), weil die Daten zum Ändern am Bildschirm ausgegeben werden:

- *Im Regiezentrum [F2] betätigen. Die Editiermaske erscheint in Satzform oder tabellarischer Form. Mit Betätigung der Funkitionstaste [F2] wechselt die Art der Darstellung.*
- *Mit den [Bild-auf]/[Bild-ab]-Tasten und mit den Cursortasten blättern Sie vor und zurück in der Datei und fahren die entsprechenden Felder an. Dabei ist es ratsam den **Einfügemodus** für die Textkorrektur (Taste [Einfg]) einzuschalten. Die Statuszeile zeigt dann rechts den Hinweis **INS** (<u>ins</u>ert).*
- *In größeren Dateien verwenden Sie die Suchfunktion (Abschnitt 2.3.8), um einzelne Datensätze aufzufinden.*

Beispiel:

Der Kunde Nr. 14003, **Helwig & Co.**, teilt mit, daß er in den **Mainweg 76** umgezogen ist. Korrigieren Sie die Eintragungen des Datensatzes.

Schließen Sie die Eingabe ab wie folgt ab:

- *[Alt]+[E] öffnet ein Pull-Down-Menü. Dort ist Ende markiert, so daß es genügt [Return] zu drücken.*
- *Alternative: Tasten [Strg]+[W] oder [Strg]+[Ende].*
- *Falls Sie nach einer Datenänderung [Esc] drücken, wird die aktuelle Änderung des gerade angezeigten Datensatzes **nicht** gespeichert.*
- *Wenn Sie versehentlich einen anderen als den gewünschten Bildschirm aktiviert haben, drücken Sie [Esc]. Das macht den letzten Schritt rückgängig.*

2.3.6 Datensätze anzeigen

Mit den folgenden Bearbeitungsschritten können Sie Datensätze auf 2 Arten anzeigen, ändern und der Datei hinzufügen:

- *Setzten Sie den Cursor in Spalte **dB-Dateien** des Regiezentrums auf die gewünschte Datei und drücken Sie [F2]. Die Datei wird automatisch geöffnet. Sie sehen die Editiermaske.*
- *Wenn Sie nun wieder [F2] betätigen, wechselt die Darstellung der Anzeige von der Satzform in eine tabellarische Form.*

Die Statuszeile vermerkt je nach Anzeigemodus entweder *Satz* oder *Tabelle*. In beiden Anzeigemodi können Sie alle in den Abschnitten 2.3.4 bis 2.3.9 beschriebenen Aktionen ausführen, d.h. auch ändern oder Sätze hinzufügen. Verwenden Sie die Tasten [Bild-ab]/[Bild-auf], [Cusor-ab]/[Cusor-auf] und [Tab] bzw. [Shift]+[Tab] oder die Suchfunktion (Abschnitt 2.3.8), um einzelne Sätze und Felder zu erreichen.

2.3.7 Datensätze drucken

Gedruckte Listen einer Datei oder deren Auszüge nennt dBASE **Berichte**. Direkt aus dem Regiezentrum und aus der Editiermasek lassen sich Standardberichte drucken. Standardberichte sind Listen mit Seitennummern, Datum und Spaltenüberschriften (Feldnamen) als Seitenkopf. dBASE besitzt einen später in diesem Buch beschriebenen Berichtgenerator (Spalte *Berichte*), der viel mehr Gestaltungsmöglichkeiten für Listen bereithält als die hier erläuterte Funktion.

- *Stellen Sie den Cursor auf die Datei **Kunden**.*
- *Drücken Sie [Shift]+[F9], um das Berichtsmenü zu öffnen.*

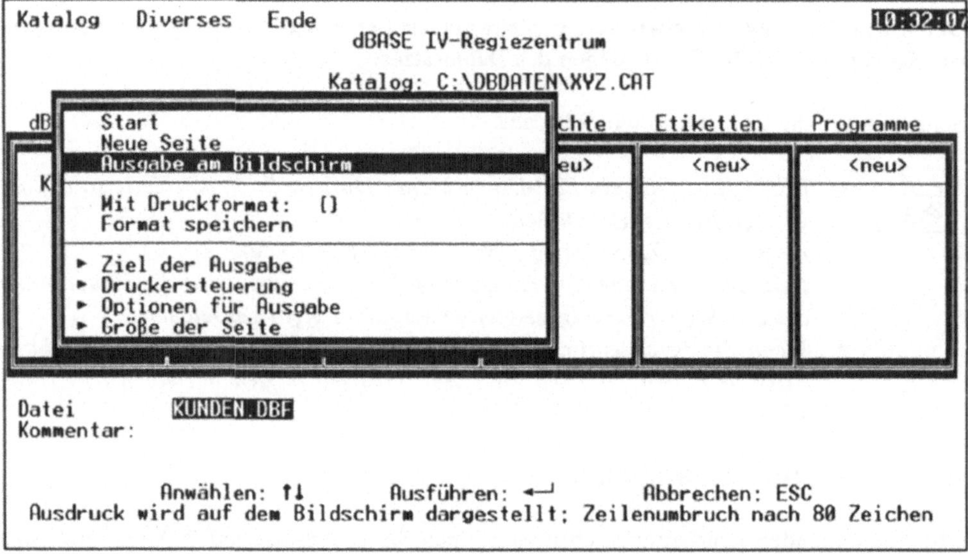

Abb. 10: Berichtsmenü

Menüpunkte des Standardberichtmenüs:

Start	Druckbeginn
Neue Seite	Der Drucker erhält ein Seitenvorschubzeichen. Damit können Sie den Drucker auf den Seitenanfang einstellen, wenn beim letzten Drucken eine Seite unvollständig bedruckt wurde.
Ausgabe am Bildschirm	Die Liste wird zur Kontrolle nicht auf dem Drucker, sondern auf dem Bildschirm ausgegeben.

Mit Druckformat	In diesem Menüpunkt werden Sie nach Drücken von [Return] gefragt, ob Sie ein bereits vorhandenes Druckformat, eine .PRF-Datei, zum Formatieren Ihrer Liste verwenden wollen.
Format speichern	Hier können Sie die in diesem Berichtsmenü vorgenommenen Einstellungen als .PRF-Datei speichern.
Ziel der Ausgabe	Bei den letzten 4 Menüpunkten öffnet sich mit [Return] ein Untermenü. Zur Festlegung Ihrer Wahl schließen Sie die Untermenüs mit [Strg] + [W] bzw. [Strg] + [Ende]. Ziel der Ausgabe kann ein Drucker oder eine Datei sein, die später erst gedruckt oder in ein Textprogramm übernommen wird (Datenexport). Zur Auswahl der *Ausgabe* benutzten sie die [[Leertaste]]. Wenn Sie bei der dBASE-Installation bzw. in der Datei CONFIG.DB mehr als einen Drucker vorgesehen haben, können Sie hier die Auswahl des *Druckermodells* treffen. *Bildschirmecho* bedeutet Ausgabe auf Drucker/in Datei <u>und</u> gleichzeitig Anzeige auf dem Bildschirm.
Druckersteuerung	Hier wählen Sie Schriftarten und die Vorschubart. Außerdem können Sie dem Drucker vor und nach dem Druck Steuerzeichen senden, um spezifische Druckereinstellungen durchzuführen. Über Schriftarten und Druckersteuerzeichen gibt das jeweilige Druckerhandbuch Auskunft. Um die Datei KUNDEN auf DIN A4 Papier zu drucken, verwenden Sie für die *Zeichendichte* Schmalschrift. Wählen Sie diese mit der [Leertaste] und [Return].
Optionen für Ausgabe	Legen Sie hier fest, ab und bis zu welcher Seite gedruckt werden soll, welche Seitennummer die erste Druckseite hat sowie die Anzahl der Exemplare.
Größe der Seite	66 Zeilen pro Seite ist Standard für die Seitenlänge. Dadurch bleibt ein oberer und ein unterer Rand von je 3 Zeilen (Endlospapier) bzw. je 2 Zeilen (Einzelblatt A4). Ein linker Rand von 6 Zeichen bietet ausreichend Platz zum Ablochen.

- *Holen Sie sich zu jedem Menüpunkt mit [F1] die entsprechende Hilfe, um zu sehen, was die Menüpunkte bewirken.*
- *Wenn Sie alle Einstellungen vorgenommen haben, prüfen Sie das Ergebnis zunächst durch Ausgabe am Bildschirm .*
- *Listen, die für den Bildschirm zu breit sind, können in Schmalschrift gedruckt werden.*
- *Das endgültige Ergebnis erhalten Sie durch Menüpunkt Start, nachdem Sie die Funktionsfähigkeit Ihres Druckers geprüft haben.*

2.3.8 Datensätze suchen

In der Praxis ist die Suche nach Datensätzen eine oft gebrauchte Funktion. Kunden-, Lieferer-, Artikel- oder Belegdateien bestehen in der Regel aus Hunderten oder Tausenden von Datensätzen, die chronologisch erfaßt, d.h. nicht nach einem bestimmten Kriterium geordnet wurden. Die Orientierung in der Datei ist dabei ohne Suchfunktion kaum möglich.

dBASE bietet drei Such- bzw. Zugriffsmöglichkeiten an, den **direkten sequentiellen** und den **indexierten** Zugriff.

Für den direkten Zugriff muß die Position des gesuchten Datensatzes bekannt sein. Sie müssen beispielsweise wissen, daß der Kunde Wohnen & Leben im elften Datensatz steht. Diese Art der Suche ist praxisfremd und wird selten benutzt.

Soll ein Datensatz auf andere Weise, also sequentiell oder indexiert, gesucht werden, so muß der **Suchbegriff** bekannt sein. Man sucht einen Kundendatensatz i.d.R mit einem bestimmten Firmennamen, einer Postleitzahl, einer Kunden-Nr. oder einem Umsatzbetrag. Den Suchbegriff müssen Sie dem System vorgeben, damit es die Suche beginnen kann.

Sequentielles Suchen heißt "der Reihe nach" suchen. Dabei wird eine Datei von vorn bis hinten oder rückwärts danach untersucht, ob ein Datensatz den Suchbegriff enthält. Das ist eine für das System aufwendige Suche, weil viele Plattenzugriffe notwendig sind, wenn die Datei groß ist und der Datensatz nicht gleich am Anfang liegt. Die neuesten Datensätze, die am Ende der Datei angehängt wurden, werden meist häufiger gebraucht werden (z.B. Belegdatei). Das spricht gegen die sequentielle Suche in großen Dateien.

Der indexierte Zugriff ist in großen Dateien erheblich schneller, erfordert jedoch eine Hilfsdatei, eine sog. **Indexdatei**. Dabei erfolgt das Suchen ähnlich wie in einem Sachwortverzeichnis. Einen gesuchten Begriff sucht man zunächst im Sachwortverzeichnis. Dort findet man die entsprechende Seitennummer. Jetzt kann man direkt die richtige Seite aufschlagen. dBASE verwendet Indexdateien, in denen die gesuchten Begriffe wie im Sachwortverzeichnis sortiert wurden. Bei den Begriffen steht jeweils die Position des Datensatzes in der Datei. Nach dem Auffinden des gesuchten Begriffs, z.B. des

Firmennamens, kann das System aufgrund der zugehörigen Satznummer direkt auf den Satz zugreifen. Diese Art des Suchens wird im Abschnitt 2.3.12 näher behandelt.

Sie suchen die Firma "Alpha GmbH", um dort eine Änderung vorzunehmen:

- *Markieren Sie im Regiezentrum KUNDEN und betätigen Sie [F2].*
- *Wählen Sie am die Tabellendarstellung mit [F2], falls dies noch nicht so eingestellt ist.*

Direkter Zugriff:

- *Betätigen Sie [Alt] + [S], um in das Untermenü Suchen zu gelangen.*
- *In diesem Menü können Sie auch den ersten bzw. letzten Datensatz einstellen. Das sind die analogen Funktionen wie [Strg] + [Bild-auf] und [Strg] + [Bild-ab].*
- *Setzen Sie den Cursor auf Datensatznummer und drücken Sie [Return].*
- *Geben Sie 20 ein. Nach [Return] steht der Cursor im gesuchten Satz.*
- *Dasselbe Menü gestattet Ihnen, eine bestimmte Anzahl Datensätze zu überspringen. Auch das ist ein selten gebrauchter direkter Zugriff.*

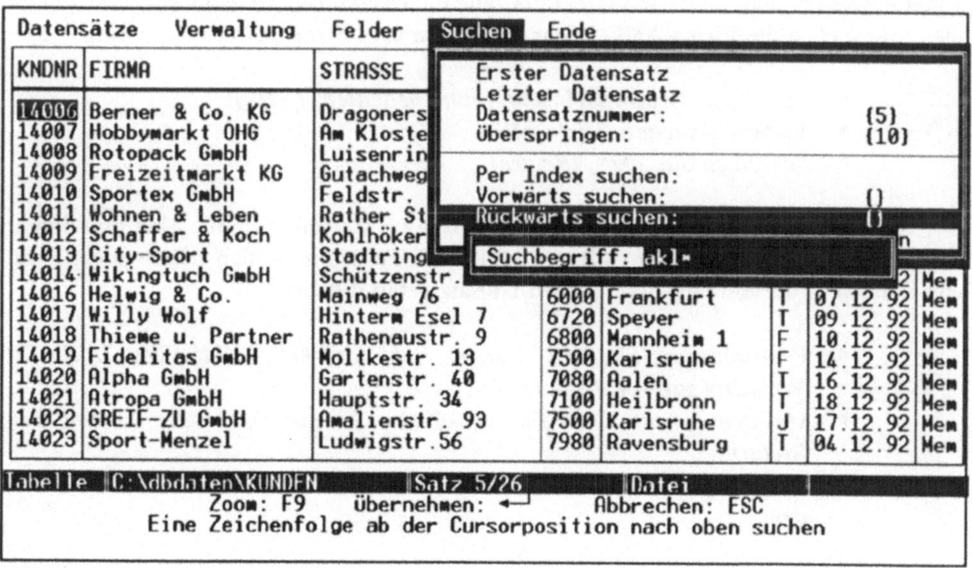

Abb. 11: Das Untermenü Suchen

Sequentieller Zugriff

- *Positionieren Sie den Cursor in das Feld Firma, da der Suchbegriff ein Firmenname ist.*
- *Wichtig: Das System sucht nur in dem Feld, in welchem Sie den Cursor positionieren. Der Suchbegriff wird nie gefunden, wenn der Cursor nicht im richtigen Feld steht.*
- *Betätigen Sie [Alt]+[S].*
- *Wählen Sie Vorwärts suchen, [Return] und geben Sie ein: Alpha GmbH, [Return].*
- *Falls die Suche fehlschlägt, kann das an einer abweichenden Schreibweise von Feldinhalt und Suchbegriff liegen.*

- *Tips:*
  Prüfen Sie die Schreibweise.
  Stellen Sie den Menüpunkt Groß/Kleinschreibung beachten mit [Return] auf Nein.

Ein häufiger Fall: Sie erinnern an die ersten Buchstaben des Firmennamens, den Rest haben Sie vergessen. War es eine GmbH oder eine GmbH und Co.? Dafür gibt es die **Jokerzeichen** * und ?, die Ihnen bereits aus dem DOS-Teil bekannt sind. Angenommen, Sie suchen die Firma AKL. Mehr fällt Ihnen zum Firmennamen nicht ein:

- *[Alt]+[S], Groß-/Kleinschreibung beachten [Nein]*
- *Vorwärts suchen, [Return]*
- *Schreiben Sie: akl*, [Return].*

Der Stern (Joker) ersetzt den Rest des Namens AKL Technik GmbH. Das funktioniert auch in numerischen Feldern, z.B. im UMSATZ-Feld. Sie wollen herausfinden, welche Kunden in diesem Jahr noch keinen Umsatz getätigt haben:

- *Positionieren Sie den Cursor auf das Feld UMSATZ, [Alt]+[S], Vorwärts suchen, [Return]*
- *Um den Umsatz 0 zu finden, können Sie nun 0,00 oder 0* eingeben, [Return].*
- *Wiederholen Sie die Suche, bis alle Kunden ohne Umsatz gefunden wurden.*

- *Beim Suchen mit Joker * in numerischen Feldern wird nicht nach dem Zahlenwert, sondern nur nach der/den ersten Ziffer(n) differenziert (anders das indexierte Suchen: s. Abschnitt 2.3.13).*

Die Option *Rückwärts suchen* verwenden Sie zeitsparend nur in großen Dateien, wenn Sie wissen, daß der gesuchte Satz in dieser Richtung näher liegt.

2.3.9 Datensätze hinzufügen

Wollen Sie einer Datei zu einem späteren Zeitpunkt weitere Datensätze hinzufügen, verfahren Sie so:

- *Stellen Sie im Regiezentrum den Cursor auf die entsprechende Datei.*
- *Betätigen Sie einmal die [F2]-Taste für Einzelsatzanzeige oder nochmal [F2] für die tabellarische Anzeige.*
- *Aktivieren Sie den Menüpunkt* **Datensätze** *durch [Alt]+[D] oder [F10] und wählen Sie den Punkt* **Hinzufügen neuer Datensätze** *mit [H] oder mit Cursortaste und [Return].*

Alternative:

- *[Strg]+[Bild-ab] stellt den Zeiger auf den letzten Satz ein.*
- *Die Taste [Bild-ab] aktiviert bei Einzelsatzanzeige: eine Dialogbox, in der Sie [J] für Ja drücken.*
- *Bei der Tabellenanzeige hat [Cursor-ab] dieselbe Wirkung.*

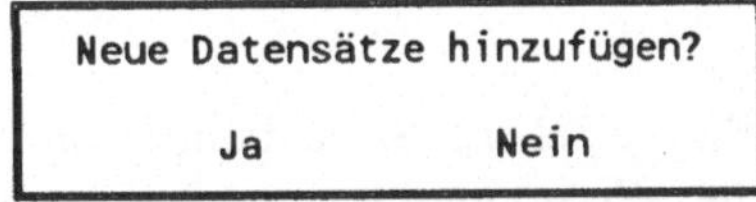

- *Geben Sie die neuen Datensätze wie in Abschnitt 2.3.4 beschrieben ein.*
- *Die Tabulaturtaste ohne bzw. zugleich mit der Taste [Umschalten] gedrückt, bewegt den Cursor von Feld zu Feld vorwärts bzw. rückwärts.*
- *Schließen Sie die Erfassungsmaske mit [Alt]+[E] gefolgt von [Return].*

Mit [Strg]+[Bild-auf]/[Strg]+[Bild-ab] stellen den ersten bzw. letzten Satz der Datei ein. Die Statuszeile zeigt das an. Die gleiche Wirkung erreichen Sie mit dem Menüpunkt *Suchen* ([Alt]+[S]) und den Untermenüpunkten *Erster Satz* bzw. *Letzter Satz*. Wenn Sie mit [Bild-ab] oder [Cursor-ab] das Dateiende erreichen, meldet die Statuszeile EOF (end of file = Ende der Datei).

Aufgaben:

Testen Sie Ihre Lernfortschritte und nehmen Sie neue Kunden in die Datei auf:

```
KNDNR FIRMA             STRASSE         PLZ  ORT        EH BESUCH
NOTIZ                           UMSATZ

14025 Riedel-Sport KG   Lindwurmstr. 88 8000 München 1  F 22.12.92 Fr. Winter
klagt über Lieferverzögerungen    87567,50
14026 Surf-Shop GmbH    Rathenaustr. 11 1000 Berlin 1    T 03.11.92
                                  0,00
```

2.3.10 Datensätze entfernen

Löschmarken anbringen

Das Anbringen einer **Löschmarke** ist der erste Schritt, um Sätze aus einer Datei zu entfernen. Dieser Vorgang beseitigt Datensätze allerdings nicht. Die Löschmarke kann jederzeit ebenso einfach wieder entfernt werden, wie sie angebracht wurde. Das schützt Sie vor versehentlichen Verlusten. Ein weiterer Grund: Tatsächliches, d.h. **physisches Löschen** ist zeitaufwendig, deshalb werden Sie das in großen Dateien seltener tun.

Angenommen, die Firmen Else-Plastik und Sport-Menzel wurden liquidiert. Öffnen Sie die Datei und suchen Sie die Datensätze über das *Suchen*-Menü auf:

- *Mit [Strg]+[U] setzen und entfernen Sie die Löschmarke. Alternative:*
- *Im Menü* **Datensätze** *gibt es einen Menüpunkt* **Löschmarken setzen**.
- *Rechts unten in der Statuszeile erscheint* **Del**. *Dieser Vermerk kennzeichnet gelöschte Datensätze.*

Markierte Sätze verbergen

Wenn es Sie stört, daß mit Löschmarke versehene Sätze immer am Bildschirm erscheinen, können Sie das auf einfache Weise verhindern: Sie setzen die Option DELETED auf EIN:

- *Im Regiezentrum drücken Sie [Alt]+[D] und [E] für Einstellungen.*
- *Das Pull-Down-Menü* **Funktion** *öffnet sich.*
- *Stellen Sie den Cursor auf DELETED ein.*
- *Mit der [Leertaste] schalten Sie die Option auf* **Ein**.
- *Bestätigen Sie Ihre Wahl mit [Strg]+[Ende] oder [Strg]+[W].*

Falls noch ein löschmarkierter Datensatz sichtbar sein sollte, verschwindet er in dem Augenblick, wo Sie in der Datei zu blättern beginnen ([Bild-ab]/[Bild-auf]). Auch nach dem Schließen und erneutem Öffnen der Datei sind alle markierten Sätze ausgeblendet.

```
 Funktion  Bildschirm  Ende                              10:35:37
┌──────────────────────────────────────────────────────┐
│   BELL                    Signalton  Aus               │
│   CARRY                   übernehmen  Aus              │
│   CENTURY                Jahrhundert  Aus              │
│   CONFIRM                Bestätigung  Ein              │
│   DATE ORDER             Datumsformat  DMY             │
│   DATE SEPARATOR    Datumstrennzeichen  .              │
│   DECIMALS              Dezimalstellen  (2)            │
│   DELETED                Löschmarken  Ein              │
│   EXACT                   Identisch  Aus               │
│   EXCLUSIVE                Exklusiv  Ein               │
│   INSTRUCT                 Hinweis  Ein                │
│   MARGIN                      Rand  (0)                │
│   MEMOWIDTH             Memofeldlänge  (50)            │
│   SAFETY               Änderungsschutz  Ein            │
│   TALK                Ablauf Verfolgen  Ein            │
│   TRAP                     Testmodus  Aus              │
└──────────────────────────────────────────────────────┘

                        Opt 8/16
      Anwählen: ↑↓        Ausführen: ←┘       Abbrechen: ESC
   Ein: Datensätze mit Löschmarken werden nicht berücksichtigt
```

Abb. 12: Das Untermenü Einstellungen

Löschmarken aufheben

Wenn Sie nach dem Löschen eines Satzes den Cursor stehen lassen und wieder in das Menü *Datensätze* schauen, steht *Löschmarken aufheben* dort, wo vorher der Menüpunkt *Löschmarken setzen* war (dieser Punkt ist identisch mit [Strg]+[U]).

Verwechseln Sie den Menüpunkt Löschmarken aufheben im Menü Datensätze nicht mit dem gleichlautenden Menüpunkt im Menü Verwaltung. Das Menü Datensätze bezieht sich auf den mit dem Cursor markierten Datensatz, das Menü Verwaltung auf die <u>gesamte</u> Datei. Das bedeutet, damit beseitigen Sie die Löschmarken aller Sätze. Versehentlich ausgeführt, kann das sehr unangenehm sein. Sie können nicht mehr rekonstruieren, welche Sätze als gelöscht gelten sollen.

Die Firma Sport-Menzel wurde entgegen unserer Annahme doch nicht liquidiert, sondern verkauft. Entfernen die Löschmarkierung wieder:

- *Stellen Sie den Cursor auf die Firma Sport-Menzel ein (Menü Suchen)*
- *Betätigen Sie [Strg]+[U] oder wählen Sie im Menü Datensätze den Punkt Löschmarken aufheben.*

Wenn Sie Datensätze mit der Option DELETED EIN verborgen haben, können Sie Löschmarkierungen nicht aufheben. Ändern Sie die Option vorher in AUS.

Datei reorganisieren

Um markierte Sätze physisch, also endgültig zu löschen, verwenden Sie den Menüpunkt *Markierte Datensätze löschen* im Menü *Verwaltung*. dBASE reorganisiert nun die Datei, indem es eine Kopie der bisherigen Datei unter gleichem Namen erstellt und bei diesem Vorgang die löschmarkierten Sätze ausläßt.

2.3.11 Datei durch Sortieren ordnen

Die Datensätze der Datei KUNDEN.DBF stehen in der Reihenfolge, in welcher sie eingegeben wurden, nämlich in chronologischer Folge. Oft ist eine alphabetische Ordnung gewünscht. Dabei stellt sich die Frage nach dem **Schlüsselfeld** und der **Sortierart**.

Außer den logischen Feldern und Memo-Feldern kann jedes Feld Schlüsselfeld sein. Es können also auch numerische Zeichen- und Datumfelder zum Sortieren herangezogen werden. Folgende Sortierarten steht zur Verfügung:

Sortierart	Erläuterung
Aufsteigend ASCII	Die Sortierung erfolgt strikt nach dem IBM-Zeichensatz, d.h. in der Reihenfolge, in der dort die Zeichen angeordnet sind.
Absteigend ASCII	Es wird in entgegengesetzter Folge sortiert.
Aufsteigend Wörterbuch	Das System sortiert in der Art von Lexika.
Absteigend Wörterbuch	Es wird in entgegengesetzter Folge sortiert.

Beispiele:

Schlüsselfeld (Typ)	Zweck	Sortierart
FIRMA (Zeichen)	Alphabet. Kundenliste	Aufsteigend Wörterbuch
UMSATZ (Numerisch)	Liste nach Umsatzgrößen (Großkunden zuerst)	Absteigend
GEBDATUM (Datum)	Liste nach Geburtsdatum (Ältere zuerst)	Aufsteigend

Erstellen Sie eine nach der Firmenbezeichnung alphabetisch geordnete Kundenliste:

- *Editieren Sie die Datei KUNDEN (im Regiezentrum [F2] drücken).*
- *[Alt]+[V] öffnet das **Verwaltungsmenü**.*
- *[B] eingeben, um den Menüpunkt **Bestandsdatei nach Feldern sortieren** zu aktivieren.*
- *In die geöffnete Box tragen Sie ein:*
  FIRMA [Return]
  *Wählen Sie mit der [Leertaste] die Sortierart **Aufsteigend Wörterbuch**.*
  Sie können auch weitere Schlüsselfelder (Sekundärschlüssel) eintragen.
- *[Strg]+[Ende] bestätigt die Festlegung*
- *Als **Name der sortierten Datei** tragen Sie einen beliebigen Dateinamen, z.B. KUNDFIRM ein.*
- *Sie können die Datei anschließend mit einem Kommentar versehen oder gleich [Return] betätigen.*
- *Verlassen Sie den Editierbildschirm mit [Esc] oder [Strg]+[Ende].*
- *Das System hat Ihre neue sortierte Datei KUNDFIRM.DBF bereits in den Dateienkatalog XYZ.CAT aufgenommen.*
- *Öffnen Sie die Datei KUNDFIRM mit [F2] und prüfen Sie das Ergebnis.*

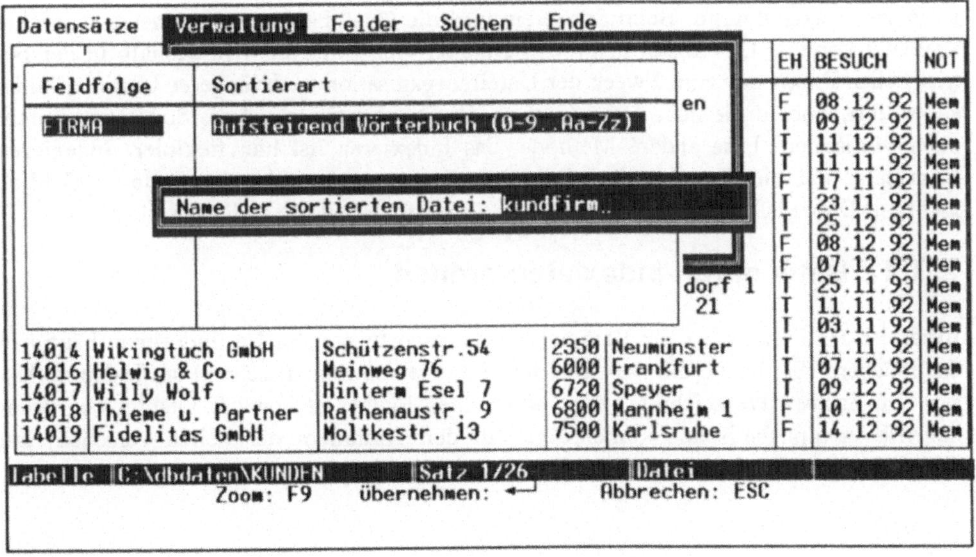

Abb. 13: Das Untermenü für die Auswahl der Sortierart

Falls der Inhalt eines Zeichenfeldes mit Leerstelle(n) oder anderen Sonderzeichen beginnt, werden die Datensätze immer nach der ASCII-Codetabelle an den Anfang (aufsteigend) bzw. ans Ende (absteigend) sortiert.

Sie können Ihre Datensätze nicht nur mit einem Schlüssel, sondern auch auf der Basis mehrerer Schlüssel ordnen. Das vorrangige Datenfeld heißt **Primärschlüssel**, die anderen Datenfelder **Sekundärschlüssel**. Dazu tragen Sie im Menü *Verwaltung* unter dem

Punkt *Bestandsdatei nach Feldern sortieren* mehrere Felder in der richtigen Rangfolge ein.

Beispiele:

Ein Unternehmen betreibt mehrere Geschäfte mit gleichlautender Firma in verschiedenen Städten. Zudem kann es vorkommen, daß in einer Stadt mehrere Geschäfte mit gleichlautendem Firmennamen geführt werden. In diesem Falle wählen sie als Primärschlüssel, d.h. als erstes Schlüsselfeld **FIRMA**, als ersten Sekundärschlüssel **PLZ** und als zweiten Sekundärschlüssel STRASSE. Die Schlüssel werden im Sortiermenü in der **Reihenfolge ihrer Priorität** untereinander angeordnet.

Ein anderes Beispiel: In einem Unternehmen werden mehrere Mitarbeiter mit denselben Familiennamen beschäftigt. In diesem Fall wird in der Personaldatei die Ordnung nach dem Primärschlüssel **Zunamen** und dem Sekundärschlüssel **Vornamen** hergestellt.

Die Tatsache, daß das System für jeden Sortiervorgang eine neue Datei anlegen muß, ist in der Praxis störend. Beim Sortieren wird die Quelldatei neu geordnet und in eine Zieldatei kopiert. Das kostet in großen Dateien viel Zeit und wird deshalb in der betrieblichen Praxis nur zum Zweck der Dateireorganisation nach längeren Zeitintervallen ausgeführt. Sobald Sie neue Datensätze an die Datei anfügen, ist die Sortierfolge nicht mehr vorhanden. Eine andere Methode, das Indexieren, ist hier flexibler. Indexieren führt dazu, daß eine Datei optisch immer sortiert erscheint, obwohl sie das tatsächlich nicht ist. Dabei läßt sich schnell von einer Sortierfolge auf die andere umschalten.

2.3.12 Datei durch Indexieren ordnen

Index ist das Fremdwort für **Verzeichnis**. Sachwortverzeichnisse findet man häufig in Sachbüchern. Sie haben die Aufgabe, den Leser einen Begriff schnell auffinden zu lassen. Im Sachwortverzeichnis bzw. Index eines Buches stehen die wichtigsten Fachbegriffe in alphabetischer Reihenfolge mit den Nummern der Seiten versehen, auf denen die Begriffe abgehandelt werden.

Beispiel:

Begriff	Seite
Aktualisieren	23
Anzeigen	13
Auswerten	17
Betriebssystem	21
Bewegungsdaten	137
Codierung	71
usw.	

dBASE kann ganz ähnliche Verzeichnisse mit Schlüsselfeldern anlegen. Solche Verzeichnisse heißen **Indexdateien**. In Indexdateien listet dBASE die Schlüsselfelder in sortierter Folge und vermerkt dazu die entsprechende Satznummer. Auf die bereits bekannte Kundendatei bezogen würde ein Index für das **Schlüsselfeld FIRMA** folgendermaßen aussehen:

Beispiel:

FIRMA	Satznummer
AKL Technik GmbH	2
Alpha GmbH	19
Arnold GmbH	17
Atropa GmbH	20
Berner & Co. KG	6
City-Sport	13
Fidelitas GmbH	18
Freizeitmarkt KG	9
GREIF-ZU GmbH	21
Helwig & Co.	3
usw.	

dBASE vermerkt zum Schlüsselfeld eines jeden Satzes, an welcher Position der Satz in der Bestandsdatei steht. Wir entnehmen dem Index, daß die Sätze dann nach der Firma sortiert ausgegeben werden, wenn sie in der Reihenfolge der Datensatznummern erscheinen. Eine andere Reihenfolge ergibt sich, wenn das Feld PLZ zum Schlüssel wird. Ein Index nach PLZ zeigt diese Reihenfolge:

Beispiel:

PLZ	Satznummer
1000	13
2300	5
2350	14
2400	4
2800	12
3000	6
4000	11
usw.	

Indexe anlegen

Ein Vertreter Ihrer Firma möchte eine nach Postleitzahlen geordnete Kundenliste haben:

- *Öffnen Sie die Datei KUNDEN mit [F2] und wählen Sie die Tabellendarstellung.*

- *Öffnen Sie das Menü **Verwaltung**: [Alt]+[V] und wählen Sie **Index anlegen**, [Return]. Beachten Sie den eingeblendeten Text!*

Abb. 14: Indexdefinition

- *Als erstes fordert das System einen **Indexnamen**. Der Name darf 10 Zeichen lang sein. Die Regeln für Feldnamen gelten auch für Indexnamen. Betätigen Sie [Return] und geben Sie ein: KUNDEN_PLZ, [Return].*

- *Unter **Ausdruck** wird der Sortierschlüssel (oder Ordnungsbegriff) eingetragen. Das kann ein Feldname oder ein aus Feldnamen, Operatoren und Funktionen zusammengesetzter Schlüssel sein.*

- *[Return] gibt das Eingabefeld **Ausdruck** frei. [Umschalten]+[F1] zeigt die zur Verfügung stehenden Feldnamen, Operatoren und Funktionen.*

- *Wählen Sie PLZ aus, [Return] und nochmal [Return].*

- *Das Eingabefeld **Bedingung** wird seltener verwendet. Hier können Sie den Index auf bestimmte Datensätze beschränken.*

- *Die **Sortierfolge** kann aufsteigend oder absteigend (nach ASCII-Tabelle) sein. Akzeptieren Sie die Vorgabe **Aufsteigend**.*

- *Den Punkt **Nur erster Datensatz** belassen Sie bei Nein. Wenn Sie ihn auf JA umstellen (mit [Return]), zeigt das System von allen Datensätzen mit demselben Schlüssel (z.B. Postleitzahl 6900) nur den ersten Datensatz an und ignoriert die anderen. Diese werden nicht indexiert. Das kann in einigen Fällen sinnvoll sein, z.B. wenn jede Stadt nur einmal vertreten sein soll.*

- *Bestätigen Sie Ihre Angaben mit [Strg]+[Ende].*

Sie erkennen sofort, daß die **Ansicht** der Datei neu sortiert ist. Die **Bestandsdatei** KUNDEN.DBF wurde dennoch nicht sortiert. dBASE hat eine zusätzliche Datei namens KUNDEN.MDX angelegt, die den Index KUNDEN_PLZ enthält und nun die Sortierfolge bestimmt. Sie können dort weitere Indexe hinzufügen.

Die Liste soll gedruckt werden:

- *Verlassen Sie die Datenanzeige mit [Alt]+[E] und nochmal [E].*
- *Betätigen Sie im Regiezentrum die Tastenkombination [Umschalten]+ [F9].*
  Im Abschnitt 2.3.7 wird der Standardbericht beschrieben. Falls notwendig, stellen Sie vorher Ihren Drucker auf Schmalschrift ein.

- *Indexe können nicht für die Feldtypen Logische Felder und Memo Felder gebildet werden.*
- *Wenn Sie einen neuen Index anlegen, sollten Sie zuvor im Menü Verwaltung den Punkt Datensätze nach zu wählendem Index ordnen benutzen. Dort wählen Sie die Option Kein Index. Es kann sonst vorkommen, daß das System beim Anlegen eines Index meldet: Datentypen passen nicht zueinander.*
- *Wenn der Index-Ausdruck (Schlüssel) mit der Funktion LOWER() gebildet wird, unterscheidet das System in der Indexdatei Groß- und Kleinschreibung nicht. Das bedeutet, kleingeschriebene und großgeschriebene Begriffe werden gleich behandelt (anders als im ASCII). Beispiel: Ein Firmenname (Feld FIRMA) ist kleingeschrieben. Durch LOWER(FIRMA) im Indexausdruck verhindern Sie, daß die Firma ans Ende sortiert wird, wie im ASCII üblich.*

Erstellen Sie einen weiteren Index, der die Datei nach Kundennummern sortiert:

    Indexname: KUNDEN_NUM
    Ausdruck: KNDNR

Legen Sie einen weiteren Index an, der die Datei nach dem Firmennamen sortiert und dabei Groß- und Kleinschreibung unberücksichtigt läßt:

    Indexname: KUNDENFIRM
    Ausdruck: LOWER(FIRMA)

Zusammengesetzte Indexe

Beispiel:

Ein Mitarbeiter im Verkauf möchte von Ihnen eine Liste, die nicht nur nach Postleitzahlen, sondern in zweiter Linie auch nach dem Umsatz sortiert ist. Dabei wird der Index-Ausdruck aus PLZ und UMSATZ zusammengesetzt. Dazu werden die Feldnamen mit Pluszeichen verbunden:

Beispiel: NACHNAME + VORNAME

Dieser Schlüsselausdruck ist in einer Personaldatei sinnvoll. Sortiert wird nach Nachname und bei Sätzen mit gleichen Nachnamen nach dem Vornamen.

In unserem Fall gibt es leider ein Problem: PLZ ist ein Zeichenfeld, das Feld Umsatz ist dagegen numerisch definiert. Das System meldet *"Datentypen passen nicht zusammen"*. Zur Lösung müssen Sie auf eine Funktion zurückgreifen, die den Typ *Numerisch* in den Typ *Zeichen* umwandelt, die Funktion: **STR()**.

- *Funktionen sind Unterprogramme von dBASE, die bestimmte Auswertungen durchführen. Im Beispiel wertet die Funktion STR() die Umsatzzahl aus und erzeugt daraus eine Zeichenkette. Die Funktion wandelt also einen Feldinhalt vom Typ Numerisch in den Typ Zeichen um.*

- *Legen Sie einen weiteren Index unter dem Namen KUNDPLZUMS an.*
- *Als Schlüssel tragen Sie den Ausdruck ein:*
  PLZ + STR(UMSATZ)
  Alternative:
- *Betätigen Sie die Tastenkombination [Umschalten]+[F1] und wählen Sie aus der Feldliste PLZ, [Return].*
- *Verknüpfen Sie mit dem Pluszeichen [+].*
- *Betätigen Sie erneut [Umschalten]+[F1] und positionieren Sie den Cursor in der Funktion-Spalte auf STR, [Return].*
- *Falls Sie den Einfügemodus noch nicht eingeschaltet haben, holen Sie das mit der Taste [Einfg] nach.*
- *Zur Auswahl des Feld UMSATZ muß der Cursor unter der letzten Klammer stehen. Die Auswahl erfolgt durch erneutes Betätigen der Tastenkombination [Umschalten]+[F1].*
- *Bestätigen Sie mit [Return] und [Strg]+[Ende].*

Das Ergebnis ist in größeren Dateien sicher interessanter als bei den kleinen Datenmengen des Beispiels. Die nächste Übung soll mit einer Bedingung durchgeführt werden.

Ein Vertreter möchte eine nach Firmennamen sortierte Liste der Postleitgebiete 6 und 7. Um diese Aufgabe zu lösen, benötigen Sie Kenntnisse zum Aufbau vom **Bedingungen** und **logischen Vergleichen**.

- Ein **Vergleichsausdruck** besteht aus einem Feld- bzw. Variablennamen, einem Vergleichsoperator und einem Vergleichswert.
  Beispiele: UMSATZ = 0
  PLZ > = "6000"
- Eine **Bedingung** wird aus einem oder mehreren Vergleichsausdrücken gebildet, die durch logische Operatoren verknüpft sind.
  Beispiele: UMSATZ > 100000 .AND. UMSATZ < = 100000
  PLZ = "6" .OR. PLZ = "7"
  PLZ > = "6000" .AND. .NOT. UMSATZ = 0
- Vergleichswerte vom Typ Zeichen werden in Anführungszeichen (") oder Hochkomma ('), vom Typ Datum in geschweifte Klammern und vom Typ Logisch in Punkte eingeschlossen. Diese Zeichen heißen **Begrenzer**. Numerische Werte brauchen keine Begrenzer. Als logische Werte sind nur .T. (true, wahr) und .F. (false, falsch) zugelassen.
  Beispiele: PLZ = "6901" (oder '6901')
  GEBURT > = {01.01.1950}
  ANGESTELLT = .T. (oder nur: ANGESTELLT)
  ANGESTELLT = .F. (oder: .NOT. ANGESTELLT)
- Vergleichswerte vom Typ **Zeichen** werden nur in der von Ihnen angegebenen Länge verglichen, wenn in der Datei CONFIG.DB die Option EXACT den Wert OFF besitzt (Standardeinstellung). (Sie können das im Regiezentrum im Diverse-Menü, Untermenü Einstellungen, Punkt Funktionen prüfen und für die aktuelle Sitzung verändern. Die Wirkung tritt nur dann ein, wenn Sie diese Änderung <u>vor</u> Indexerstellung vorgenommen haben. Beispiel: PLZ = "6" bewirkt, daß alle Orte deren PLZ mit 6 beginnen, einbezogen werden)

Vergleichsoperatoren:

Operator	Bedeutung
=	gleich
< > oder #	ungleich
>	größer als
<	kleiner als
> =	größer als oder gleich
< =	kleiner als oder gleich
$	enthalten in

Logische Operatoren:

Operator	Bedeutung
.AND. .OR. .NOT.	UND-Verknüpfung ODER-Verknüpfung Verneinung

Für die gewünschte Liste wird ein weiterer Index angelegt:

- *Indexname: KUNDFIRM67, Ausdruck: FIRMA*
- *Als Bedingung wird eingetragen:*
  PLZ = "6" .OR. PLZ = "7"
- *Bestätigen Sie mit [Strg] + [Ende].*

Legen Sie eine weitere Liste aller Einzelhändler an, die nach dem 30.11.92 besucht wurden:

- *Indexname: KUND_EHBES, Ausdruck: BESUCH*
- *Als Bedingung tragen Sie ein:*
  EH .AND. BESUCH > {30.11.92}
- *Bestätigen Sie mit [Strg] + [Ende].*

Index wechseln

Die Anordnung der Datensätze bleibt so lange erhalten, bis Sie einen anderen Index wählen oder die dBASE-Sitzung beenden. Nach erneutem Start von dBASE sind die Datensätze in der Editiermaske wieder chronologisch geordnet. Das bedeutet: Kein Index ist aktiv. Da die Indexdatei KUNDEN.MDX die Indexe gespeichert hat, kann eine gewünschte Ordnung in Sekundenschnelle wieder hergestellt werden.

Stellen Sie die Ordnung nach dem Index KUNDENFIRM wieder her:

- *In der Editiermaske drücken Sie [Alt] + [V] und [D] für Datensätze nach zu wählendem Index ordnen.*
- *In dem nun rechts erkennbaren Fenster haben Sie die Wahl zwischen Kein Index und den von Ihnen angelegten Indexen.*
- *Mit [Cursor-ab] und [Return] wählen Sie KUNDENFIRM. Der Sortierschlüssel (FIRMA) wird angezeigt.*

```
┌──────────────────────────────────────────────────────────────────────────┐
│ Datensätze  Verwaltung  Felder  Suchen  Ende                    10:44:4(   │
│ ┌─────┬───────┬────────────────────────────────────────┐ ┌─────────────┐  │
│ │KNDNR│FIRMA  │  ► Index anlegen                        │ │             │T │
│ │     │       │  ► Vorhandenen Index ändern             │ │ Kein Index  │  │
│ │14006│Berner │  Datensätze nach zu wählendem Index ordnen│ │            │M │
│ │14007│Hobbym │  Aktivieren einer .NDX-Indexdatei       │ │ KUNDBESUCH  │m │
│ │14008│Rotopa │  NDX-Indexdatei einbeziehen             │ │ KUNDEN_NUM  │m │
│ │14009│Freize │  Entfernen eines Index                  │ │ KUNDEN_SÜD  │m │
│ │14010│Sporte │                                         │ │ KUNDEN_UMS  │m │
│ │14011│Wohnen │  Bestandsdatei nach Feldern  lower(firma)│ │ KUNDFIRM    │m │
│ │14012│Schaff │  Löschmarken aufheben                   │ │ KUND_EHBES  │m │
│ │14013│City-S │  Markierte Datensätze löschen           │ │ KUND_LöSCH  │m │
│ │14014│Wiking └─────────────────────────────────────────┘ └─────────────┘  │
```

KNDNR	FIRMA		PLZ	Ort		Datum	
14016	Helwig & Co.	Mainweg 76	6000	Frankfurt	T	07.12.92	Mem
14017	Willy Wolf	Hinterm Esel 7	6720	Speyer	T	09.12.92	Mem
14018	Thieme u. Partner	Rathenaustr. 9	6800	Mannheim 1	F	10.12.92	Mem
14019	Fidelitas GmbH	Moltkestr. 13	7500	Karlsruhe	F	14.12.92	Mem
14020	Alpha GmbH	Gartenstr. 40	7080	Aalen	T	16.12.92	Mem
14021	Atropa GmbH	Hauptstr. 34	7100	Heilbronn	T	18.12.92	Mem
14022	GREIF-ZU GmbH	Amalienstr. 93	7500	Karlsruhe	J	17.12.92	Mem
14023	Sport-Menzel	Ludwigstr.56	7980	Ravensburg	T	04.12.92	Mem

```
Tabelle  C:\dbdaten\KUNDEN          Opt 7/9              Datei
        Anwählen: ↑↓       Ausführen: ◄─┘        Abbrechen: ESC
        Datensätze mit einem bestehenden Index sortieren
```

Abb. 15: Index auswählen

Auf die gleiche Weise können Sie jederzeit alle anderen Indexe nutzen und in die Satz-
anordnung verändern.

Index ändern

Indexe, die Sie nicht mehr brauchen, können Sie ändern oder löschen. Nehmen Sie an,
Ihr Unternehmen faßt den ganzen süddeutschen Raum zu einem Verkaufsbereich zusammen (PLZ-Bereiche: 6,7,8). Sie ändern den Index KUNDFIRM67 ab:

- *In der Editiermaske drücken Sie [Alt]+[V] und [V] für **Vorhandenen In-
  dex ändern**.*
- *Mit [Cursor-ab] und [Return] wählen Sie KUNDFIRM67.*
- *Ändern Sie den Indexnamen auf KUNDEN_SÜD ab.*
- *Die Bedingung ändern Sie so ab, daß der Ausdruck lautet:*
  PLZ = "6" .OR. PLZ = "7" .OR. PLZ = "8"
  Oder:
  PLZ > = "6000" .AND. PLZ < "9000"
  In beiden Fällen erhalten Sie dasselbe Ergebnis.
- *Bestätigen Sie mit [Strg]+[Ende].*

Index löschen

Sollten Sie Indexe nicht mehr brauchen, so empfiehlt es sich, diese zu löschen. Je mehr
Indexe Sie besitzen, desto langsamer wird die Verarbeitungsgeschwindigkeit, weil das

System die Indexe bei Änderungen in den Schlüsselfeldern pflegen muß. Den Index KUNDPLZUMS brauchen Sie nicht mehr:

- *In der Editiermaske betätigen Sie die Tastenkombination [Alt]+[V] und [E] für Entfernen eines Index.*
- *Mit [Cursor-ab] und [Return] wählen Sie KUNDPLZUMS.*
- *Bestätigen Sie mit [Strg]+[Ende].*

Gelöschte Datensätze indexieren

Wenn Datensätze in der Kundendatei gelöscht werden, sollte davon ein Protokoll erstellt werden. Gelöschte Kundensätze sollten für Rückfragen usw. zur Verfügung stehen. Außerdem kann die frei gewordenen Kundennummern neu vergeben vergeben werden.

Beispiel:

Die Kunden mit den Nummern 14017 und 14022 teilen Ihnen mit, daß sie ihren Betrieb aufgeben.

Die Kunden werden zunächst nur durch Anbringen einer Löschmarke in der Editiermaske mit den Tasten [Strg]+[U] gelöscht. Es soll eine Liste der gelöschten Kundensätze erstellt werden:

- *Erstellen Sie einen neuen Index mit dem Indexnamen KUND_LÖSCH.*
- *Ausdruck: KNDNR*
- *Als Bedingung wählen Sie DELETED() mit [Umschalten]+[F1] und [Return].*
- *Bestätigen Sie mit [Strg]+[Ende].*

Jetzt werden nur die beiden gelöschten Datensätze angezeigt. Sie können diese mit [Umschalten]+[F9] im Regiezentrum drucken.

- *Die Funktion DELETED() erzeugt den Wert .T. für jeden gelöschten Datensatz. Wenn sie als Bedingung fungiert, werden nur gelöschte Sätze selektiert.*

Der Index KUND_LÖSCH wird benutzt, um zu prüfen welche Datensätze eine Löschmarke tragen. Das ist vor allem als Sicherheitsmaßnahme vor den physikalischen Löschen der Datensätze ratsam.

Indexiert Daten erfassen

Wenn man Datensätze neu erfaßt, stößt man auf das Problem des **eindeutigen Schlüssels**. Das ist ein Feldinhalt, der nur einmal in der Datei vorkommt. Ein Feld mit einem eindeutigen Schlüssel sollte es in jeder Datei geben. In der Datei KUNDEN ist die Kundennummer, Feld KNDNR, ein solches Feld. Eine Kundennummer darf nicht mehrmals vergeben werden, sonst gibt es Verwechslungen. Um ganz sicher zu gehen, daß ein neu hinzugefügter Kundensatz eine neue eindeutige Kundenummer erhält, aktivieren Sie den Index KUNDEN_NUM. Fügen Sie nun einen Datensatz hinzu:

- *Wählen Sie in der Editiermaske im Menü Datensätze den Punkt Hinzufügen neuer Datensätze.*
- *Sie können sich nun an der letzten Kundennummer orientieren. Sie können sicher sein, daß sie die höchste in der Datei ist, weil Sie zuvor den Index für den Schlüssel KNDNR aktiviert haben.*
- *Geben Sie ein:*
  14026, Sport & Mode GmbH, Fritz-Erler-Str. 7, 5300, Bonn 3, F, 17.12.92.
  Öffnen Sie das Memofeld mit [F9] oder bewegen Sie den Cursor mit [F4] auf das Memofeld; der Editor wird geöffnet. Tragen Sie ein:
  Der neue Kunde erwartet Entgegenkommen im Zahlungsziel
  Schließen den Editor mit [F4]. Weitere Daten:
  1,5, 25987,50.
- *Datensätze mit den Kundennummern 14017 und 14022 wurden bei einer früheren Übungsaufgabe aus der Datei entfernt. Vergeben Sie die Kundennummern neu mit folgenden Daten:*
  14017, Sportiv GmbH, Kölner-Str. 123, 4000 Düsseldorf 1, T, 19.12.92, kein Memo, 1,5, 13750,00
  14022, Surf-Shop, Innerer Ring 107, 3500, Kassel 1, T, 11.11.92, kein Memo, 1,5, 11722,00
- *Solange Sie Daten eingeben, ändert sich in der Anordnung der Datensätze nichts. Sobald Sie jedoch [Cursor-auf] drücken oder bestimmte Menüpunkte wählen, wird die Reihenfolge der Daten neu geordnet. Testen Sie das.*

Indexiert Daten ändern

In indexierten Bestandsdateien können Sie beliebige Änderungen an den Datensätzen vornehmen. Wenn Sie Daten in einem Schlüsselfeld des gerade aktiven Indexes ändern, führt das dazu, daß der geänderte Satz in der Regel eine neue Position erhält:

- *Die Firma Arnold GmbH hat in Thieme u. Partner umfirmiert.*
- *Aktivieren Sie den Index KUNDENFIRM und ändern Sie den Namen.*
- *Falls Sie nun mit dem Cursor einen anderen Datensatz aufsuchen, wird der geänderte Satz neu eingeordnet.*

Im Menü Datensätze der Datenanzeige gibt es den Menüpunkt Neu einordnen. Bei der Einstellung Ja werden die Datensätze jedesmal nach einer Änderung in einem indexierten Feld neu geordnet.

2.3.13 Daten indexiert suchen

Der **indexierte Zugriff** benutzt den Index zur Suche nach dem gewünschten Datensatz. Zum Auffinden des gesuchten Datensatzes sind mehrere Zugriffe notwendig, Zugriffe zum Schlüsselbegriff in der Indextabelle und ein weiterer direkter Zugriff zum Datensatz. Beim indexierten Zugriff handelt es sich im Grunde um einen direkten Zugriff, dem die Suche in einer Indextabelle vorgeschaltet ist.

Beispiel für indexierten Zugriff:

Die folgende Indextabelle ist nach Artikelnummern aufsteigend sortiert. Das Verfahren erscheint auf den ersten Blick zeitaufwendig, weil zuerst die Indextabelle nach dem Suchbegriff durchsucht werden muß, um die Satznummer zu finden. Dieser Suchvorgang fällt jedoch kaum ins Gewicht. Der indexierte Zugriff ist aus drei Gründen besonders effizient:

- *In der nach dem Schlüssel sortierten Indextabelle wird der gesuchte Begriff nach dem Verfahren des sog. "binären" Suchens aufgefunden. Binäre Suchverfahren kürzen das Suchen in großen Dateien drastisch ab.*
- *Die Indexdatei enthält nur Schlüsselfelder und Satznummern. Indextabellen sind deshalb in der Regel kleiner als die dazugehörenden Datenbankdateien. Folglich muß eine geringere Datenmenge durchsucht werden.*
- *In der Regel wird die Indextabelle während der Verarbeitung im Zentralspeicher resident gehalten.*

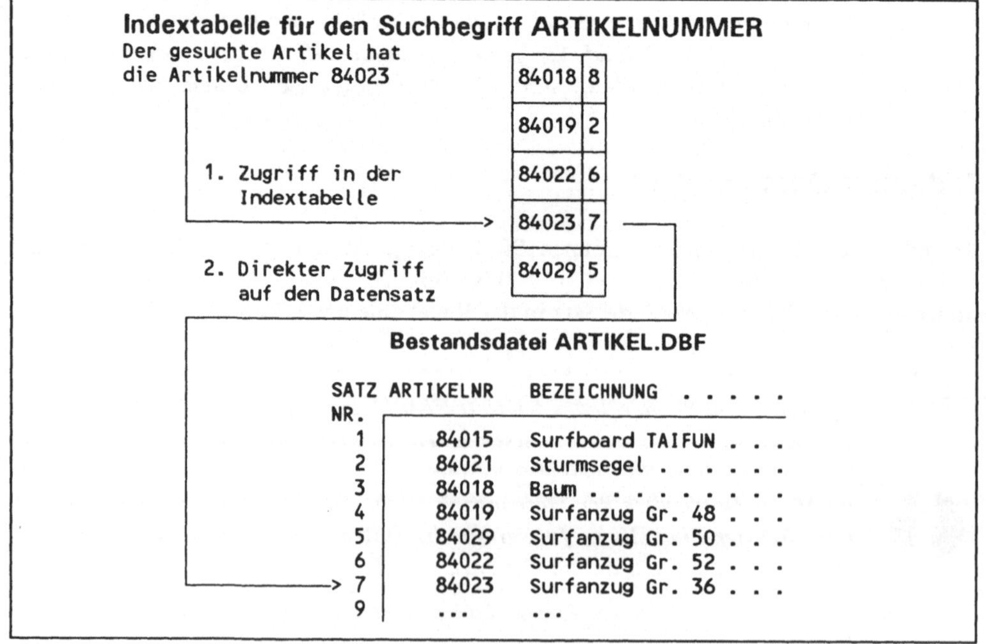

Ein Beispiel aus dem Alltag soll die Methode des indexierten Zugriffs mittels binärer Suche veranschaulichen:

Angenommen, Sie suchen die Postleitzahl für den Ort **Garmisch-Partenkirchen**. Das Postleitzahlenverzeichnis gleicht einem nach Ortsnamen sortierten Index. Es besitzt 512 Seiten.
Sie werden sicher nicht ab Seite 1 zu suchen beginnen, sondern teilen 512 durch 2 und schlagen die Mitte, Seite 256 auf, um das Suchverfahren abzukürzen. Seite 256 fängt mit Upflamör an. Da G vor U liegt, teilen Sie die davor liegenden 256 Seiten durch 2 und finden auf Seite 128 oben Husum. Wieder durch 2 geteilt erhalten Sie Seite 64. Dort finden Sie Dorsel. G ist "größer" als D. Deshalb teilen Sie 64 durch 2 und addieren 64+32=96. Sie setzen die Suche auf Seite 96 fort. Ergebnis: Grinau. Der nächste Suchpunkt liegt davor, denn Garmisch ist (nach dem Alphabet) "kleiner" als Grinau. Sie teilen 32 durch 2, das ist 16, und subtrahieren 96-16=80. Auf Seite 80 steht Fell bis Fischen. Nun muß ein Stück, nämlich (16 : 2 =) 8 Seiten weiter geblättert werden, denn G kommt nach F. Also gehen Sie zur Seite 88 und stoßen auf Gebhardshain. Jetzt müssen Sie (8 : 2 =) 4 Seiten zurück. Dort auf Seite 84 lesen Sie Frickingen bis Fritzlar. Ihr Zeigefinger, hier mit dem Satzzeiger vergleichbar, wandert (4 : 2 =) 2 Seiten weiter, wo Fuhlendorf bis Galmsbüll zu finden ist. Ein weiterer Zugriff (2 : 2 =) 1 Seite weiter: Auf Seite 87 ist Garmisch-Partenkirchen verzeichnet.

Vielleicht werden Sie sagen: So umständlich sucht niemand im Postleitzahlenbuch. Richtig! Wir Menschen haben Erfahrung mit dem Alphabet, deshalb finden wir den gesuchten Ort schneller. Doch Programme, die Erfahrungen sammeln können, stecken heute noch in den Kinderschuhen.

Neun Suchvorgänge waren nötig. Das ist die höchste Anzahl für 512 zu durchsuchende Datensätze bei dieser Methode. Das Verfahren heißt **binäres Suchen**, weil die verbleibende Anzahl zu durchsuchender Datensätze immer wieder durch **zwei** geteilt wird. Für jede Anzahl von Datensätzen läßt sich die maximal notwendige Anzahl von Zugriffen leicht berechnen.

Anzahl von Datensätzen	Potenz zur Basis 2	Maximale Anzahl Zugriffe zum Index
256	2^8	8
512	2^9	9
1024	2^{10}	10
4096	2^{12}	12
65536	2^{16}	16
1048576	2^{20}	20

Wurde der Datensatz in der Indexdatei geunden, so erfolgt aufgrund der dort getragenen Satznummer ein direkter Zugriff zur Bestandsdatei. Die Anzahl der insgesamt nötigen Zugriffe vermehrt sich deshalb immer um 1.

Der indexierte Zugriff ist die in der Praxis am häufigsten angewendete Zugriffsart.
Gegen andere Zugriffsarten sprechen folgende Gründe:

- *Der sequentielle Zugriff ist in großen Datenbanken unwirtschaftlich. Im
  Extremfall muß eine ganze Datei bis zum letzten Satz gelesen werden,
  will man einen bestimmten Datensatz finden.*
- *Der direkte Zugriff wird in den seltensten Fällen von Nutzen sein. Denn
  die Benutzer von Datenbanken wissen in der Regel nicht, welche Satznummer ein gesuchter Datensatz hat. Sie kennen eher Namen, Kundennummern, Artikelbezeichnungen usw.*

Im Menü *Suchen* der Editiermaske gibt es direkte, sequentielle und indexierte Zu-
griffsformen. Die direkten und sequentiellen sind bereits in Abschnitt 2.3.8 besprochen
worden:

Erläuterung zum Menüpunkt *Suchen*

Menüpunkt	Zugriffsart
Erster Datensatz Letzter Datensatz Datensatznummer Überspringen	direkt direkt direkt direkt
Vorwärts suchen Rückwärts suchen	sequentiell sequentiell
Per Index suchen	indexiert

Die indexierte Suche in logischen oder Memofeldern ist nicht
möglich, weil solche Felder nicht indexiert werden können.

Suche mit vollständigem Suchbegriff

Sobald Sie einen bestimmten Datensatz zugreifen wollen, suchen Sie nach einem bestimmten, mit diesem Satz verbundenen Merkmal. Es kann der Firmenname, die Kundennummer oder die Postleitzahl usw. sein. Nehmen Sie an, Sie suchen eine Firma in
Frankfurt/M . Der Name ist Ihnen entfallen:

- *Gehen Sie von der geschlossenen Bestandsdatei KUNDEN im Regiezentrum aus, d.h. im Regiezentrum steht KUNDEN in der Spalte dB-Dateien unter dem Horizontalstrich.*
- *Öffnen Sie die Datei mit [F2].*
- *Aktivieren Sie das Suchen-Menü.*

Sie erkennen nun, daß der Menüpunkt *Per Index suchen* nicht verfügbar ist. Beim indexierten Suchen muß der dem gesuchen Merkmal entsprechende Index aktiviert sein. Also aktivieren Sie zuerst den Index KUNDEN_PLZ:

- *Wählen Sie KUNDEN_PLZ als Index im Menü Verwaltung unter Datensätze nach zu wählendem Index ordnen aus.*
- *Öffnen Sie das Menü Suchen und drücken Sie [P].*
- *Nun können Sie den Suchbegriff für PLZ in die Box eingeben: 6000 (ohne Begrenzungzeichen).*

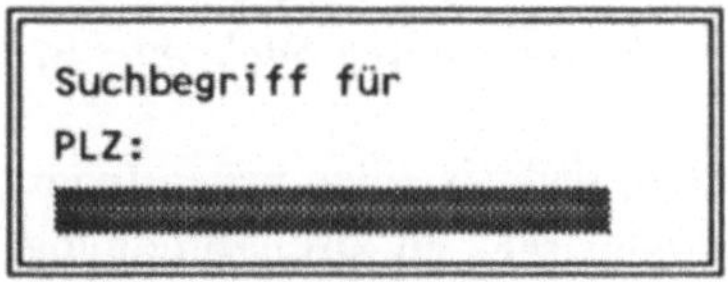

dBASE findet den ersten Satz, dessen Postleitzahl 6000 ist. Die anderen Sätze mit der Postleitzahl 6000 folgen.

Im hier angeführten Beispiel wären Sie ebenso erfolgreich gewesen, wenn Sie nur die erste Ziffer, also 6, eingegeben hätten.

- *Beim Suchen per Index vergleicht das dBASE die eingegebene Zeichenkette mit den ersten Zeichen des Datenfeldes. Die Suche hat Erfolg, wenn der Suchbegriff mit den ersten Zeichen des betreffenden Datenfeldes übereinstimmt. Das bedeutet, es genügt oft, nur den Anfang eines Suchbegriffs einzugeben.*
- *Begrenzer, d.h. Anführungszeichen, Hochkomma (Datentyp Zeichen) und geschweifte Klammern (Datentyp Datum) müssen fehlen.*

Das Suchergebnis zeigt den Vorteil eines zusammengesetzten Schlüssels, z.B. für den Index KUNDEN_PLZ in der Form:

PLZ + FIRMA

Die Kunden innerhalb einer Satzgruppe mit gleicher PLZ werden zusätzlich nach der Firma geordnet.

Löschen Sie den bisherigen Index KUNDEN_PLZ, und bilden Sie einen neuen gleich-
namigen Index mit dem oben vorgeschlagenen zusammengesetzten Schlüssel. Der
Suchbegriff bezieht sich in zusammengesetzten Schlüsseln immer auf das erstgenannte
Schlüsselfeld, hier also auf PLZ.

Suche mit unvollständigem Suchbegriff

Beispiel:

Sie suchen eine Firma, die mit der Silbe "Raka". beginnt. Der Rest des Namens ist
Ihnen entfallen:

- *Aktivieren Sie den Index KUNDENFIRM. Suchen Sie indexiert nach **Raka***
- *Der Suchbegriff wird nicht gefunden, weil der Firmenname **RAKA-Werke**
  lautet, also groß geschrieben wird.*
- *Auch wenn Sie den Menüpunkt **Groß-/Kleinschreibung beachten** umstellen, ändert sich daran bei der indexierten Suche nichts.*

Das Problem kann dadurch gelöst werden, daß Sie einen neuen Index aufbauen, dessen
Schlüsselfelder alle Firmennamen in Klein- oder in Großschreibung enthalten. Dabei
helfen die Funktionen **LOWER()** und **UPPER()**.

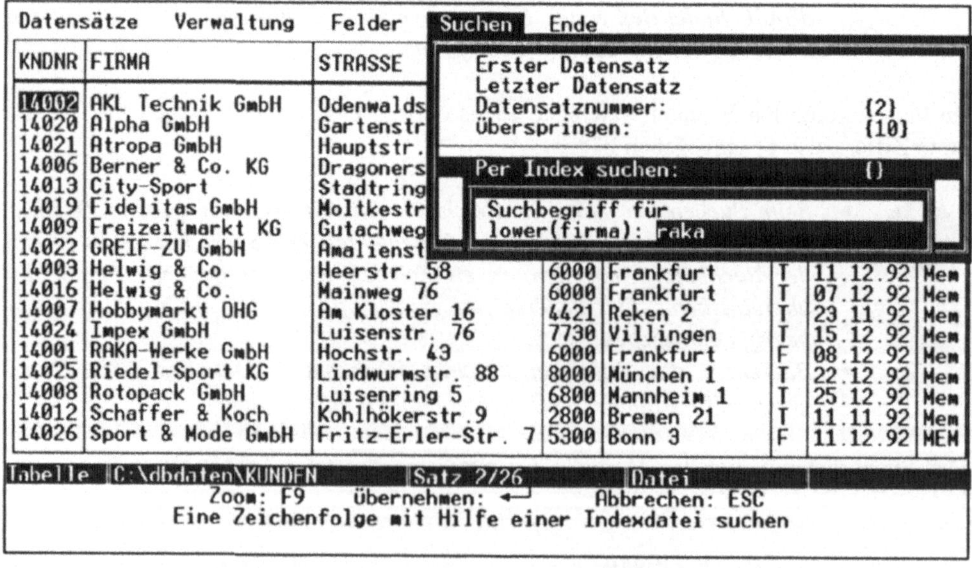

Abb. 16: Indexiertes Suchen

- *Löschen Sie den Index KUNDENFIRM.*
- *Erzeugen Sie einen neuen Index gleichen Namens mit dem Schlüsselausdruck: LOWER(FIRMA).*
- *Die Datei ist nun in gleicher Weise sortiert wie vorher.*
- *Suchen Sie per Index mit dem Suchbegriff raka. Der Suchbegriff darf jetzt nur Kleinbuchstaben enthalten.*

- Die Funktion LOWER() wandelt in Zeichenketten Großbuchstaben in Kleinbuchstaben um.
- Die Funktion UPPER() wandelt in Zeichenketten Kleinbuchstaben in Großbuchstaben um.
- Wird der Schlüsselausdruck im Index mit LOWER() gebildet, darf der Suchbegriff nur Kleinbuchstaben enthalten.
- Machen Sie es sich zur Regel, Indexe auf Textfelder mit LOWER() zu bilden. Es erleichtert das Sortieren in Abfragen (vgl. Abschnitt 2.4).
- Wird der Schlüsselausdruck im Index mit UPPER() gebildet, darf der Suchbegriff nur Großbuchstaben enthalten.
- Ziffern und Sonderzeichen bleiben unberührt.
- Beim indexierten Suchen dürfen keine Joker (*) verwendet werden.

Suche nach einem Datum

Ein Index kann auch für ein Datumsfeld gebildet werden, um Datensätze chronologisch zu ordnen. Gehen Sie davon aus, daß Sie Kunden suchen, die am 15.12. 92 besucht worden sind:

- *Legen Sie einen Index nach dem Besuchsdatum an:*
  Indexname: KUNDBESUCH, Ausdruck: BESUCH, (Sortierfolge beliebig).
- *Suchen Sie indexiert nach dem 15.12.92 (keine Begrenzer verwenden).*

- Bei der Suche nach einem Datum muß der Suchbegriff vollständig angegeben werden. Beispiel: 15.12. ist unzulässig.

Suche nach einer Zahl

Die indexierte Suche nach einer Zahl kommt vermutlich nicht häufig vor, denn Ordnungsbegriffe wie Kunden-, Artikel-, Belegnummern usw. werden normalerweise als Zeichenfelder angelegt. Dennoch können Fragen auftauchen wie: Welche Kunden haben keinen (Null) Umsatz? Welche Angestellten haben 28 Tage Urlaub?

Beispiele für die Suche nach Zahlenwerten:

- *Erstellen Sie einen Index nach dem Umsatz:*
  Indexname: KUNDEN_UMS, Ausdruck UMSATZ (Sortierfolge beliebig)
- *Suchen Sie indexiert nach dem Umsatz 0.*

Sie können jeden existenten Umsatz suchen. Dabei sind Regeln zu beachten.

- Bei der Suche nach einer Zahl muß der Suchbegriff vollständig angegeben werden.
- Dezimalstellen sind durch Punkt (nicht Komma) von der Ganzzahl zu trennen.

2.3.14 Dateien in DOS managen

Nachdem Sie die wichtigsten Datenbankverwaltungsfunktionen kennengelernt haben, sind dabei einige Dateien entstanden. Die neuen Dateien tragen den Namen KUNDEN, besitzen aber unterschiedliche Erweiterungen. Um sich einen Überblick über die neuen Dateien zu verschaffen, benutzen Sie den dBASE-Dateimanager. Das ist eine in dBASE eingebaute komfortable DOS-Shell:

- *Betätigen Sie im Regiezentrum [Alt]+[D] für das Menü Diverse, anschließend [B] für Betriebssystem eingeben.*
- *Sie erhalten eine Liste der Dateien im Datenverzeichnis.*

```
Betriebssystem   Dateien   Sortieren   Markieren   Funktionen   Ende   10:56:29
                              C:\DBDATEN
  Dateiname            Größe    Datum & Zeit             Attrib  Platzbedarf

  <übergeordnet>       <DIR>    23 Nov 1992 21:39        ♦♦♦♦
  ARTIKEL   001          894    13 Mai 1992 17:33        ♦♦♦♦         4.096
  ARTIKEL   DBF          778    23 Dez 1992 10:10        ♦♦♦♦         4.096
  ARTIKEL   DBK          778    15 Dez 1992 14:53        ♦♦♦♦         4.096
  ARTIKEL   SIK          894    13 Mai 1992 17:33        ♦♦♦♦         4.096
  AUFTRAG   001          563     4 Jul 1992 21:04        ♦♦♦♦         4.096
  AUFTRAG   DBF          443    23 Dez 1992 10:26        ♦♦♦♦         4.096
  AUFTRAG   DBK          496    16 Dez 1992 15:56        ♦♦♦♦         4.096
  AUFTRAG   SIK          563     4 Jul 1992 21:04        ♦♦♦♦         4.096
  CAPT0001  LST        2.050    18 Nov 1992 12:35        ♦♦♦♦         4.096
  CAPT0001  SCR            0    18 Nov 1992 13:04        ♦♦♦♦         4.096

 Insgesamt  ◄markiert►          0  (    0 Dateien)                        0
 Insgesamt  ◄angezeigt►   283.373  (   61 Dateien)                  425.984

  Dateien:■.■                                    Sortiert nach:■ Name
 Betriebs C:\DBDATEN
   Anwählen: ↑↓     Datei markieren: ◄┘     Verzeichnisdiagramm: F9
```

Abb. 17: Die DOS-Shell des dBASE IV

Die Dateianzeige umfaßt neben dem im DOS üblichen Umfang auch die Dateiattribute und den effektiven Platzbedarf der Datei auf dem Datenträger. Dateien werden immer blockweise abgelegt. Ein solcher Block heißt Cluster oder Zuweisungseinheit. Wie groß ein Cluster ist, hängt vom Datenträger ab. Er kann 512, 1024, 2048, 4096 usw. Byte groß sein. Wenn der Cluster beispielsweise 2048 Byte groß ist, verbraucht auch die kleinste Datei mindestens diesen Betrag.

Die Funktion der in dBASE erstellten Dateien ist an der Erweiterung zu erkennen:

Erweiterung	Bedeutung
.DBF	Datenbankdatei
.DBT	Memo-Datei zur gleichnamigen Datenbankdatei
.MDX	Indexdatei für mehrere Indexe (multiple) zur Datenbankdatei gleichen Namens.
.DBK, .MBK, .TBK	Sicherungsdateien zur Datenbank-, Index- und Memodatei
.CAT	Katalogdateien. CATALOG.CAT ist der Hauptkatalog. XYZ.CAT ist der standardmäßig von dBASE eröffnete Katalog. Sie können ihn duch einen andern Namen ersetzen. (Menüpunkt *Katalog* im Regiezentrum)

Die DOS-Benutzeroberfläche des dBASE bietet eine Reihe interessanter Funktionen, die Ihnen gelegentlich nützlich sein können. Beachten Sie dazu die jeweils auf und unter der Statuszeile angezeigten Meldungen und Tastenfunktionen:

Menüpunkt Betriebssystem

Untermenü	Funktion
Systembefehl ausführen	Führt einen beliebigen DOS-Befehl aus.
Betriebssystem aufrufen	Eröffnet ein DOS-Fenster, ohne Ihre Arbeit in dBASE abzubrechen.
Neues St.-Laufw./Verz.	Wenn Sie das Nutzdatenverzeichnis wechseln wollen, wird es hier eingestellt.

Menüpunkt Dateien

Untermenü	Funktion
Laufw./Verzeichn. ändern	Hiermit können Sie sich ein anderes Verzeichnis anzeigen lassen.
Folg. Dateien anzeigen	Sie können eine Auswahl der Dateien treffen, z.B. nur Datenbankdateien: *.DBF

Menüpunkt Sortieren

Es sind verschiedene Sortierarten möglich. Sie können die Anzeige nach Name, Erweiterung, Zeit und Größe sortieren lassen.

Menüpunkt Markieren

Wenn Sie den Menüpunkt *Funktionen* nutzen wollen, müssen Sie vorher die Dateien markieren, auf die sich die Funktionen, z.B. Löschen, beziehen sollen. Eine Markierung wird links neben dem Dateinamen in Form eines Keils sichtbar.

Untermenü	Funktion
Alle Dateien	Markieren aller Dateien des angezeigten Verzeichnisses.
Markierungen aufheben	Alle Markierungen werden beseitigt.
Umkehren d. Markierung.	Alle nicht markierten Dateien erhalten Markierungen, von allen markierten wird sie entfernt.

Menüpunkt Funktionen

Untermenü	Funktion
Löschen	Löscht einzelne oder mehrere Dateien gleichzeitig
Kopieren	Kopiert Dateien in andere Verzeichnisse
Verlagern	Verlagert, d.h. kopiert und löscht Dateien gleichzeitig.

Umbenennen	Gibt Dateien einen anderen Namen oder eine andere Erweiterung.
Ansehen	Dateibetrachter ohne Editierfunktion. Wenn Sie wissen wollen, welche Bestandteile eine Datei besitzt, benutzen Sie diesen Punkt.
Bearbeiten	Editor des dBASE. Der Menüpunkt bietet Ihnen ein kleines Textverarbeitungsprogramm an. Wenden Sie diesen Menüpunkt nie bei dBASE-Dateien an. Damit können Sie die Struktur der Dateien so verändern, daß dBASE nicht mehr in der Lage ist, Ihre Datei zu lesen.

Beachten Sie: Auch hier wird eine Aktion mit den Tasten [Strg]+[W] oder [Strg]+[Ende] abgeschlossen.

Menüpunkt Ende

Damit kehren Sie zum Regiezentrum zurück und können Ihre Arbeit fortsetzen.

2.4 Datenabfrage

Funktionen zur Auswertung der Informationen von Datenbanken nehmen in Datenbanksystemen breiten Raum ein. Sie haben bisher nur grundlegende Funktionen der Informationsabfrage kennengelernt. Die **Abfrage** (Abfragebildschirm, Abfragetafel Sicht) gibt Ihnen verfeinerte Möglichkeiten, Ihre Daten in die gewünschte Ausgabeform zu bringen oder zu ändern. Daten können für die **Anzeige**, für den **Druck** oder für die **Speicherung** in neuen Dateien selektiert und neu angeordnet werden. Dabei können Sie sogar die Daten von mehreren Dateien miteinander verknüpfen. In der Sicht erscheinen sie wie aus einer Quelle.

Zwei Abfragetypen gibt es in dBASE: die Editierabfrage (Datei mit Erweiterung .QBE, query by example) und die Aktualisierungsabfrage (Datei mit Erweiterung .UPD, update). Die erste dient zum Anzeigen, Ändern, Filtern und Verknüpfen von Daten mehrerer Dateien. Die zweite dient dazu, in einem Vorgang mehrere Felder mit Daten zu füllen oder die Inhalte mehrerer Felder durch Daten aus anderen Dateien zu ersetzen.

Bevor nun für die Datei KUNDEN verschiedene Abfragedateien entstehen, ist es für weitere Übungen zweckmäßig, daß Sie die Dateistruktur um ein weiteres Feld ergänzen. Ein numerisches Feld namens BONUS soll den Prozentsatz aufnehmen, den der Kunde vom Jahresumsatz erhält.

- *Editieren Sie die Dateistruktur (im Regiezentrum [Umschalten]+[F2]).*
- *Positionieren Sie den Cursor auf das Feld UMSATZ, [Strg]+[N].*
- *Feldname: BONUS, Typ: Numerisch [N], Länge: 4, Dezimalstellen: 1.*
- *Die Befehlsfolge [Strg]+[Ende] und [J] speichert die neue Struktur, wobei die bisher erfaßten Daten erhalten bleiben.*

Die Felder werden später in einer der Aktualisierungsabfragen inhaltlich gefüllt.

Tastenfunktionen für die Abfrageerstellung:

Tasten	Funktionen
[F1]	Hilfetexte
[F2]	Sichtmodus (Datenanzeige) aktivieren. Die der Cursorpositon im Regiezentrum entsprechende Abfrage zur Datenanzeige aufrufen. Kann auch im Gestaltungsmodus verwendet werden.
[F3],[F4]	Cursor in den Sichtaufbau, zum Bedingungsfenster oder zum Dateiaufbau setzen bzw. zurücksetzen
[F5]	Feld aus dem Dateiaufbau in den Sichtaufbau einfügen bzw. zurückversetzen
[F6]	Felder im Sichtaufbau markieren
[F7]	Markierte Felder des Sichtaufbaus verlagern
[F8]	Im Sichtaufbau Felder Read-Only setzen bzw. auf Read-Write zurücksetzen.
[F9]	Felder im Dateiaufbau und Kalkulationsfelder zur bequemerer Bearbeitung zoomem
[F10]	Zeilenmenü, Untermenüs öffnen
[Pos1],[Ende]	Cursor an den Anfang bzw. das Ende der Zeile setzen
[Tab], [Umschalten]+[Tab]	Cursor in folgende bzw. vorhergehende Spalte setzen
[Umschalten]+[F1]	In Feldern des Dateiaufbau und Kalkulationsfeldern die Liste der Felder, Operatoren und Funktionen abrufen.

[Umschalten] + [F2]	Gestaltungsmodus aktivieren. Die der Cusorpositon im Regiezentrum entsprechende Abfrage gestalten, ändern. Kann auch im Sichtmodus verwendet werden.

2.4.1 Editierabfragen

Abfragen legen Sie im Regiezentrum an. Zunächst erstellen Sie eine einfache Editierabfrage. Schließen Sie die Datei KUNDEN durch zweimaliges [Return], wenn sie noch offen ist. Geschlossen ist sie, wenn sie in der *dB-Dateien*-Spalte unter dem Horizontalstrich steht. Sie können selbstverständlich auch bei geöffneter Bestandsdatei für diese eine Sicht eröffnen. Dann sieht das Eingangsbild der Abfrage etwas anders aus, und der Vorgang entspricht nicht mehr genau der nachstehenden Anweisungsfolge:

- *Stellen Sie den Cursor in der Spalte **Abfragen** auf < neu > und betätigen Sie [Return].*
- *Das **Layout**-Menü ist geöffnet, der Cursor steht in der richtigen Position **Hinzufügen einer Datei**.*
- *Nach Betätigung von [Return] öffnet sich eine zweite Box. Wählen Sie KUNDEN.DBF, [Return].*
  Der Abfragebildschirm mit dem Dateinamen und allen Feldern öffnet sich.
- *Beachten Sie die Hinweiszeile am unteren Bildrand, sie zeigt Ihnen die Funktionstasten an.*

2.4.1.1 Felder einfügen

Eine Sicht kann in der Auswahl und der Reihenfolge der Felder anders aufgebaut sein als die Bestandsdatei, obwohl sie deren Daten editiert. Fügen Sie nun Datenfelder in die Sicht ein:

- *Positionieren Sie den Cursor unter den Dateinamen. Mit der Taste [F5] werden alle Datenfelder in die Sicht eingefügt. Mit erneutem Betätigen von [F5] wird die Funktion wieder zurückgenommen.*
- *Zunächst sollen nur einige Felder aufgenommen werden. Plazieren Sie den Cursor mit [Tab] unter KNDNR. ([Umschalten]+[Tab] benutzen Sie, um den Cursor zurückzusetzen).*
- *[F5] fügt das Feld in die Sicht ein. In der Sicht wird das Feld durch seinen Namen und durch seine Quelle (Kunden) gekennzeichnet.*
- *Fügen Sie nacheinander die Felder FIRMA, ORT, UMSATZ in die Sicht ein.*
- *Mit [F2] rufen Sie den bereits bekannten Editierbildschirm auf. Er wird jetzt jedoch nur mit der Feldauswahl dargestellt.*
- *Mit der Tastenkombination [Alt]+[E] und **Abfrage aufrufen** gelangen Sie zum Abfragebildschirm zurück.*

- *Die Tastenkombination [Alt]+[E] speichert die Abfrage. Als Name können Sie auch hier den Begriff KUNDEN verwenden, da die Abfragen die
  Erweiterung .QBE erhalten.*

Abb. 18: *Gestaltungsmodus einer Abfrage mit einer Feldauswahl*

Begriffe:

Begriff	Bedeutung
Abfrage	Dateien mit den Erweiterungen .QBE und .QBO (Quellcode und Objektcode) die Struktur und Filterbedingungen für eine Sicht festlegen. In dem Gestaltungmodus für die Abfrage gelangen Sie jederzeit durch [Umschalten]+[F2].
Abfrageaufbau	(oder Abfragestruktur) Die im oberen Teil des Abfragebildschirms sichtbaren Feldleisten und die Kalkulationsfelder sowie die dort eingetragenen Filterbedingungen.
Sicht	Die Erscheinungsform, die eine oder mehrerer Dateien durch die Abfrage erhalten. Den Sichtbildschirm aktivieren Sie immer mit [F2].
Sichtaufbau	(Sichtstruktur) Die im unteren Bildteil mit *Sicht* bezeichnete Feldauswahl mit der Kennzeichnung der Dateizugehörigkeit (z.B. KUNDEN->FIRMA).

2.4.1.2 Felder umbenennen

In der Sicht dürfen Sie Feldnamen einen Ersatznamen zuordnen, der dann im Editierbildschirm angezeigt wird:

- *Im Regiezentrum wird eine Sicht mit [Umschalten]+[F2] geändert.*
- *Bewegen Sie den Cursor im Abfragebildschirm mit [F3] oder [F4] und evtl. [Tab] in das Sichtfeld Kunden->KNDNR*
- *Nach [Alt]+[F] und [Ä] für **Ändern des Feldnamens** können Sie einen Ersatznamen eingeben. Die Regeln dafür entsprechen den Regeln für Feldnamen. Tippen Sie: Kunden_Nr, [Return].*
- *Das Feld hat einen zusätzlichen Namen erhalten, prüfen Sie das Ergebnis mit [F2].*

*Das mit einem Ersatznamen versehene Feld trägt den R/O-Vermerk. Das bedeutet, Sie können beim Editieren **innerhalb der Sicht** den Feldinhalt nicht mehr ändern, bevor Sie den Ersatznamen wieder löschen.*

- *Speichern Sie die Sicht. Dazu müssen Sie zum Abfragebildschirm zurückkehren [Alt]+[E] und [A] für Abfrage aufrufen.*
- *Drücken Sie nochmal [Alt]+[E], dann [S].*

2.4.1.3 Felder umordnen

Die im Editierbildschirm gezeigten Spalten lassen sich umordnen. Nehmen Sie zur Übung weitere Felder in die Sicht auf:

- *Sie öffnen die Abfrage so: Im Regiezentrum Cursor auf Spalte **Abfragen** positionieren*
  Datei KUNDEN wählen und dann [Umschalten]+[F2] betätigen.
- *Wählen Sie zuerst das Feld EH, [F5], dann das Feld NOTIZ, [F5]. Beide Felder stehen nun am Ende der Sicht.*

Die beiden Felder sollen vor dem Feld UMSATZ stehen. Sie müssen nach links verschoben werden:

- *Mit [F4] und [Tab] wählen Sie Kunden->EH.*
- *[F6] markiert ein Feld.*
- *[Tab] markiert das zweite Feld.*
- *Mit Bestätigung durch [Return] ist die Markierung abgeschlossen.*
- *Mit [F7] und [Cursor-links] bzw. [Cursor-rechts] verlagern Sie die Felder vor das UMSATZ-Feld und schließen mit [Return] ab.*
- *Prüfen Sie das Ergebnis mit [F2].*
- *Speichern Sie die Sicht.*

2.4.1.4 Sätze herausfiltern

Sie können Datensätze zur Anzeige oder zum Drucken aus einer Datei herausfiltern.
Etwa alle Kunden aus Frankfurt/M. oder alle Kunden mit einem Umsatz über
200000 DM. Dabei bleibt die Datei unverändert. Hier bezieht sich die Filterfunktion
nur auf die Anzeige. Sie können eine oder mehrere Bedingungen verwenden, um die
gewünschten Datensätze zu gewinnen.

- *Während Ihrer Arbeit an einer Abfrage können Sie jederzeit die von
  Ihnen gerade geordneten Daten mit der Tastenkombination
  [Umschalten]+[F9] drucken oder als Vorschau am Bildschirm anzeigen.*
- *Im Druckmenü können bereits erstellte Druckformate verwendet werden.*

Einfache Filterbedingung

Um Sätze aus einer Datei zu filtern, müssen Sie wissen, welche Bedingungen gesetzt
werden können. Eine Filterbedingung besteht aus einem Operator und einem
Vergleichswert:

Erklärung	Vergleichsoperator	Vergleichswert
Beispiel:	>	100000
Bedeutung:	größer als	100000

In der Abfrage können Sie folgende Vergleichsoperatoren verwenden:

Vergleichsoperator	Bedeutung
=	gleich (= darf fehlen, d.h. =0 ist identisch mit 0)
< > oder #	ungleich
>	größer als
<	kleiner als
> =	größer als oder gleich
< =	kleiner als oder gleich
$	beinhaltet eine bestimmte Zeichenkette
like (mit *)	stimmt mit dem Anfang einer Zeichenkette überein
sounds like	klingt wie (phonetischer Vergleich)

Um ein Datum in einer Abfrage zu verwenden, müssen sogenannte **Begrenzer**
verwendet werden. Es ist notwendig, dem System anzuzeigen, daß es sich bei dem
eingegebenen Wert um ein Datum handelt. Andernfalls wertet dBASE die Eingabe
infolge der beiden Punkte als ungültigen Ausdruck. Auch Zeichendaten und logische
Werte brauchen Begrenzer. Numerische Werte dürfen nicht durch Begrenzer
eingeschlossen werden.

Datentyp	Begrenzer	Beispiele
Zeichen	" " oder ' '	"Kiel" oder 'Sport-Menzel'
Numerisch und Gleit	keiner	23416,50
Logisch	. .	.F. oder .T.
Datum	{ }	{31.12.92}

Beispiel:

Es sollen nur die Kunden ohne Umsatz angezeigt werden.

- *Öffnen Sie die Abfrage KUNDEN.*
- *Bewegen Sie den Cursor in das Umsatzfeld der Dateistrukturanzeige.*
- *Geben Sie ein =0 und betätigen Sie anschließend [F2].*

Beispiel:

Es soll ermittelt werden, welche Kunden bis zu einem bestimmten Datum besucht, danach aber kein Besuch eines Vertreters stattfand.

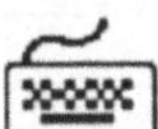

- *Mit [Alt]+[E] und Abfrage aufrufen gelangen Sie zur Abfrage zurück.*
- *Löschen Sie im Umsatzfeld die letzte Eintragung der Abfrage.*
- *Tragen Sie im Feld BESUCH beispielsweise ein:*
  < {20.11.92}
- *Mit Betätigung der Taste [F2] wird die Abfrage erstellt und die Daten werden angezeigt. [Alt]+[E] und Speichern und beenden (oder [strg]+[End]) speichert die Abfrage.*

Beispiel:

Ermitteln Sie alle Kunden in Frankfurt/M. (PLZ 6000):

- *Rufen Sie die Abfrage erneut auf.*
- *Löschen Sie alle anderen Einträge.*
- *Tragen Sie im Feld PLZ ein:*
  "6000"
  und betätigen Sie [F2].

Beispiel:

Welche Kunden sind im PLZ-Bereich 6 vorhanden?

- *Rufen Sie die Abfrage erneut auf.*
- *Ändern Sie den Eintrag im PLZ-Feld ab in:*

LIKE"6*"
Betätigen Sie [F2].

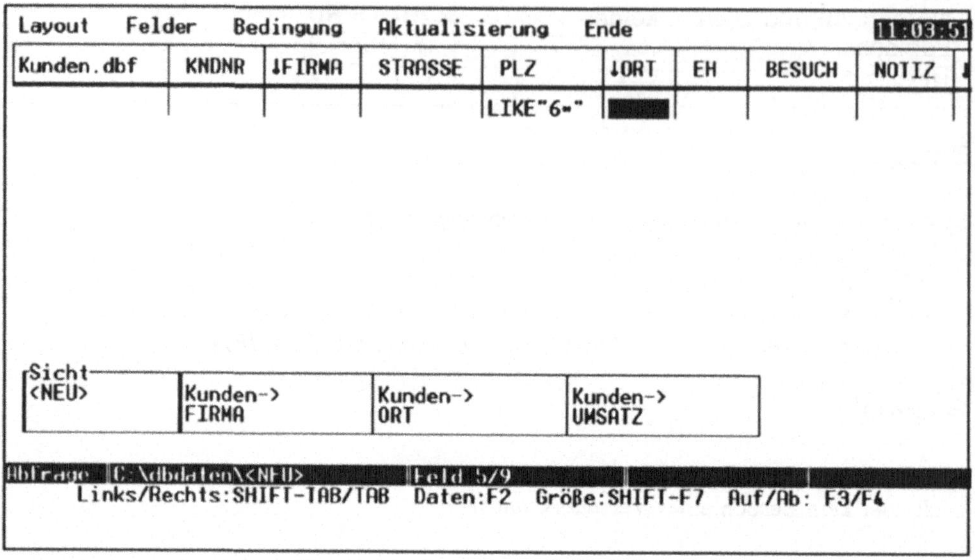

<pre>
Layout   Felder   Bedingung   Aktualisierung   Ende   11:03:51

Kunden.dbf │ KNDNR │ ↓FIRMA │ STRASSE │ PLZ   │ ↓ORT │ EH │ BESUCH │ NOTIZ │
           │   │   │   │LIKE"6-" │ ███ │   │   │   │

┌Sicht───┐
│<NEU>   │ Kunden->   │ Kunden->   │ Kunden->   │
│   │ FIRMA   │ ORT   │ UMSATZ   │
└───────────────┴─────────────┴─────────────┴───────────────────────┘

Abfrage C:\dbdaten\<NEU>   Feld 5/9
        Links/Rechts:SHIFT-TAB/TAB   Daten:F2   Größe:SHIFT-F7   Auf/Ab: F3/F4
</pre>

Abb. 19: Abfrage mit LIKE-Operator

Beispiel:

Selektieren Sie alle Kunden, die in der Firma das Wort *Sport* führen:

- *Rufen Sie die Abfrage erneut auf.*
- *Löschen Sie bisherige Einträge.*
- *Tragen Sie im Feld FIRMA ein:*
  $"Sport"
  oder
  $"port"
  Im letzten Fall werden auch Firmen gezeigt, die beispielsweise das Wort
  Transport im Namen tragen.

Sehr reizvoll und nützlich ist der phonetische Vergleichsoperator. Er läßt zu, daß ähnlich klingende Begriffe gefunden werden und gleicht orthografische Fehler aus. Nehmen Sie an, Sie suchen eine Firma in einer Stadt namens Musbach, Miesbach oder Maisbach! Der genaue Name (Mosbach) fällt Ihnen nicht ein. Probieren Sie es mit "msbach".

- *Löschen Sie alle Einträge der Abfrage.*
- *Eintragung im Feld ORT: SOUNDS LIKE "msbach". Betätigen Sie [F2].*

> *Auf diese Weise können sogar mundsprachlich formulierte Begriffe gefunden werden, z.B. finden Sie mit SOUNDS LIKE "monem" Firmen in Mannheim.*

Beispiel:

Es sollen alle Firmen ausgegeben werden, die **nicht** Einzelhändler sind.

- *Löschen Sie alle Einträge der Abfrage.*
- *Tragen Sie im Feld EH ein: .F. (logischer Wert für false, d.h. falsch) und drücken Sie [F2].*
- *Die Umkehrung erreichen Sie mit:.T. (true, d.h. wahr) oder .NOT. .F.*

Zusammengesetzte Filterbedingung

Um Datensätze mit den gewünschten Kriterien durch eine Abfrage zu ermitteln, können Sie auch mehrere Bedingungen verknüpfen. Nehmen Sie das folgende Abfrageproblem: Sie möchten alle Firmen aus Postleitzahlgebiet 7 und 8 ermitteln, die bereits Umsatz gemacht haben. In diesem Fall sind 4 Bedingungen einzutragen:

- *Öffnen Sie eine Abfrage für die Kundendatei. Setzen Sie im Regiezentrum den Cursor in Spalte **Abfragen** auf <neu> und betätigen Sie [Umschalten]+[F2] oder [Return].*
- *Tragen Sie im Feld PLZ LIKE"7*" ein und betätigen Sie [Cursor-ab].*
- *In demselben Feld unter dem gerade gemachten Eintrag fügen Sie LIKE"8*" ein. Beide Bedingungen stehen nun untereinander. Damit haben Sie zwischen diesen Filterbedingungen eine ODER-Verknüpfung hergestellt.*
- *Im Feld UMSATZ tragen Sie auf die gleiche Weise zweimal die Bedingung >0 (größer Null) untereinander ein. Nun haben Sie zwischen den Bedingungen Like"7*" und >0 sowie zwischen Like"8*" und >0 UND-Verknüpfungen gebildet.*
- *Betätigen Sie [F2].*

Folgende Beziehungen bestehen zwischen den Bedingungen:

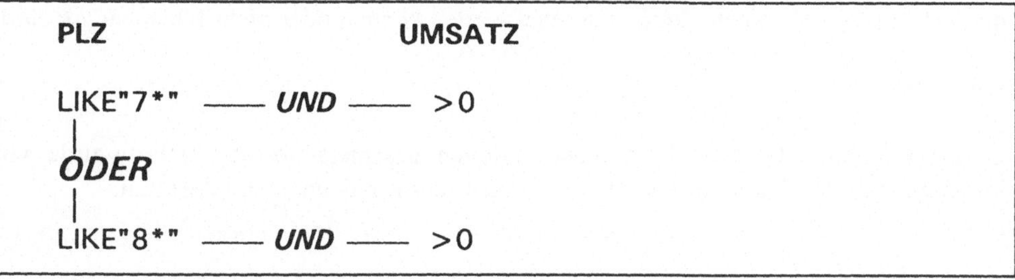

Layout Felder Bedingung Aktualisierung Ende								11:14:11
Kunden.dbf	↓FIRMA	STRASSE	PLZ	↓ORT	EH	BESUCH	NOTIZ	↓UMSATZ
	████		LIKE"7-" LIKE"8-"					>0 >0

```
┌Sicht─────────────────────────────────────────────────
│<NEU>          Kunden->        Kunden->        Kunden->
│               FIRMA           ORT             UMSATZ
```

Abfrage C:\dbdaten\<NEU>   Feld 2/9   Ins
Links/Rechts:SHIFT-TAB/TAB   Daten:F2   Größe:SHIFT-F7   Auf/Ab: F3/F4

Abb. 20: UND- und ODER-verknüpfte Bedingungen in der Abfrage

Das nächste Beispiel zeigt, daß im selben Feld UND-Verknüpfungen nebeneinander stehen dürfen. Angenommen, Sie wollen alle Kunden herausfiltern, die über 100000 DM, aber unter 200000 DM Umsatz getätigt haben.

Tragen Sie im Umsatzfeld ein:
> =100000, <200000

- Zwischen nebeneinander angeordneten Bedingungen besteht eine **UND**-Verknüpfung, zwischen **untereinander** angeordneten Bedingungen eine **ODER**-Verknüpfung.
- Stehen Bedingungen im selben Feld nebeneinander, muß ein Komma sie trennen.

Zusätzliche Bedingungen

Sie können besondere Bedingungen für die Suche bestimmter Datensätze verwenden, die nicht in den Abfragefeldern eingesetzt werden können oder nicht feldabhängig sind.

Beispiel:

Einem Kunden sollen die Einkaufskonditionen geschickt werden. Dies wurde von Ihnen zwar in der Datei notiert, Sie haben aber den Kundennamen vergessen.

- *Löschen Sie alle Einträge der Abfrage oder erstellen Sie eine neue.*
- *Mit [Alt]+[B] öffnen Sie das Menü **Bedingung**.*
- *Wählen Sie mit [E] **Eintragen der Bedingungen**.*
- *Das Bedingungsfenster öffnet sich. Tragen Sie ein:*
  "konditionen"$NOTIZ
  *Das bedeutet: Suche das Wort bzw. die Zeichenkette **konditionen** im Memofeld NOTIZ aller Sätze.*
- *Betätigen Sie [F2].*

Um längere bzw. zusammengesetzte Bedingungen einzutragen, können Sie mit [F9] in den Zoom-Modus gehen.

```
Layout   Felder   Bedingung   Aktualisierung   Ende              11:18:18
Kunden.dbf   KNDNR  ↓FIRMA  STRASSE  PLZ  ↓ORT  EH  BESUCH  NOTIZ  ↓UMSA








                                                ┌Bedingungen─────────────
                                                │"kondition"$NOTIZ
                                                │
                                                └─────────────────────────
┌Sicht──────────────────────────────────────────────────────────
│<NEU>          Kunden->        Kunden->        Kunden->
│               FIRMA           ORT             UMSATZ
```

Abb. 21: Bedingungfeld

Beispiel:

Tragen Sie ins Bedingungsfeld ein: **.NOT. DELETED()**. Auf diese Weise werden nur Datensätze ohne Löschmarke angezeigt. Die Funktion DELETED() erkennt gelöschte Datensätze.

2.4.1.5 Sätze sortieren

Sortierbedingungen setzen

Sie können in einer Editierabfrage Sortierbedingungen einfügen, die dazu führen, daß die Datei sortiert dargestellt wird. Das Einfügen der Sortierbedingungen erfolgt sehr einfach über das Felder-Menü:

- *In der Abfrage setzen Sie den Cursor auf das zu sortierende Feld und drücken [Alt]+[F] für Menüpunkt **Felder**.*
- *Sie wählen [S] **Sortieren nach diesem Feld**.*
- *Wählen Sie nun eine **Sortierart** mit [Cursor-ab] und [Return].*

In den folgenden Beispielen wird die alternative Vorgehensweise, das Eintragen von Hand, durchgeführt.

Bedingung	Sortierfolge
Asc	Aufsteigend
Dsc	Absteigend
AscDict	Aufsteigend nach Wörterbuch
DscDict	Absteigend nach Wörterbuch

Die Bedingungen **Asc** und **AscDict** unterscheiden sich vor allem dadurch, daß im ersten Falle wie im ASCII-Code Großbuchstaben vor Kleinbuchstaben sortiert werden. Die Bedingung AscDict dagegen macht keinen Unterschied zwischen Groß- und Kleinschreibung. Entsprechendes gilt für Dsc und DscDict.

- *Rufen Sie mit [Umschalten]+[F2] die Abfrage auf.*
- *Löschen Sie alle Filterbedingungen aus den Feldern.*
- *Tragen Sie im Feld FIRMA ein: **AscDict** und Betätigen Sie die Taste [F2].*

```
 Layout    Felder    Bedingung    Aktualisierung    Ende              11:21:51
╔═════════╤════════╤════════╤══════════╤═════╤═════╤════╤═════════╤═══════╤═════╗
║Kunden.dbf│ KNDNR │↓FIRMA │ STRASSE  │ PLZ │↓ORT│ EH │ BESUCH  │ NOTIZ │↓UMS ║
║          │       │AscDict│██████████│     │    │    │         │       │     ║
║          │       │       │          │     │    │    │         │       │     ║
║                                                                              ║
║ ┌Sicht──────────────────────────────────────────────────────────┐           ║
║ │<NEU>          Kunden->        Kunden->        Kunden->          │           ║
║ │               FIRMA           ORT             UMSATZ            │           ║
║ └────────────────────────────────────────────────────────────────┘           ║
╚══════════════════════════════════════════════════════════════════════════════╝
 Abfrage  C:\dbdaten\<NEU>            Feld 3/9                              Ins
   Links/Rechts:SHIFT-TAB/TAB  Daten:F2  Größe:SHIFT-F7  Auf/Ab: F3/F4
```

Abb. 22: Abfrage mit Sortierbedingung

Falls Sie die Datensätze mit den größten Umsätzen nach vorne sortieren wollen:

- *Löschen Sie die Bedingung im Feld FIRMA.*
- *Tragen Sie im Abfragefeld UMSATZ ein:*
  Dsc
- *Betätigen Sie die Taste [F2].*

Häufig ist mehr als ein Sortierkriterium zu beachten. Falls Sie Ihre Kundensätze nach Postleitzahlen sortieren, sollten sie innerhalb der Orte nach Firmen geordnet sein. Das heißt, Sie haben einen vorrangigen Primärschlüssel: PLZ, und einen Sekundärschlüssel: FIRMA. Gehen Sie so vor:

- *Löschen Sie alle Filterbedingungen.*
- *Tragen Sie im Feld PLZ ein:*
  Asc1
- *Tragen Sie im Feld FIRMA ein:*
  AscDict2
- *Betätigen Sie die Taste [F2].*

Die Ziffer 1 weist auf den Primärschlüssel hin, für nachrangige Schlüssel müssen die Ziffern 2, 3 usw. eingetragen werden.

```
 Layout    Felder    Bedingung    Aktualisierung    Ende              11:24:02

 Kunden.dbf   KNDNR  ↓FIRMA    STRASSE   PLZ  ↓ORT   EH   BESUCH   NOTIZ  ↓UM

                     AscDict2             Asc1  ████


















  ┌Sicht─────────────────────────────────────────────────────────
  │<NEU>          Kunden->         Kunden->        Kunden->
  │               FIRMA            ORT             UMSATZ


 Abfrage  C:\dbdaten\<NEU>        Feld 5/9                              Ins
     Links/Rechts:SHIFT-TAB/TAB   Daten:F2   Größe:SHIFT-F7   Auf/Ab: F3/F4
```

Abb. 23: Abfrage mit mehreren Sortierkriterien.

Indexe einbeziehen

Wie in Abschnitt 2.3.12 bereits ausgeführt, ist es meist vorteilhafter, mit Indexen zu arbeiten. In eine Abfrage lassen sich Indexe einbeziehen. Alle Indexe der zu einer DBF-Datei gehörenden MDX-Datei werden in die Abfrage aufgenommen, wenn Sie im Menü *Felder* der Abfrage den Punkt *Indexe einbeziehen* auf *Ja* setzen.

- *Aktivieren Sie die Abfrage mit [Umschalten] + [F2].*
- *Drücken Sie [Alt] + [F], um das Menü **Felder** zu öffnen.*
- *Setzen Sie den Punkt **Indexe einbeziehen** mit [Return] auf Ja.*

Alle Indexe erscheinen nun durch einen stilisierten Pfeil (in dBASE IV 1.1 durch das Nummerzeichen) in Sortierrichtung gekennzeichnet in der Abfragefeldleiste. Am Ende der Abfrageleiste stehen die bedingten und die zusammengesetzten Indexe. Alle Indexfelder können nun wie andere Felder mit [F5] in die Sicht aufgenommen werden.

Um die Sortierung über einen Index durchzuführen, verwenden Sie wieder das Felder-Menü. Sortieren Sie nach einem Index, mit der Postleitzahl als Primärschlüssel und der Firma als Sekundärschlüssel. Sie müssen diesen Index zuerst aufbauen:

- *Wählen Sie im Regiezentrum die dB-Datei KUNDEN (nicht die Abfrage) und betätigen Sie [F2].*
- *Legen Sie im Menü **Verwaltung** folgenden Index an:*
  Indexname: **PLZ_FIRM**
  Ausdruck: **LOWER(PLZ + FIRMA)**
  Bedingung, Ausdruck, Sortierfolge usw. lassen Sie unverändert.
  Bestätigen Sie mit [Strg] + [Ende] und kehren zum Regiezentrum zurück.
- *Öffnen Sie nun eine neue Abfrage für die Datei KUNDEN.DBF.*
- *Beziehen Sie die Indexe mit ein (**Menü Felder**).*
- *Stellen Sie den Cursor ins Abfragefeld PLZ_FIRM und öffnen Sie wieder das Menü **Felder**.*
- *Wählen Sie dort **Sortieren nach diesem Feld** und dort **Aufsteigend**.*
- *Mit Betätigung von [F2] erhalten Sie das gewünschte Ergebnis.*

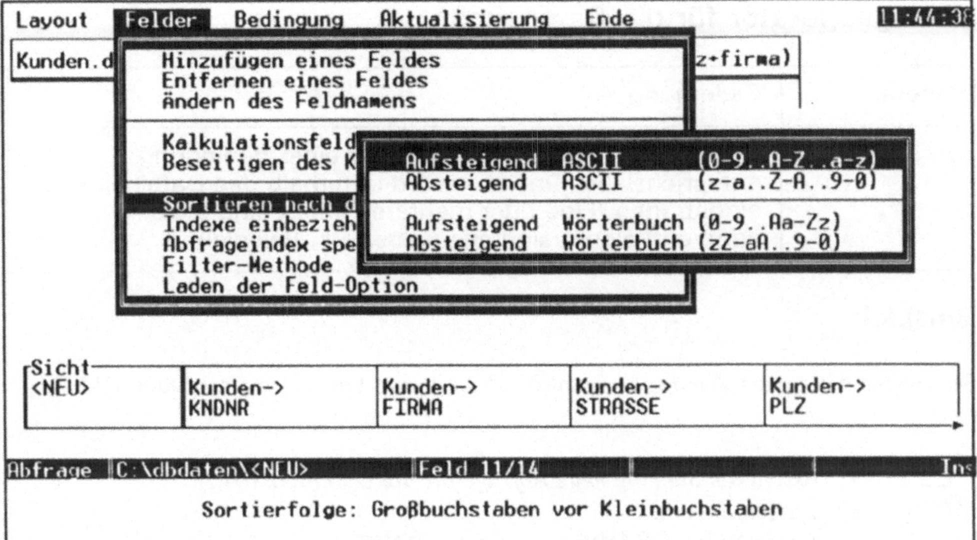

Abb. 24: Abfrage mit einbezogegenen Indexen

Sie können sich in einer Sicht den Aufbau von Indexfeldern ansehen, wenn Sie das entsprechende Abfragefeld mit [F5] in die Sicht einfügen und [F2] betätigen.

2.4.1.6 Sätze suchen

Sie können in einer Sicht gezielt suchen, um sich zu informieren oder um Daten zu ändern. Dafür eignet sich ein QBE-Operator (Abfrageoperator) besonders, der Operator FIND. Weitere Abfrageoperatoren werden später behandelt.

Abfrageoperator für die Datensuche

Operator	Bedeutung
FIND	Sucht den ersten Datensatz , der einer Bedingung entspricht. Der Operator wird unterhalb des Dateinamens eingetragen. Eine oder mehrere Filterbedingungen in anderen Feldern sind anzugeben (s. Beispiel).

Beispiel:

Sie suchen den ersten Kunden in Frankfurt/M., dessen Umsatz unter 100000 DM liegt:

- *Aktivieren Sie eine neue Abfrage für die Datei KUNDEN.*
- *Tragen Sie ein:*
  Unter KUNDEN.DBF den Operator **FIND**,
  unter PLZ den Wert **"6000"** *oder* **="6000"**, *unter UMSATZ den Ausdruck* **ASC, <100000**.
- *Speichern Sie die Abfrage unter KUNDSUCH.*
- *Betätigen Sie [F2].*

Die Datei wird nach dem Umsatz aufsteigend sortiert und der Cursor auf den ersten Kunden in dieser Liste gesetzt, der weniger als 100.000 DM mit uns umgesetzt hat.

2.4.1.7 Kalkulationsfelder einrichten

Kalkulationsfelder benötigen Sie immer dann, wenn Sie aus den vorhandenen Daten weitere Daten berechnen wollen. Sie wollen zum Beispiel wissen, welche Kunden wie lange schon nicht mehr besucht wurden. Hier ist nach der Anzahl der Tage gefragt, die seit dem Besuchsdatum bis heute vergangen sind.

- *Mit [Alt]+[F] gelangen Sie in das Feldermenü.*
- *Dort wählen Sie [K]* **Kalkulationsfeld einrichten.**
- *Der Cursor bleibt im jetzt sichtbaren Kalkulationsfeld stehen.*
- *Tragen Sie folgenden Ausdruck ein:*
  DATE()-BESUCH.
  Die DATE()-Funktion liefert das aktuelle Tagesdatum. Hiervon wird das letzte Besuchsdatum abgezogen (- = Minus).

Sie finden alle Funktionen und mathematischen Operatoren, wenn Sie im Kalkulationsfeld [Umschalten]+[F1] betätigen.

- *Fügen Sie das Feld in die Abfrage mit [F5] ein und beantworten die Frage nach dem Feldnamen mit:* **TAGE.** *Der Name erscheint über dem Kalkulationsfeld.*

• *Nach Betätigung von [F2] können Sie die Anzahl der vergangenen Tage ablesen.*

Sie können nun zusätzlich nach der Anzahl der Tage sortieren oder selektieren.

Beispiel:

• *[Umschalten] + [F2] führt zur Abfrage zurück.*
• *Unter das Feld* **TAGE** *tragen Sie ein:* **Dsc.**
• *Alle anderen Filterbedingungen sind zu löschen.*
• *Betätigen Sie die Taste [F2].*

Jetzt stehen die Kunden vorne, die bald wieder besucht werden müssen.

Beispiel:

Sie können im Anschluß an diesen Abschnitt in der Datei KUNDEN das Feld BONUS einrichten und mit der Aktualisierungsabfrage mit Inhalt füllen. Dadurch ist es Ihnen möglich mit dem Bonussatz aus diesem Feld und dem Feld UMSATZ den Jahresbonus zu berechnen, den Sie dem jeweiligen Kunden überweisen müssen. Die Formel dazu lautet: **UMSATZ/100*BONUS**.

```
 Layout   Felder   Bedingung   Aktualisierung   Ende                    11:57:58

 Kunden.dbf    KNDNR  ↓FIRMA   STRASSE   PLZ   ORT   EH   BESUCH   NOTIZ   BONU
 ▐▀▀▀▀▀▀▀▀▀▀▌
               ┌BONUS_DM=────────┐
 Kalk'Feld     │↓umsatz/100*bonus│
               └─────────────────┘




 ┌Sicht───┐    ┌──────────┐   ┌──────────┐   ┌BONUS_DM=────────┐
 │<NEU>   │    │Kunden->  │   │Kunden->  │   │Kalk'Feld->      │
 │        │    │FIRMA     │   │UMSATZ    │   │umsatz/100*bonu  │
 └────────┘    └──────────┘   └──────────┘   └R/O──────────────┘
 Abfrage  C:\dbdaten\<NEU>          Datei 1/2                            Ins
     Feld weiter: TAB    Entf/Einfg alle Felder: F5   Zoom: F9   Auf/Ab: F3/F4
```

Abb. 25: Abfrage mit Kalkulationsfeld

Die in Kalkulationsfeldern einsetzbaren Operatoren finden Sie, wenn Sie in einem Abfragefeld die Tasten [Umschalten] + [F1] betätigen.

Arithmetische Operatoren:

Operator	Bedeutung
+	Addition
-	Subtraktion
*	Multiplikation
/	Division
**	Potenzierung

Der Einsatz der Funktionen von dBASE IV ist in vielen Fällen sehr nützlich. Deshalb hier eine Auswahl der für die Kalkulationsfelder wichtigsten Funktionen. In die Funktionsklammer müssen Sie das sog. Argument eintragen. Das kann ein Feldname oder ein Ausdruck sein, der sich auf ein oder mehrere Felder bezieht:

Funktionen:

Funktion	Bedeutung
ABS()	Absolutwert. Negative Werte werden auch positiv angezeigt.
CEILING()	Aufgerundete Ganzzahl, nächsthöhere Ganzzahl.
DATE()	Systemdatum. Das aktuell eingestellte Datum wird angezeigt. Kein Argument angeben!
DELETED()	Ist ein Satz gelöscht, zeigt die Funktion .T., andernfalls .F. . Kein Argument angeben!
DOW()	Wochentag zum Datum in Zahlen von 1 - 7 (Sonntag ist 1, Montag 2 usw.).
FLOOR()	Abgerundete Ganzzahl, nächstniedrigere Ganzzahl.
INT()	Ganzzahl
LOWER()	Argument wird in Kleinbuchstaben umgewandelt.

ROUND(Wert1,Wert2)	Kaufmännisch gerundete Ganzzahl. Das Argument besteht aus zwei numerischen Werten. Der erste Wert ist der zu rundende Wert. Der zweite gibt an, auf wieviel Stellen gerundet werden soll. Ist er positiv, werden Nachkommastellen gerundet. Ist er negativ, wird schon vor dem Komma gerundet.
UPPER()	Argument wird in Großbuchstaben umgewandelt.
SQRT()	Quadratwurzel aus dem Argument
TIME()	Systemzeit. Die aktuell eingestellte Tageszeit wird angezeigt. Kein Argument angeben!

Beispiel:

Zu der im kaufmännischen Alltag wichtigen Funktion ROUND() hier noch zwei Beispiele. Der Umsatz soll gerundet werden

```
ROUND(UMSATZ,0)
ROUND(UMSATZ,-3)
```

- *Vergessen Sie nicht: Das Kalkulationsfeld muß mit [F5] in die Abfrageschablone übertragen werden. Andernfalls werden Werte nicht angezeigt.*

2.4.2 Zusammenfassende Abfragen

Wenn Sie Durchschnittsberechnungen, Spaltensummen, Maximal-, Minimalwerte und ähnliche statistische Aussagen ermitteln wollen, benötigen Sie dazu sogenannte **QBE-Operatoren.**

Statistische Abfragen

Die Summe der mit den Kunden getätigten Umsätzen sollen ermittelt werden:

- *Aktivieren Sie eine Abfrage für die Datei KUNDEN.*
- *Setzen Sie den Cursor unter das Feld UMSATZ.*
- *Betätigen Sie die Taste [Umschalten].*
- *Wählen Sie in der Liste QBE-Operatoren mit [Cursor-ab] den Operator SUM aus, [Return].*
- *Betätigen Sie die Taste [F2].*

Die Umsatzspalte zeigt nun nur den summierten Umsatz.

Abfrageoperatoren für statistische Sichten:

Operator	Bedeutung
AVERAGE oder (AVG)	Stellt den Mittelwert für ein Feld aus allen Datensätzen fest
COUNT oder (CNT)	Ermittelt die Anzahl zutreffender Datensätze
MAX	Maximalwert aus allen betroffenen Feldern
MIN	Analog MAX, jedoch für den kleinsten Wert
SUM	Summiert die entsprechenden Felder der ausgewählten Datensätze

Beispiel:

Es soll ermittelt werden, wie viele Kunden Sie haben.

- *Tragen Sie dazu ins Feld KNDNR den Operator*
  CNT
  (oder COUNT) ein und betätigen Sie [F1].

Sie können statistische Operationen auch **von Bedingungen abhängig** machen. Angenommen Sie wollen nur Ihre Kunden in Frankfurt/M. zahlenmäßig erfassen.

- *Aktivieren Sie eine neue Abfrage.*
- *Tragen Sie unter PLZ ein:*
  "6000",CNT
- *Betätigen Sie die Taste [F2].*

Gruppierung in statistischen Abfragen

Oft ist es zweckmäßig, Datenfelder zu Gruppen zusammenzufassen. Nehmen Sie an, Sie möchten erfahren, welche Umsätze in den einzelnen Orten gemacht wurden. Dazu verwenden Sie den **Group-By-Operator:**

- *Aktivieren Sie eine neue Abfrage.*
- *Nehmen Sie nur die Felder ORT und UMSATZ in die Abfragefeldliste auf (Taste [F5]).*
- *Tragen Sie im Feld ORT ein:*
  GROUP BY
  Im Feld UMSATZ:

SUM

- *Betätigen Sie die Taste [F2].*

```
Layout   Felder   Bedingung   Aktualisierung   Ende                    12:04:2
Kunden.dbf │ STRASSE │ PLZ │↓ORT    │ EH │ BESUCH │ NOTIZ │ BONUS │↓UMSATZ
           │██████████│     │group by│    │        │       │       │ sum




 ┌Sicht─────────────────────────────────────────────┐
 │ORTUMS          │Kunden->        │Kunden->         │
 │                │ORT             │UMSATZ           │
 └────────────────┴────────────────┴─────────────────┘

 Abfrage  C:\dbdaten\ORTUMS          Feld 3/10                            In:
        Links/Rechts:SHIFT-TAB/TAB   Daten:F2   Größe:SHIFT-F7   Auf/Ab: F3/F4
```

Abb. 26: Abfrage mit Gruppensummen bezogen auf den Ort und zwei Sichtfeldern

Abfrageoperatoren für Datensatzgruppen:

Operator	Bedeutung
GROUP BY	Faßt Datensätze für eine Auswertung aufgrund übereinstimmender Werte in einem Feld zusammen. Der Operator steht in einem Feld.
UNIQUE	Datensätze mit identischen Werten im entsprechenden Feld werden bei der Auswertung ausgeblendet. Der Operator wird als Zusatz zu einem mathematischen/ statistischen Operator in ein Feld eingetragen.

Beispiele:

Sie möchten wissen, in wie vielen Städten Sie Kunden haben:

- *Tragen Sie ausschließlich in das Feld PLZ ein:*
  CNT UNIQUE
  Die beiden Operatoren dürfen Sie nicht durch Komma trennen, sondern durch eine Leerstelle.
- *Betätigen Sie die Taste [F2].*

Sie wollen erfahren, an wie vielen verschiedenen Tagen Kunden besucht wurden:

- *Tragen Sie ausschließlich in das Feld BESUCH ein:*
  CNT UNIQUE
- *Betätigen Sie die Taste [F2].*

Man kann UNIQUE als einen Operator bezeichnen, der auf die Verschiedenheit von Datensätzen in einem Feld abhebt. Er siebt in einem Feld indentische Sätze aus und tut so, als gäbe es nur einen Satz dieser Art.

2.4.3 Aktualisierungsabfrage

Aktualisierungabfragen dienen dazu, Feldinhalte durch aktuelle Werte zu ersetzen. Das empfiehlt sich besonders, wenn die Feldinhalte vieler Datensätze gleichzeitig geändert werden sollen. Die gespeicherte Aktualisierungsabfrage wird im Regiezentrum durch ein führendes Sternchen vor dem Dateinamen, z.B. ***KUNDEN**, kenntlich gemacht.

2.4.3.1 Feldinhalte ersetzen

Sie erinnern sich: Das Feld BONUS wurde noch nicht inhaltlich gefüllt, d.h., Daten für die Bonusfelder wurden bisher nicht erfaßt. Sie können mit Hilfe einer Aktualisierungsabfrage Felder mit Inhalt füllen oder den Inhalt ändern. Daten müssen nicht wie bisher einzeln erfaßt werden. Das ist sehr praktisch, weil auf diese Weise nicht nur ein Feld, sondern alle oder mehrere Felder in einem Vorgang andere Feldinhalte erhalten.

Alle Sätze aktualisieren

Beispiel:

Alle Kunden sollen zunächst den gleichen Jahresbonus, nämlich 1,5% vom Umsatz, erhalten. Das Ersetzen aller Inhalte der Bonusfelder der Datei durch den gleichen Wert ist ein unbedingtes Aktualisieren, d.h., die Aktualisierung ist nicht von einer Bedingung abhängig. Schließen Sie zuerst alle Dateien und bauen Sie die Aktualisierungsabfrage auf:

- *Falls noch nicht geschehen, fügen Sie in der Datei KUNDEN in der Dateistruktur [Umschalten]+[F2] ein numerisches Feld mit 4 Stellen und einer Dezimalstelle ein. Der Feldname ist BONUS- Das Feld soll die Bonusprozentsätze aufnehmen.*
- *Speichern Sie die veränderte Datei mit [Strg]+[Ende].*
- *Stellen Sie nun im Regiezentrum den Cursor in der Spalte **Abfragen** auf <neu>, [Return].*
- *Menü **Layout**, Punkt **Hinzufügen einer Datei**, [Return], Cusor auf KUNDEN.DBF, [Return].*

- *[Alt]+[A] aktiviert das Aktualisierungsmenü, wählen Sie das Untermenü* **Wahl der Aktualisierungsart.**

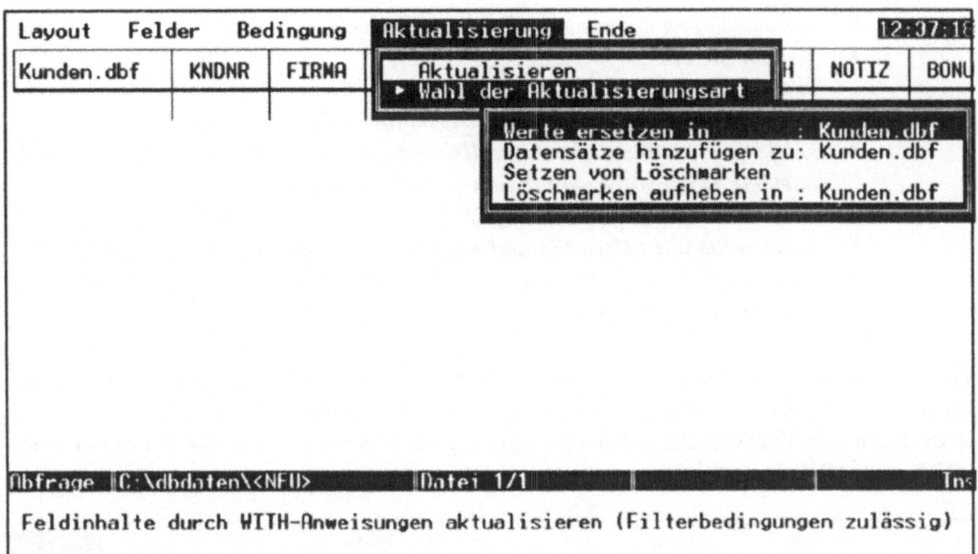

Abb. 27: Das Aktualisierungsuntermenü

Im Aktualisierungsuntermenü haben Sie vier Wahlmöglichkeiten:

Aktualisierungsart	Bedeutung
Werte ersetzen	Datenfeldinhalte in allen Datensätze erhalten einen bestimmten Wert, oder abhängig von Bedingungen werden nur die Felder entsprechender Datensätze geändert.
Datensätze hinzufügen	Datensätze werden an die Datei hinzugefügt.
Setzen von Löschmarken	Löschmarken werden an allen Datensätzen oder abhängig von Bedingungen nur an zutreffenden Datensätzen angebracht.
Löschmarken aufheben	Löschmarken werden an allen Datensätzen oder abhängig von Bedingungen nur an zutreffenden Datensätzen entfernt.

- *Wählen Sie **Werte ersetzen in**, [Return].*
- *Die **Zieldatei** ist **Kunden.dbf**, darunter steht nun **Replace**, das bedeutet "ersetze".*
- *Setzen Sie den Cursor mit [Tab] auf **BONUS**.*
- *Tragen Sie ein*
  with 1.5
  (kein Dezimalkomma, sondern Dezimalpunkt!).
- *[Alt]+[A], wählen Sie **Aktualisieren**. Sie erhalten jetzt die Nachricht wieviele Datensätze aktualisiert (ersetzt) wurden.*
- *Prüfen Sie das Ergebnis mit [F2].*
- *Kehren Sie mit [Alt]+[E] und **Abfrage aufrufen** zur Abfrage zurück.*
- *Speichern Sie die Abfrage mit [Alt]+[E] und **Speichern und beenden** oder [Strg]+[Ende]*

Das System hat die Aktualisierungsabfrage mit einem führenden Sternchen (*) versehen, d.h. die Aktualisierungsabfrage unterscheidet sich nicht durch den Namen, sondern durch den Typ von der Editierabfrage. Das drückt sich in den Dateierweiterungen .QBE und .UPD aus.

```
 Layout    Felder    Bedingung    Aktualisierung    Ende              12:41:44
┌Ziel──────────────────────────────────────────────────────────────────────
│Kunden.dbf  │ STRASSE │ PLZ │ ORT │ EH │ BESUCH  │ NOTIZ │ BONUS   │ UMSATZ
                      ◄
 Replace     │        │     │     │    │ ████████ │       │ with 3.5│ >200000








 Abfrage  |C:\dbdaten\<NEU>            Feld  7/10                          Ins
           Links/Rechts:SHIFT-TAB/TAB   Daten:F2   Größe:SHIFT-F7   Auf/Ab: F3/F4
```

Abb. 28: Aktualierungsabfrage

Gefilterte Sätze aktualisieren

Sie haben im vorangegangenen Abschnitt alle Kundensätze mit dem gleichen Bonussatz versehen. Realistischer ist die Annahme, daß Ihr Betrieb eine Bonusstaffel nach dem Jahresumsatz hat.

Beispiel:

Umsatz DM	Bonussatz %
bis 100000 über 100000 bis 200000 über 200000	1,5 2,5 3,5

Nur Kundensätze, die einer bestimmten Bedingung entsprechen, dürfen geändert, d.h. mit einem bestimmten Bonussatz versehen werden. Ändern Sie nun die Bonussätze gemäß der vorgegebenen Bonusstaffel:

- *Aktivieren Sie die Aktualisierungsabfrage KUNDEN mit [Umschalten]+[F2]*
- *Tragen Sie im BONUS-Feld ein:*
  with 2.5
  Tragen Sie im UMSATZ-Feld ein:
  >100000
- *Betätigen Sie [Alt]+[A] und wählen Sie Aktualisieren*
- *Wiederholen Sie die letzten beiden Schritte mit* **with 3.5** *und* **>200000**
- *Prüfen Sie das Ergebnis mit [F2] und kehren Sie mit [Alt]+[E] zur Abfrage zurück.*

Alle Kunden, die am 10.11.92 besucht werden sollten, wurden erst am 11.11.92 besucht. Wie können die Datumsfelder der betreffenden Kunden schnell geändert werden?

Sie können anschließend an den WITH-Ausdruck im selben Abfragefeld eine Bedingung formulieren:

- *Rufen Sie die Aktualisierungsabfrage auf: [Umschalten]+[F2].*
- *Entfernen Sie alle Einträge aus den Abfragefeldern.*
- *Tragen Sie unter BESUCH ein:*
  WITH {11.11.92},={10.11.92}
  oder
  WITH {11.11.92},{10.11.92}
  Das bedeutet: Ersetze jedes BESUCH-Feld durch 11.11.92, wenn es den Wert 10.11.92 hat.

Das Gleichheitszeichen darf in Bedingungen fehlen, nicht jedoch andere Operatoren wie z.B. >, #, <= usw.

2.4.3.2 Löschmarken anbringen

Das Aktualisierungsmenü erlaubt es, Löschmarken zu setzen und zu entfernen. In der Regel wird man dafür auch Bedingungen setzen, denn in den seltensten Fällen möchte man die ganze Datei löschen. Nehmen Sie an, Ihr Unternehmen will sich allmählich aus den Postleitzahlgebieten 1 und 2 zurückziehen. Es beschließt deshalb, die Kunden aus diesen Gebieten zu löschen, sofern sie bis zum Jahresende keinen Umsatz aufweisen. Hier sind es zwei Bedingungen, die gleichzeitig zutreffen müssen:

1.   Nur Datensätze mit der richtigen Postleitzahl <u>und</u> dem Umsatz Null dürfen gelöscht werden. Hier handelt es sich um eine **UND**-Verknüpfung der beiden Bedingungen. Und-verknüpfte Bedingungen sind nebeneinander angeordnet.

2.   Die Postleitzahl darf mit 1 <u>oder</u> mit 2 beginnen. Dies ist eine **ODER**-Verknüpfung von zwei sich ausschließenden Bedingungen. Oder-verknüpfte Bedingungen werden in der Abfrage untereinander angeordnet.

Bringen Sie die Löschmarken an. Verwenden Sie dazu eine Aktualisierungsabfrage:

- *Aktivieren Sie eine neue Abfrage indem Sie den Cursor auf < neu >
  setzen. Anschließend wird [Return] oder [Umschalten] + [F2] betätigt.*
- *Mit [H] oder [Return] auf **Hinzufügen einer Datei**, wählen Sie
  KUNDEN.DBF, [Return].*
- *Drücken Sie [Alt] + [A], dann [W] für **Wahl der Aktualisierungsart** und
  [S] für **Setzen von Löschmarken**.*
- *Links oben unter **Ziel Kunden.dbf** steht nun **Mark** (markiere).*
- *Stellen Sie den Cursor ins PLZ-Feld und schreiben Sie:*
  LIKE"1*"
  Betätigen Sie [Cursor-ab] und geben Sie ein:
  LIKE"2*"
  Diese Bedingungen sind ODER-verknüpft.
- *Auf gleicher Ebene mit den beiden LIKE-Anweisungen tragen Sie im UM-
  SATZ-Feld zweimal untereinander ein:*
  =0
  (oder nur 0, das Zeichen = darf entfallen)
- *Aktualisietren Sie mit [Alt] + [A], dann [A] für **Aktualisieren**. Das System
  fragt, ob Sie die Löschmarken wirklich setzen wollen. Antworten Sie mit:
  [J], [Return].*

Um zu prüfen, welche Sätze nun eine Löschmarke erhielten, rufen Sie das Bedingungsmenü auf. Das Bedingungsmenü dient vorwiegend dazu, **feldunabhängige Bedingungen** in die Abfrage einzubeziehen. Eine Löschmarke ist von keinem Feldinhalt abhängig. Deshalb ist die Frage: "Gelöscht?" hier einzutragen. Die Frage ist in Form der Funktion DELETED() einzutragen. DELETED() liefert den Wert .T. für eine Löschmarkierung und .F., falls keine existiert. Auf diese Weise kann die Abfrage die gelöschten Sätze ausfiltern.

```
 Layout   Felder   Bedingung   Aktualisierung   Ende              12:47:17
 ┌Ziel─────────────────────────────────────────────────────────────────────
 │Kunden.dbf │ STRASSE │ PLZ    │ ORT  │ EH │ BESUCH │ NOTIZ │ BONUS │ UMSATZ
 │Mark       │         │ like"1*"│      │    │        │ ▄▄▄▄▄ │       │ 0
 │           │         │ like"2*"│      │    │        │       │       │ 0
 



 Abfrage  C:\dbdaten\<NEU>              Feld 8/10                         Ins
      Links/Rechts:SHIFT-TAB/TAB  Daten:F2  Größe:SHIFT-F7  Auf/Ab: F3/F4
```

Abb. 29: Aktualisierungsabfrage mit UND- und ODER-verknüpften Bedingungen

Sie prüfen nun vor dem Entfernen der Datensätze aus der Datei, welche Datensätze Löschmarken tragen:

- *Eröffnen Sie eine **neue** Abfrage und fügen Sie mit dem **Layout**-Menü die Datei KUNDEN hinzu.*
- *Mit [Alt]+[B] öffnen Sie das **Bedingung**-Menü und wählen mit [E] **Eintragen der Bedingungen**.*
- *Ins geöffnete Bedingungsfenster tragen Sie ein:*
  DELETED()
  und aktivieren die Datensicht mit [F2].
- *Die angezeigten Sätze können Sie nun mit [Strg]+[U] "zurückholen" soweit Sie sie nicht entfernen wollen.*
- *Alle andern werden im Menü **Verwaltung** gelöscht: [Alt]+[V], dann [M] für **Markierte Datensätze löschen**. Schließlich bestätigen Sie mit [J]. Das System ruft die Abfrage automatisch erneut auf.*

Um Löschmarken zu entfernen, können Sie ebenfalls im Aktualisierungsmenü den Punkt *Löschmarken aufheben* wählen. Dann wird der Aktualisierungsoperator UNMARK gesetzt.

Abfrageoperatoren für die Aktualisierung:

Operator	Bedeutung
APPEND	Legt fest, daß Datensätze aus einer oder mehreren Bestandsdateien in eine Zieldatei kopiert werden. Dieser Operator wird bei Ausführung des Menüpunkts *Datensätze hinzufügen* im Aktualisierungsmenü gesetzt.
MARK	Bringt Löschmarken an Datensätzen an. Dieser Operator wird für den Menüpunkt *Setzen von Löschmarken* im Aktualisierungsmenü verwendet.
REPLACE ... WITH	Ersetzt in Datensätzen Feldinhalte durch andere Werte. Dieser Operator wird bei Ausführung des Menüpunkts *Werte ersetzen* im Aktualisierungsmenü gesetzt. Den Zusatz WITH müssen Sie selbst einfügen.
UNMARK	Beseitigt zuvor gesetzte Löschmarken an Datensätzen. Dieser Operator wird bei Ausführung des Menüpunkts *Datensätze hinzufügen* im Aktualisierungsmenü gesetzt.

2.4.4 Abfrage für mehrere Dateien

In Sichten können Sie Felder aus mehreren Dateien und Kalkulationsfelder miteinander verknüpfen. Die Kalkulationsfelder bestehen aus Ausdrücken mit Feldern aus den verknüpften Dateien.

Sicht aus zwei Dateien: Datum mit Wochentag

Als Eingangsbeispiel soll ein Auszug der Kundendatei mit den Feldern FIRMA, ORT, WOCHENTAG, BESUCH in eine Sicht gebracht werden. Sie werden schon bemerkt haben: Die Datei KUNDEN besitzt kein Feld mit dem Namen WOCHENTAG, sondern nur ein Datumsfeld mit dem Namen BESUCH.

Die Kopplung von Kalkulationsfeldern ist erst ab dBASE IV Version 1.5 möglich. Das folgende Beispiel kann deshalb bei früheren Versionen von dBASE IV nicht ausgeführt werden.

Die zu den Besuchsdaten gehörenden Wochentage sollen aus einer Hilfsdatei stammen. Legen Sie diese Datei unter dem Namen WOCHTAGE.DBF an.

```
┌─────────────────────────────────────────────────────────────────┐
│ Dateistruktur:                                                    │
│ Feldname      Typ          Länge    Dez     Index                 │
│                                                                   │
│ NUMMER        Numerisch     1        0         N                  │
│ WOCHENTAG     Zeichen      10                  N                  │
├─────────────────────────────────────────────────────────────────┤
│ Dateiinhalt:                                                      │
│ NUMMER        WOCHENTAG                                           │
│                                                                   │
│    1          Sonntag                                             │
│    2          Montag                                              │
│    3          Dienstag                                            │
│    4          Mittwoch                                            │
│    5          Donnerstag                                          │
│    6          Freitag                                             │
│    7          Samstag                                             │
└─────────────────────────────────────────────────────────────────┘
```

Abb. 30: Struktur und Inhalt der Datei WOCHTAGE.DBF

Schließen Sie die Datei WOCHTAGE.DBF. Öffnen Sie nun eine neue Abfrage im Regiezentrum:

- *Über das Menü **Layout** fügen Sie nacheinander die Dateien KUNDEN.DBF und WOCHTAGE.DBF hinzu.*
- *Legen Sie über das Menü **Felder** ein Kalkulationsfeld mit folgendem Inhalt an: **DOW(BESUCH)**. Die Funktion DOW() (day of week) erzeugt aus einem Datum eine Zahl zwischen 1 und 7, die dem Wochentag entspricht (Sonntag=1, Montag=2, usw.).*
- *Nun wird das Kalkulationsfeld mit dem Abfragefeld NUMMER wie folgt gekoppelt:*
  *Der Cursor steht noch im Kalkulationsfeld. Wählen Sie im Menü **Layout** den Punkt **Koppeln durch Zeigen** aus.*
  Die Koppelungsmarke LINK1 wird im Kalkulationsfeld sichtbar. Der Cursor ist jetzt verkleinert, weil der Koppelungsvorgang noch nicht abgeschlossen ist.
  Mit [F3] bzw. [F4] und [Tab] bzw. [Umschalten]+[Tab] setzen Sie den Cursor in das Abfragefeld NUMMER bei WOCHTAGE.DBF und drücken [Return]. Damit ist die Koppelung abgeschlossen.
  Jetzt bauen Sie die Sichtstruktur aus den Feldern FIRMA, ORT, WOCHENTAG und BESUCH (mit [F5]) auf.
  [F2] zeigt das Ergebnis. Mit [Strg]+[Ende] speichern Sie die Abfrage, z.B. unter KUBESUCH.

Die Koppelungsmarken können Sie auch selbst formulieren und manuell eintragen, z.B. ZEIGER1.

```
 Layout    Felder    Bedingung    Aktualisierung    Ende                    12:56:19

 Kunden.dbf │ KNDNR │ ↓FIRMA │ STRASSE │ PLZ │ ↓ORT │ EH │ ↓BESUCH │ NOTIZ │ BONU
 ██████████ │       │        │         │ ASC │      │    │         │       │

 Wochtage.dbf │ NUMMER │ ↓WOCHENTAG
              │ LINK1  │

 Kalk'Feld │ DOW(BESUCH)
           │ LINK1

 ┌Sicht─────────────────────────────────────────────────────────────────────
 │KUbesuch       Kunden->        Kunden->        Wochtage->      Kunden->
 │               FIRMA           ORT             WOCHENTAG       BESUCH

 Abfrage │C:\dbdaten\KUBESUCH         Datei 1/3                              Ins
     Feld weiter: TAB    Entf/Einfg alle Felder: F5    Zoom: F9    Auf/Ab: F3/F4
```

Abb. 31: Abfrage und Sichtstruktur von KUBESUCH.QBE

Mit dem gezeigten Beispiel sind Sie in der Lage, mit entsprechenden Dateien die Wochentage berechnen zu lassen, an denen ihre Freunde, Verwandte, Angehörige des Personals usw. geboren wurden.

Sicht aus drei Dateien: Fakturierung

Ein eindrucksvolles Beispiel für die Verknüpfung von drei Dateien in einer Sicht ist die Rechnungsschreibung (Fakturierung). Für diesen Vorgang sind drei Dateien nötig, das Ergebnis ist eine weitere Datei. Das folgende Beispiel geht von Dateien aus, die nur die für die Demonstration notwendigsten Datenfelder enthalten.

Die Datei KUNDEN.DBF liefert die Anschrift, aus der Datei ARTIKEL.DBF stammen Artikelbezeichnung und Preis, und die Datei AUFTRAG.DBF steuert die bestellte Menge und das Auftragsdatum bei. Alle Daten werden zu Rechnungspositionen verarbeitet und in einer Datei namens RECHNUNG.DBF gespeichert, deren Struktur noch festgelegt wird. Um die Übung durchzuführen, sollten Sie die folgenden Dateien anlegen und mit den aufgelisteten Inhalten versehen:

```
Dateistruktur:
Feldname      Typ         Länge    Dez    Index
ARTNR         Zeichen       5              N
BEZEICHNG     Zeichen      25              N
PREIS         Numerisch     8      2       N
BESTAND       Numerisch     5              N
```

```
Dateiinhalt:
ARTNR BEZEICHNG                    PREIS BESTAND
80127 STAR-Surfer                1617,00     17
80105 Sturmsegel ORKAN            228,90      7
80567 Surfschuh STOP 42            68,95     23
80924 Autoträger SUPPORT           87,50     32
80546 Surfschuh STOP 44            68,95     12
80122 Leichtwindsegel WINDY       399,00     15
80503 Surfschuh OLLY 42            73,85     13
80173 Finne f. STAR                24,15      3
80107 Schwert f. STAR              54,45      4
80533 Surfanzug CHAMP 48          253,40     23
80539 Surfanzug CHAMP 54          262,50      8
80561 Surfanzug LADY 42           239,40     28
80111 Trapez HIGHFLY              115,70     20
80109 Windfahne ÄOLUS              17,45     30
```

Abb. 32: Struktur und Inhalt der Datei ARTIKEL.DBF

```
Dateistruktur:
Feldname      Typ          Länge    Dez    Index
KNDNR         Zeichen        5               N
ARTNR         Zeichen        5               N
AUFT_DAT      Datum          8               N
MENGE         Numerisch      3               N
ERLEDIGT      Logisch        1               N
LIEF_DAT      Datum          8               N


Dateiinhalt:
KNDNR ARTNR AUFT_DAT MENGE ERLEDIGT LIEF_DAT
14003 80567 05.10.92    10 .F.         .  .
14003 80924 05.10.92     5 .F.         .  .
14003 80122 05.10.92    12 .F.         .  .
14021 80533 18.12.92    10 .F.         .  .
14021 80539 18.12.92     5 .F.         .  .
14021 80503 18.12.92     5 .F.         .  .
14021 80561 18.12.92    10 .F.         .  .
```

Abb. 33: Struktur und Inhalt der Datei AUFTRAG.DBF

Öffnen Sie nun eine neue Abfrage für die Ermittlung der Rechnungspositionen als ersten Schritt für die Fakturierung.

- *Fügen Sie der Abfrage nacheinander die Dateien AUFTRAG, ARTIKEL und KUNDEN hinzu.*
- *Koppeln Sie folgende Felder:*
  Auftrag->KNDNR mit Kunden->KNDNR
  Auftrag->ARTNR mit Artikel->ARTNR
- *Fügen Sie mit [F5] folgende Felder in den Sichaufbau ein:*
  Auftrag->KNDNR
  Auftrag->ARTNR

Auftrag->AUFT_DAT
Auftrag->MENGE
Artikel->BEZEICHNG
Artikel->PREIS
Kunden->FIRMA
Kunden->STRASSE
Kunden->PLZ
Kunden->ORT
■ *Testen Sie das Ergebnis mit [F2].*

Durch die Koppelung der Datenfelder KNDNR aus KUNDEN.DBF und AUF-
TRAG.DBF sowie von ARTNR aus AUFTRAG.DBF und ARTIKEL.DBF werden nur
solche Datensätze aus den drei Dateien ausgewertet, bei denen das System eine
Übereinstimmung von KNDNR bzw. ARTNR feststellt.

Abb. 34: Die Abfrage RECHNUNG.QBE

Sie werden schnell feststellen, daß die Rechnungsdaten unvollständig sind. Es fehlt der
Gesamtpreis, d.h. das Produkt aus **Menge * Preis**.

■ *Fügen Sie der Abfrage ein Kalkulationsfeld an: Mit [Alt]+[F] kommen*
*Sie ins Menü **Felder** und wählen dort **Kalkulationsfeld einrichten.***

■ *Tragen Sie ein:*
MENGE * PREIS
und betätigen Sie [F5].

■ *Eintragung des Feldnamens*
GESAMT

- *Speichern Sie die Abfrage unter dem Namen:*
  RECHNUNG.QBE
  im Menü Layout mit [S] für Speichern der Abfrage.

Es stehen nun alle Daten zur Verfügung, die für eine Fakturierung benötigt werden. Mit einem entsprechend aufgebauten Bericht können Sie mit der Sicht eine Rechnung drucken lassen. Doch um eine Buchungsunterlage für die Finanzbuchhaltung, Lagerwirtschaft usw. zu besitzen, speichern Sie die Daten zunächst ab.

- *Öffnen Sie im Abfragebildschirm das Menü Layout.*
- *Wählen Sie: [A] für Abspeichern als dB-Datei.*
- *Der Name RECHNUNG.DBF wird vorgeschlagen. Akzeptieren Sie mit [Return].*

Die Datei AUFTRAG.DBF besitzt ein Feld ERLEDIGT und ein Feld LIEF_DAT. Die beiden Felder werden nach Auftragserledigung auf .T. bzw. das aktuelle Datum gesetzt. Dies kann durch eine Aktualisierungsabfrage geschehen.

Abfrageoperatoren für zwei gekoppelte Dateien:

Operator	Bedeutung
EVERY	Steht dieser Operator in einem Feld von zwei gekoppelten Dateien, werden alle Datensätze angezeigt, obwohl nicht alle gekoppelt sind. Angenommen, aus der Auftragsdatei und der Kundendatei soll eine Liste erstellt werden, in der alle Kunden angezeigt werden, obwohl nicht alle Kunden Aufträge erteilt haben. Eine Auftragsnummer erscheint nur bei Kunden, die Aufträge erteilt haben. Im Kopplungsfeld KNDNR von KUNDEN.DBF ist einzutragen: EVERY LINK1. In der Sicht muß u. a. das Feld AUFT_DAT erscheinen.
FIRST	Bei zwei gekoppelten Bestandsdateien, die im Kopplungsfeld mehrere identische Werte enthalten, wird nur der erste zutreffende Datensatz gezeigt. Beispiel: Angenommen, das Koppelungsfeld von zwei Bestandsdateien sei PLZ. Im Feld PLZ der einen Bestandsdatei wird eingetragen FIRST LINK1.

2.4.5 Nur-Lese-Sichten

Grundsätzlich können Sie Daten in Sichten bearbeiten. Die veränderten Daten werden in die Bestandsdatei aufgenommen. Unter bestimmten Bedingungen erhalten Sichten Nur-Lese-Berechtigung. Das bedeutet, Datenfelder können nicht mehr verändert werden, und die Dateneingabe ist nicht möglich. Dabei gibt es Unterschiede zwischen dBASE IV 1.5 und dBASE IV 1.1.

Ursachen für Nur-Lese-Sichten:

dBASE-Vers.	Ursache
1.1	Eine Sicht enthält Felder aus mehreren Bestandsdateien (Sicht mit gekoppelten Feldern). In Version 1.5 wurde dieser Nachteil beseitigt.
1.1	Ein nicht indexiertes Feld einer Sicht enthält eine Sortieranweisung (nicht in Version 1.5).
1.1 und 1.5	Ein Feld wird mittels einer der statistischen Funktionen SUM, AVG, CNT, MIN oder MAX ausgewertet (zusammenfassende Sicht).
1.1 und 1.5	Kalkulationsfelder und Koppelungsfelder (mehrerer Bestandsdateien) sind Nur-Lese-Felder, d.h., sie können in einer Sicht nicht verändert werden.
1.1 und 1.5	Ein Feld enthält die Sortieranweisung *AscDict* oder *DscDict*. Ausweg: Erstellen Sie für das betreffende Feld einen Index mit der LOWER()-Funktion im Ausdruck. Beziehen Sie Indexe in die Sicht mit ein und setzen Sie die Sortieranweisung (Asc oder Dsc) in dieses Feld (vgl. Indexe anlegen und Indexe einbeziehen).
1.1 und 1.5	Zwei Felder enthalten Sortieranweisungen (z.B: Asc1 und Asc2). Ausweg: Bilden Sie für diese Felder einen zusammengesetzten Index, beziehen Sie Indexe in die Sicht ein und definieren Sie für das entsprechende Indexfeld die Sortieranweisung (Asc oder Dsc).

2.5 Masken erstellen und benutzen

In den vorangegangenen Abschnitten wurde Daten immer in Standardmasken eingegeben, angezeigt oder editiert. Als Eingabe- und Editiermaske dienen das Einzelsatzformat und das Tabellenformat. Sie können mit einer selbstdefinierten Maske dem Inhalt einer Datenbankdatei oder einer Sicht ein anderes Aussehen geben, d.h. den Inhalt "maskieren". Eine Maske verändert eine Bestanddatei oder Sicht nicht, sie gibt ihr lediglich ein anderes Aussehen. Masken sind den Bestandsdateien oder Sichten fest zugeordnet, für welche Sie erstellt wurden. Dennoch können Sie Masken kopieren und verändern und diese mit anderen Dateien verbinden.

2.5.1 Masken erstellen

Maskendateien tragen die Erweiterung **.SCR** (<u>scr</u>een file, Bildschirm Design Datei). dBASE IV generiert daraus automatisch nacheinander eine **.FMT**-Datei (<u>form</u>at file) und eine **.FMO**-Datei (<u>form</u>at <u>o</u>bject file). Die .FMT-Datei enthält den dBASE-Quellcode. Das ist das in der dBASE-Programmiersprache geschriebene Programm. Dieses Programm wird kompiliert, d.h. in einen schneller ausführbaren Code übersetzt. Daraus entsteht die .FMO-Datei. dBASE benutzt für die Datendarstellung am Bildschirm nur das Endprodukt, die .FMO-Datei. Diese wird beim Speichern mit [Strg]+[Ende] oder über das Menü automatisch gebildet.

Die Vorzüge benutzerdefinierter Masken sind vielfältig:

- *Sie können in Masken für ungeübte Benutzer eindeutige Eingabeaufforderungen und Hilfen im Klartext vorsehen.*
- *Masken können Datenfelder verdecken oder für die Eingabe sperren. Sie können Felder mit Formatattributen für die Ein- und Ausgabe versehen.*
- *Wenn Sie als Datengrundlage einer Maske eine Sicht aus mehreren Bestandsdateien verwenden, können Sie diese sogar gleichzeitig ändern.*
- *Beim Aufruf einer Maske wird die dazugehörende Bestandsdatei oder Sicht automatisch geöffnet.*

Definieren Sie eine Eingabe- und Editiermaske für die Kundendatei. Das Beispiel geht davon aus, daß alle Bestandsdateien und Sichten geschlossen sind und die STATUS-Option eingeschaltet ist:

- *Im Regiezentrum setzten Sie den Cursor in der Spalte **Masken** auf <neu> und betätigen [Return]. Damit aktivieren Sie den Maskeneditor.*
- *Im Menü **Layout** wählen Sie **Andere dB-Datei oder Sicht**.*
- *Aus der Liste der Bestandsdateien und Sichten suchen Sie KUNDEN.DBF oder eine entsprechende Abfragedatei heraus.*
- *Auf Wunsch können Sie mit dem **Layout**-Menü einen Rahmen oder Linien definieren. Zur Übung soll es zunächst ein Rahmen sein. Wählen Sie **Umrahmung** und **Doppelte Linie**. Es steht Ihnen auch frei, eines der ASCII-Zeichen zum Linienzeichnen zu verwenden, z.B. Zeichen Nr. 219.*
- *Das gewählte Linienzeichen wird nun an der Cursorposition erkennbar. Jetzt können Sie mit den Cursortasten die linke obere Ecke des Rahmens bestimmen. Setzen Sie den Cursor auf Zeile 1, Spalte 0 (sichtbar in der Statuszeile Zl:1 Sp:0) und betätigen Sie [Return].*
- *Ziehen Sie die Linie nach unten bis zur Zeile 21 und nach rechts bis zur Spalte 79 (vgl. Statuszeile Zl:21 Sp:79) und betätigen Sie [Return]. Damit haben Sie einen bildfüllenden Rahmen bestimmt.*
- *Sie können gleich einen zweiten Rahmen für die zweite Bildschirmseite definieren, und zwar von Zeile 23 bis 43. Dazu markieren Sie den ersten Rahmen mit [F6] und [Return] und betätigen [F8]. Danach legen Sie den*

Rahmen in die richtige Position (im Beispiel Zeile 23) und bestätigen Sie mit [Return]. Eine dritte Seite würde bei Zeile 45 beginnen und bei Zeile 65 enden usw. Diese Angaben gelten für die eingeschaltete STATUS-Option, wenn das Zeilenmenü sichtbar bleiben soll.

- *Sie können Rahmen mit Text, Ziffern usw. überschreiben. Beispiel: Setzen Sie den Cursor auf Zeile 1, Spalte 28. Tippen Sie eine Leerstelle, dann die Überschrift*
  K U N D E N P F L E G E
  Fügen Sie eine Leerstelle ein. Auch in Spalte 68: Leerstelle,
  Seite 1, Leerstelle
  Diese Beschriftungen kopieren Sie nun auf den zweiten Rahmen (2. Seite):
  Cursor auf Zl:1, Sp:28, Taste [F6],
  Cursor nach rechts bis Sp:76, [Return], [F8],
  Cursor auf Position Zl:23, Sp:28, [Return].
  Drücken Sie J (Ja), falls das System fragt: **Überlagerte Texte und Felder löschen ?**
  Nun ändern Sie noch Seite 1 in Seite 2 ab.
- *Speichern Sie die Maske unter dem Namen KUNDEN über das Layout-Menü mit dem Menüpunkt* **Maske speichern.**
- *Prüfen Sie das Ergebnis mit [F2]. Das System meldet folgende Vorgänge: Die Maske wird zunächst in die dBASE-Kommandosprache (.FMT-Format) übersetzt und dann kompiliert (.FMO-Format).*
- *Mit [Umschalten]+[F2] können Sie jederzeit Verbesserungen vornehmen und erneut speichern. Über [Strg]+[Ende] oder [Alt]+[E] speichern Sie und verlassen die Maskenerstellung.*

Die Maske ist noch unvollständig. Es fehlen alle Ein-/Ausgabefelder. Sie können lediglich mit [Bild-ab]/[Bild-auf] von Seite 1 auf Seite 2 umschalten.

- *Wenn Sie im Menü* **Layout** *den Punkt* **Standardlayout** *wählen, erhalten Sie eine Maske, wie Sie sie bereits aus der Einzelsatzdarstellung her kennen: Alle Felder sind vertikal untereinander angeordnet. Interessanter ist es, eine Maske selbst zu gestalten.*
- *Eine Maske kann mehrere Seiten (Bildschirminhalte) besitzen.*
- *Sie können beliebige Bereiche der Maske durch Linien oder Rahmen hervorheben. Umrahmungen und Linien dienen der Unterstreichung und sollten deshalb sparsam verwendet werden.*
- *Die Maskendefinition wird durch die Option STATUS beeinflußt, die Sie in der CONFIG.DB mit der Befehlszeile STATUS=ON bzw. STATUS=OFF verändern können. Dasselbe erreichen Sie am dB-Punkt mit dem Befehl: SET STATUS ON bzw. OFF oder mit dem menügesteuerten Befehl SET. Befindet sich dBASE während der Maskendefinition in der Einstellung STATUS=OFF, werden nach Aufruf der Maske die Statuszeile (unterer Bildrand) und das Zeilenmenü (oberer Bildrand)*

nicht gezeigt. Das heißt: Die STATUS-Einstellung wird fest mit der Bild-schirmmaske gekoppelt.

- *Im Fall STATUS=OFF erscheinen die Informationen zu den Tasten [Num] und [Groß] sowie zur Löschmarkierung (Del) und zum Einfüge-modus (Ins) in der Zeile 0 rechts. Sie können mit der Option SCOREBOARD=OFF bzw. mit dem Befehl SET SCOREBOARD OFF oder mit dem menügesteuerten Befehl SET diese Anzeige unterdrücken. Im Gegensatz zur STATUS-Option wird die SCOREBOARD-Option nicht mit der Maske gekoppelt.*

- *Der Rahmen einer Eingabemaske ist durch die Bildschirmbreite (80 Zei-chen) und durch die maximale Anzahl von Zeilen begrenzt. Die maximale Zeilenanzahl richtet sich danach, ob die Option STATUS (Statuszeile) OFF oder ON ist:*

INHALT DER CONFIG.DB	Maximale Zeilenzahl
STATUS = ON	21 (1 bis 21), Zeilenmenü bleibt sichtbar 22 (0 bis 21), Zeilenmenü wird unsichtbar
STATUS = OFF	25 (0 bis 24)

- *Wenn die Umrahmung in Zeile 0 beginnt, überdeckt der Rahmen das Zeilenmenü. Die Menüpunkte können dennoch angesprochen werden ([Alt]+[Buchstabe]). Das bedeutet: Falls die Option STATUS=ON gewählt wurde, sollte die erste Zeile eines Rahmens nicht Zeile 0 sein. Die Nummer der letzten Zeile des ersten Rahmens kann nicht größer als 21 sein. Sie können jedoch weitere Rahmen auf den nächsten Bild-schirmseiten einrichten.*

Die 1. Seite der Maske KUNDEN.SCR wird mit Feldern versehen:

- *Öffnen Sie erneut die Maskendefinition mit [Umschalten]+[F2].*
- *Seite 1 soll die Identifikationsdaten der Kundensätze anzeigen. Deshalb positionieren Sie dort die Felder: KNDNR, FIRMA, STRASSE, PLZ, ORT und EH mit entsprechenden Beschriftungen nach folgendem Beispiel:*
- *Setzen Sie den Cursor auf Position Zl:5, Sp:13 und schreiben Sie* **Kundennummer:** *Bei Cursorposition Zl:5, Sp:29 betätigen Sie [Alt]+[F] und wählen* **Hinzufügen** *(oder schneller: [F5]-Taste). In der Liste markieren Sie KNDNR und betätigen [Return].*
- *Sie haben jetzt die Möglichkeit, eine* **Ein-/Ausgabeschablone, das Ein-/Ausgabeformat und Bearbeitungsfunktionen** *für das Feld festzulegen. Damit können Sie eine Menge Eingabefehler von vornherein abfangen.*
- *Der Cursor steht auf Schablone, betätigen Sie [Return]. Da eine Kun-dennummer nur aus Ziffern bestehen darf, ersetzen Sie die Reihe aus fünf X-Zeichen durch eine Reihe von fünf Neunen (99999). Betätigen Sie*

*[Return]. Diese Definition verhindert später die Eingabe von Buchstaben und Sonderzeichen in das Feld KNDNR. Der Bild-schirmbereich **Symbole für Zeichenfelder** gibt weitere interessante Hinweise für die Eingabekontrolle, die Sie später nutzen können, z.B. das Symbol J für das logische Feld EH.*

- *Öffnen Sie jetzt den Menüpunkt Bearbeitungsfunktionen durch [Return]. Wählen Sie: **Kleinster zulässiger Wert**, [Return]. Der kleinste Wert für die Kundennummer soll 14001 sein. Die Zahl ist in Anführungszeichen (") oder Hochkomma (') einzuschließen, weil das Feld KNDNR den Typ Zeichen (alphanumerisch) besitzt. Geben Sie ein: '14001', [Return].*
- *Der größte zulässige Wert ist 14999. Tragen Sie auch ihn ein.*
- *Setzen Sie **Datenbereich immer überprüfen** mit der [Leertaste] auf **Ja** ein und bestätigen Sie zweimal mit [Strg]+[Ende].*
- *Fügen Sie die anderen Identifikationsfelder in den 1. Rahmen ein. Verwenden Sie für die Eingabesteuerung die folgenden Schablonen:*
  Der Name der Straße beginnt immer mit einem Großbuchstaben:
  !XXXXXXXXXXXXXXXXX
  Der Ortsname beginnt ebenfalls immer mit einem Großbuchstaben:
  !XXXXXXXXXXXX
  Das EH-Feld kann nur J oder N annehmen: **J**
- *Sie können ganze Bereiche oder einzelne Felder in Masken verschieben. Gehen Sie dazu wie folgt vor: Markieren Sie den Bereich/das Feld mit [F6] den Cursortasten und [Return]. Drücken Sie [F7] und schieben Sie den Bereich mit den Cursortasten an die gewünschte Stelle. Bestätigen Sie mit [Return] und entfernen Sie die Markierung mit [Esc].*

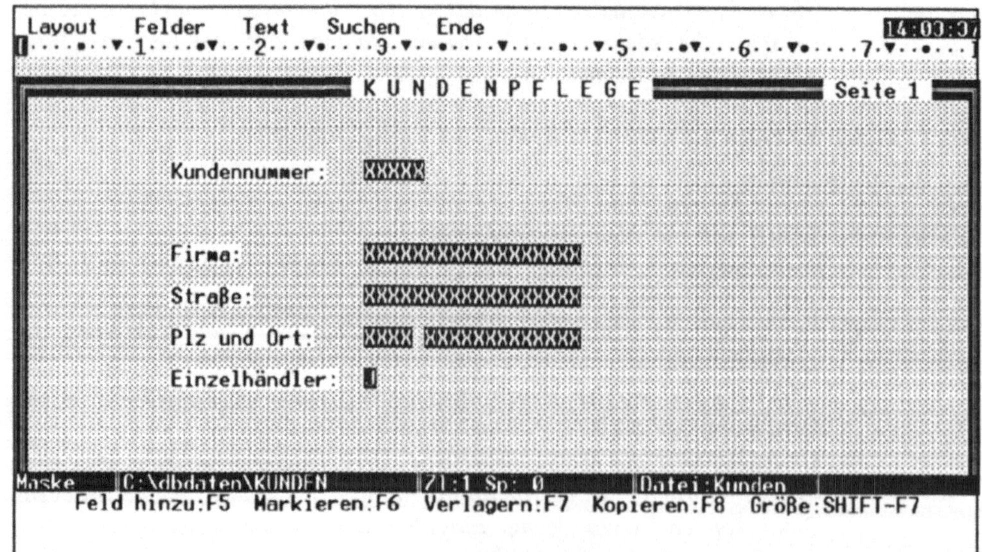

Abb. 35: Maskeneditor mit der Maske KUNDEN.SCR, Seite 1

Die 2. Seite der Maske KUNDEN.SCR:

- *Der Cursor steht auf Position Zl:26, Sp:13 und Sie schreiben*
Bonussatz:
Dann betätigen Sie auf Cursorposition Zl:26, Sp:27 [F5] und fügen das Feld BONUS mit [Strg]+[Ende] ein. Dahinter schreiben Sie mit einer Stelle Abstand das Zeichen
%
Fügen Sie zwei Zeilen tiefer den UMSATZ ein. Text:
Jahresumsatz bis dato:
Dahinter folgt das Feld UMSATZ und DM. Bei Schablone sollten Sie aus "optischen" Gründen ein Komma (Tausendertrennung) an der dritten Stelle vor dem Komma einfügen.
- *Sehen Sie ein Kalkulationsfeld vor. Text:*
Umssatzbonus bis dato:
Wenn Sie den Menüpunkt Hinzufügen im Menü Felder anwählen, wird neben der Feldliste eine Kalk'Feld-Liste angezeigt. Mit [Cursor-rechts] erreichen Sie den Punkt <neu>. Sie öffnen ihn mit [Return]. Geben Sie unter Ausdruck folgende Formel ein:
UMSATZ/100*BONUS
Damit wird der Jahresbonus in DM berechnet. Unter dem Menüpunkt Schablone fügen Sie ein Tausendertrennzeichen (Komma) ein. Bestätigen Sie mit [Strg]+[Ende]. Einen Namen braucht ein Kalkulationsfeld nur, wenn es als Basis zu weiteren Berechnungen innerhalb der Maske herangezogen werden soll.

Mit den Tasten [Umschalten]+[F1] können Sie sich alle verfügbaren Felder, Operatoren und Funktionen für Kalkulationsfelder zur Auswahl anzeigen lassen.

- *In Zeile 32, Spalte 13 steht:*
Letzter Besuch
dahinter das Feld
BESUCH
- *An die Position Zl:34,Sp:2 schreiben Sie den Titel*
Kommentare
- *Unter der Überschrift: **Kommentare** (Zl:35,Sp:2) fügen Sie das MEMO-Feld NOTIZ ein, mit [F5] wählen Sie NOTIZ in der Liste.*
- *Unter dem Menüpunkt **Memofeld-Symbol** wählen Sie mit [Leertaste] Fenster aus.*
- *Im Menü Abgrenzungslinien setzen Sie den Cursor auf **Einfache Linie** und betätigen [Strg]+[Ende].*
- *Wählen Sie die linke obere Ecke für das Editierfenster des Feldes NOTIZ und betätigen [Return]. Ziehen Sie das Feld mit den Cursortasten bis zu*

der von Ihnen gewünschten Größe nach unten und nach rechts und schließen mit [Return] ab.

- *Speichern Sie vorsorglich im Layout-Menü mit **Maske speichern** und prüfen Sie dann das Ergebnis mit [F2]. Sie können mit [Umschalten]+[F2] und [F2] zwischen dem **Gestaltungsmodus** und dem **Anzeigemodus** hin- und herschalten, bis die Maske Sie zufriedenstellt.*

- *Schließlich speichern und beenden Sie mit [Strg]+[Ende].*

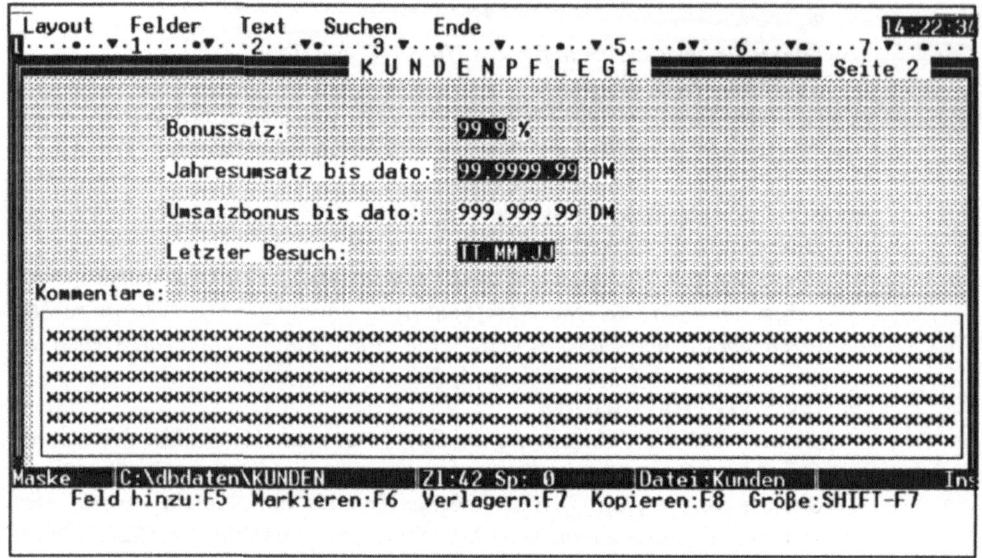

Abb. 36: Maskendeditor mit der Maske KUNDEN.SCR, Seite 2

Tastenfunktionen für die Maskenerstellung:

Tasten	Bedeutung
[Ende]	Cursor an das Zeilenende.
[Entf]	Markiertes Feld aus der Maske entfernen.
[F2]	Anzeigemodus aufrufen.
[F5]	Feld an Cursorposition einfügen.
[F6]	Feld markieren. Auch einen Bereich können Sie mit [F6] markieren und mittels Cursortasten erweitern. Markierungsvorgang mit [Return] abschließen.
[F7]	Felder, Rahmen oder markierte Bereiche verlagern.

[F8]	Felder, Rahmen oder markierte Bereiche kopieren.
[Leer]	Option ändern.
[Pos1]	Cursor an den Zeilenanfang.
[Return]	In Menüs: Auswahl treffen. Im Editiermodus: Zeile einfügen.
[Strg] + [Bild-ab]	Cursor in die letzte Zeile des Bildschirms.
[Strg] + [Bild-auf]	Cursor in die erste Zeile des Bildschirms.
[Strg] + [Ende]	Im Menü: Auswahl übernehmen. Sonst: Maske codieren, compilieren und speichern.
[Strg] + [W]	Identisch mit [Strg] + [Ende].
[Strg] + [Y]	Im Editiermodus: Zeile entfernen (ausfügen).
[Umschalten] + [F1]	Felder, Operatoren und Funktionen für Kalkulationsfelder anzeigen.
[Umschalten] + [F2]	Gestaltungsmodus aufrufen.
[Umschalten] + [F7]	Größe der Feldschablonen und des Rahmens verändern.

2.5.2 Attribute für Ein- und Ausgabefelder definieren

Während der Maskenerstellung ist es Ihnen möglich, für einzelne Eingabefelder Angaben zu machen, die die Dateneingabe durch den Benutzer steuern. Auch die Ausgabe von Feldinhalten kann durch Vorgaben beeinflußt werden. Solche Vorgaben legen Sie im Menü *Felder* unter *Hinzufügen* bzw. *Bearbeiten* (nachträgliches Ändern von Feldattributen) fest. Die Menüpunkte *Schablone, E/A-Format* und *Bearbeitungsfunktionen* bieten eine Vielzahl derartiger Funktionen an. Hier werden die wichtigsten zusammenfassend dargestellt.

Schablonen

Mit Feldschablonen steuern Sie die Dateneingabe und -anzeige. Es gibt eine Anzahl von Schablonenzeichen mit einer besonderen Bedeutung. Alle Schablonenzeichen lassen die Übernahme nur ganz bestimmter Zeichen in den Datenbestand zu. Zum Beispiel kann für jede 9 in der Schablone nur eine Ziffer eingegeben werden, für jedes !-Zeichen wird nur ein Großbuchstabe in das Datenfeld übernommen. Die Bedeutung der Schablonenzeichen wird in einem gesonderten Bildschirmausschnitt mit der Überschrift

Symbole für Zeichen-, Zahlen- oder Logikfelder (abhängig vom Feldtyp!) erläutert.
Dieser erscheint, wenn Sie den Menüpunkt *Schablone* durch [Return] öffnen. Dort
können Sie sich über die Bedeutung der Schablonenzeichen informieren.

Falls Sie andere Zeichen als die dort vorgegebenen Zeichen verwenden, werden diese
als Konstante in den Datenbestand übernommen, wie die Beispiele 3,4 und 5 zeigen.

Beispiele für Zeichenfelder:

Feldschablone	Eingabe des Benutzers	Feldinhalt der Datenbankdatei
!XXXXXXXX	frankfurt	Frankfurt
99999	14035	14035
99-999	14035	14-035
(99999)	99999999	06221882259 (06221)882259
A 99999	X12345	X 12345

Wenn Sie verhindern wollen, daß Ihre eigenen Schablonenzeichen, wie in den letzten
drei Beispielen (Klammer, Bindestrich, Leerzeichen) in den Datenbestand übernommen
werden, schalten Sie unter dem Menüpunkt *E/A-Format* den Punkt *Literale kein Be-
standteil* R auf EIN. Auf die letzten drei Beispiele bezogen, gäbe es dann keinen Unterschied mehr zwischen Eingabe des Benutzers und Feldinhalt der Datenbankdatei.

Beispiele für Zahlenfelder:

Feldschablone	Eingabe des Benutzers	Feldinhalt der Datenbankdatei
999,999,999.99 ***,***.**	12345678 12345	123.456,78 123,45 (Anzeige: ****123,45)

E/A-Formate

Sie wählen die E/A-Formate menügesteuert im Untermenü *E/A-Formate*. Dort sind die Formatsymbole mit erläuterndem Text aufgeführt. Sie schalten die einzelnen Formate mit der [Leertaste] ein oder aus, nachdem Sie den Cursor dorthin gesetzt haben. Je nachdem, ob es sich bei dem betreffenden Feld um ein Zeichen- oder ein Zahlenfeld handelt, sind auch die Ein-/Ausgabeformate unterschiedlich.

E/A-Formate für Zeichenfelder:

Format-symbol	Bedeutung
A	Aus: Alle Zeichen werden angenommen Ein: Nur Buchstaben können eingegeben werden
! ^	Aus: Buchstaben bleiben wie eingegeben Ein: Kleinbuchstaben werden in Großbuchstaben umgewandelt
R	Aus: Nicht von dBASE IV vorgesehene Schablonenzeichen werden in den Datenbestand übernommen Ein: Diese Zeichen werden bei der Speicherung weggelassen
S	Aus: Das Maskenfeld läßt nicht zu, daß über seine eigene Länge hinausgehende Zeichenketten eingegeben werden. Ein: In einem Maskenfeld, das aus Platzgründen kleiner ist als das entsprechende Feld der Datenbasis, können Sie dennoch längere Ausdrücke eingeben, weil diese nach links verschoben werden[1].
M	Aus: Beliebige Einträge sind in dem Feld möglich Ein: Nur eine begrenzte Auswahl zugelassener Zeichen- ketten können eingegeben werden. Z.B. seien in einem Feld zur Eingabe von Transportmitteln nur zulässig: PKW,BUS,BAHN,RAD. Diese Auswahl können Sie hier, durch Kommata getrennt, festlegen[1].

Anmerkung:

1 Für diese Option muß im Menü *Bearbeitungsfunktionen* der Punkt *Bearbeitung zulässig* zuvor auf *Ja* gesetzt werden.

E/A-Formate für Zahlenfelder:

Format symbol	Bedeutung
C	Aus: Positive Zahlen erhalten kein Kennzeichen Ein: Positive Zahlen erhalten das Kennzeichen H (Haben)[2]
X	Aus: Negative Zahlen werden mit führendem Minuszeichen dargestellt Ein: Negative Zahlen werden durch das Zeichen S (Soll) gekennzeichnet[2]
(	Aus: Negative Zahlen werden mit führendem Minuszeichen dargestellt Ein: Negative Zahlen erscheinen in Klammern[2]
L	Aus: Führende Nullen werden nicht angezeigt Ein: Das Feld wird mit führenden Nullen bis zum linken Rand ausgefüllt
Z	Aus: Nullwerte werden nicht angezeigt Ein: Nullen werden angezeigt
$	Aus: Ein Zahlenwert wird nicht durch ein Währungssymbol angeführt Ein: Vor der Zahl steht ein Währungssymbol, z.B. DM123,56
^	Aus: Eine Zahl wird als Dezimalzahl angezeigt, z.B. 300,00 Ein: Eine Zahl wird als Gleitkommazahl angezeigt, z.B. 0,30000E+3
T	Aus: Führende und nachfolgende Leerzeichen bleiben erhalten Ein: Leerzeichen werden ausgeblendet[2]
B	Aus: Zahlen stehen rechtsbündig im Feld Ein: Zahlen stehen linksbündig[2]
I	Aus: Daten werden nicht zentriert Ein: Feldinhalt wird in Feldmitte zentriert angezeigt[2]

Anmerkung:
2   Für diese Option muß im Menü *Bearbeitungsfunktionen* der Punkt *Bearbeitung
     zulässig* zuvor auf *Nein* gesetzt werden.

Bearbeitungsfunktionen

Bearbeitungsfunktionen beziehen sich auf die Dateneingabe bzw. -änderung in allen
Feldern. Hier die Möglichkeiten:

Option	Bedeutung
Bearbeitung zulässig	Nein bedeutet: Sie können in das Feld nichts eingeben, das Feld nicht ändern.
Ändern möglich, wenn	Dateneingabe ist möglich, wenn bestimmte hier eingetragene Bedingungen zutreffen, z.B. BESUCH > {1.1.93}.
Meldung	Hier können Sie eine Nachricht vorsehen, die gezeigt wird, wenn der Cursor das Feld erreicht.
Übernehmen	Ja bedeutet: Der Inhalt des Feldes des vorangehenden Datensatzes wird jeweils für die folgenden Datensätze übernommen.
Standardvorgabe	Sie können zur Einsparung oft vorkommender Eingabedaten hier Vorgaben machen. Das können Konstanten sein, Ausdrücke oder Funktionen. Beispiel: Ein Datenfeld soll immer das Datum der Dateneingabe enthalten. Sie verwenden die Funktion DATE(), die Ihnen das jeweils aktuelle Tagesdatum liefert.
Kleinster zulässiger Wert	Untergrenze für den Eingabewert
Größter zulässiger Wert	Obergrenze für den Eingabewert
Datenbereich immer überprüfen	Die Option bezieht sich auf die beiden vorangehenden Optionen. Wenn Sie Ja wählen, überprüft das System alle früher eingegebenen Werte und zwingt den Benutzer, diese, den Grenzwerten entsprechend, zu korrigieren.
Wert akzeptieren, wenn	Die Option gestattet die Eingabe eines Wertes unter einer bestimmten Bedingung, z.B. PLZ > "0000".

Akzeptanz immer überprüfen	Die Option bezieht sich auf den Punkt *Wert akzeptieren, wenn*. Wenn Sie Ja wählen, überprüft das System alle früher eingegebenen Werte dahingehend, ob sie der Bedingung entsprechen, und zwingt den Benutzer diese entsprechend zu korrigieren.
Hinweis "Nicht zulässig"	Die Option bezieht sich auf den Punkt *Wert akzeptieren, wenn*. Planen Sie hier eine Meldung ein, die dBASE IV in dem Augenblick ausgibt, wo die Eingabe der Bedingung unter *"Wert akzeptieren, wenn"* nicht entspricht.

Abb. 37: Beispiele für Bearbeitungsfunktionen in einem Maskenfeld zur Eingabe eines Datums

2.5.3 Felder und Bereiche der Maske gestalten

Sie können Felder, Texte und Rahmen in Masken farbig gestalten. vorausgesetzt Sie verfügen über einen Farb-/Grafik-Bildschirm. Verfahren Sie mit allen Elementen, die Sie farbig anlegen wollen, so:

- *Setzen Sie den Cursor auf das/den entsprechende(n) Feld/Rahmen. Oder markieren Sie das Bildelement mit [F6]. Wenn es sich um einen Textbereich handelt, erweitern Sie die Markierung mit den Cursortasten. Betätigen Sie abschließend [Return].*
- *Aktivieren Sie das Menü **Text** mit [Alt]+[T] und wählen Sie **Darstellungsart**.*
- *Es stehen 16 Farben für den Vordergrund und 8 Hintergrundfarben zur Verfügung. Außerdem können Sie das Attribut **Blinkend** vergeben. Wechseln Sie mit [Cursor-links/rechts] die Spalten **Vordergrund** und **Hintergrund** und legen Sie die Farben fest. Die aktuelle Farbkombination wird sofort angezeigt.*
- *Mit [Strg]+[Ende] wird dem markierten Objekt die Farbauswahl zugeordnet.*
- *Um die Farbe zu sehen, müssen Sie den Cursor aus dem Objekt bewegen und, falls Sie [F6] benutzt haben, die Taste [Esc] betätigen.*

Bei einem Monochrom-Bildschirm stehen Ihnen zur Gestaltung von Bildelementen nur die Attribute fett, unterstrichen, negativ (invers) und blinkend zur Verfügung. Statt einer Farbpalette werden nur diese Attribute im Menü *Text* unter *Darstellungsart* angezeigt.

- *Abhängig vom Bildschirmadapter ist es in dBASE IV möglich, verschiedene Bildschirmmodi zu schalten. Um zu prüfen, auf welche Modi sich Ihr System unter dBASE einstellen läßt, wählen Sie im Menü **Diverse** des Regiezentrums den Menüpunkt **Einstellungen**. Im nun angezeigten Untermenü betätigen Sie [Alt]+[B]. Den Anzeigemodus können Sie jetzt mit [Leer] wechseln und mit [Strg]+[Ende] festlegen.*

In dBASE IV mögliche Anzeigemodi:

Modus	Bedeutung
COLOR	Farbdarstellung nach CGA-Norm (color graphic adapter), 4 Farben
EGA25	Farbdarstellung nach EGA-Norm (enhanced graphic adapter) mit 25 Zeilen, 16 Farben. Auch mit VGA-Adaptern (video graphics array) verträglich.
EGA43	Farbdarstellung nach EGA-Norm (enhanced graphic adapter) mit 43 Zeilen, 16 Farben. Auch mit VGA-Adaptern verträglich.
MONO	Einfarbige Darstellung mit 25 Zeilen. Gestaltungsalternativen: fett, unterstrichen, invers und blinkend
MONO43	Einfarbige Darstellung mit 43 Zeilen

2.5.4 Masken und Dateien verknüpfen

Masken beziehen sich immer auf Bestandsdateien (1. Spalte im Regiezentrum) oder auf Abfragen (2. Spalte im Regiezentrum). Wenn Sie Datensätze editieren wollen, können Sie bestimmen, aus welcher Sicht oder Bestandsdatei die Daten stammen sollen, die in der Maske sichtbar werden. Sie können mit Masken Datensätze erfassen und dabei ebenfalls eine Bestandsdatei oder eine Sicht als Datenbasis verwenden. Wichtig ist allerdings, daß die gewählte Bezugsdatenbasis alle Datenfelder enthält, die in der Maske vorkommen. Andernfalls fordert das System zum Abbruch der Aktion auf.

Die Verknüpfung einer Maske mit einer Abfrage bzw. Sicht ist oft vorteilhafter als die Verknüpfung mit einer Bestandsdatei, weil in der Abfrage von vornherein wünschenswerte Filter, z.B. Sortierung, Ausblenden gelöschter Sätze usw. vorgesehen sind. Wenn Sie eine Maske zunächst für eine .DBF-Datei definiert haben, können Sie dieselbe Maske später mit einer .QBE-Datei verbinden. Auch der umgekehrte Fall ist denkbar.

Eine Beziehung zwischen Maske und Bestandsdatei bzw. Abfrage stellen Sie folgendermaßen fest:

- *Setzen Sie im Regiezentrum den Cursor auf eine Maske und betätigen Sie [F2].*
- *Wenn Sie den Anzeigemodus wieder mit [Esc] verlassen, bemerken Sie entweder eine geöffnete Bestandsdatei oder Abfrage. Mit dieser Bestandsdatei/Abfrage ist die betreffende Maske verbunden.*
- *Das bedeutet: Verknüpfte Maske und Bestandsdatei/Abfrage werden zusammen geöffnet.*

Die Verknüpfung von Maske und Bestandsdatei bzw. Abfrage ändern Sie wie folgt:

- *Öffnen Sie im Regiezentrum eine Bestandsdatei oder Abfrage durch [Return] und Datei/Sicht öffnen.*
- *Setzen Sie den Cursor auf die Maske, die verbunden werden soll.*
- *Betätigen Sie [Umschalten]+[F2] und anschließend [Return]. Der Cursor steht dabei auf Aktivierte Sicht.*
- *Betätigen Sie [Strg]+[Ende].*
- *Das System codiert die Maske neu und stellt die Verbindung her.*
  Alternative Vorgehensweise:
- *Öffnen Sie eine Maske mit [Umschalten]+[F2] im Definitionsmodus.*
- *Wählen Sie im Menü Layout den Punkt Andere dB-Datei oder Sicht.*
- *Suchen Sie in der Liste die gewünschte .DBF- oder .QBE-Datei aus und betätigen Sie [Return].*
- *Drücken Sie [Strg]+[Ende], um das System zur Codierung und Speicherung der geänderten Maske zu veranlassen.*

2.5.5 Mit Masken Daten erfassen und editieren

Masken sind dazu da, um Erfassungs- und Editiervorgänge komfortabler zu machen und gegen Eingabefehler soweit als möglich zu sichern. Haben Sie Masken einmal erstellt, sind sie leicht sowohl für die Datenerfassung als auch für die Datenänderung einzusetzen:

- *Plazieren Sie im Regiezentrum den Cursor auf die gewünschte Maske und betätigen [F2].*
- *Die mit der Maske verbundene Datei/Abfrage wird geöffnet und die dort enthaltenen Daten werden durch die Maske angezeigt.*

Es stehen Ihnen alle Möglichkeiten der Datenverwaltung (Hinzufügen neuer Datensätze, Löschmarken setzen, Indexe wählen oder anlegen, Sortieren, Löschen, Datensätze suchen u.v.m.) auch bei Verwendung von Masken zur Verfügung. Hier die wichtigsten:

Wichtige Aktionen	Hinweise
Datensätze hinzufügen	Menü *Datensätze*
Mit Indexen arbeiten	Menü *Verwaltung*
Datensätze entfernen	Menü *Verwaltung*.
Sequentiell suchen	Menü *Suchen*. Der Cursor muß im Schlüsselfeld stehen, d.h., der Suchbegriff muß zu dem Feld passen, in welchem sich der Cursor befindet.
Indiziert suchen	Menü *Suchen*. Der Suchbegriff muß zu dem aktivierten Index passen. Anderfalls vorher einen anderen Index im Menü *Verwaltung* wählen.

2.6 Berichte definieren und drucken

dBASE versteht unter dem Begriff **Bericht** (engl. report) Listen unterschiedlicher Formate. Ein Bericht kann eine Liste sein, in der die Feldinhalte in Spalten angeordnet sind oder in Form einer Maske ausgegeben werden. dBASE bietet Ihnen auch die Möglichkeit, Serienbriefe drucken zu lassen. Dies ist die dritte Form des dBASE-Berichts.

Um einen Bericht zu drucken, müssen Sie zunächst ein Berichtsformular entwickeln, das Ihre Vorstellungen über das Aussehen des Berichts enthält. Dieses Formular speichert dBASE mit der Erweiterung **.FRM** (form) und übersetzt es sofort in ein Quellprogramm in dBASE-Sprache mit der Erweiterung **.FRG**. Mit einem Editor (Programmeditor s. Abschnitt 2.8) können Sie sich das Programm ansehen. Im folgenden Text werden die Begriffe *Berichtsformular* und *Bericht* sinngleich verwendet.

Daten für Berichte können aus einer Datenbankdatei oder einer Sicht stammen. Damit haben Sie die Freiheit, Daten nach Ihren Wünschen zu kombinieren, zu selektieren und zu sortieren.

2.6.1 Standardbericht

Den **Standardbericht** haben Sie bereits in Abschnitt 2.3.7 kennengelernt. Er ist ein Bericht im Spaltenlayout mit Seitennummern, Datum, Feldnamen als Spaltenüberschriften und Summen unter den numerischen Spalten. Der Standardbericht ist schnell aufgerufen und erstellt, doch können Sie durch selbstdefinierte Berichte viel mehr Komfort erreichen. Drei Formen benutzerdefinierter Berichte gibt es in dBASE.

2.6.2 Bericht mit Spaltenlayout

Es ist empfehlenswert, zum Einstieg in die Berichterstellung zuerst den gängigsten - den Bericht mit Spaltenlayout - zu erstellen. In diesem Abschnitt werden Begriffe erklärt, deren Kenntnis Sie in den späteren Abschnitten benötigen.

```
Abt. Einkauf
                        K U N D E N L I S T E
                        02.02.93
Seitennummer    1
02.02.93


Firma                   Umsatz    Bonus Bonus  Kommentare
                        DM        %     DM


RAKA-Werke GmbH         112563,50 2,3   2588,96
AKL Technik GmbH         65342,60 1,5    980,14
Helwig & Co.            25934,20 1,5    389,01
Weber & Landry          83845,00 1,5   1257,68
Berner & Co. KG        121572,00 2,3   2796,16 EK Sägebrecht 11.1. Geburtstag
Hobbymarkt OHG          35176,40 1,5    527,65
Rotopack GmbH           30519,00 1,5    457,79
Freizeitmarkt KG       231846,90 2,3   5332,48
Sportex GmbH           183654,00 2,3   4224,04
Wohnen & Leben           8764,70 1,5    131,47
Schaffer & Koch         12865,50 1,5    192,98
City-Sport              87612,60 1,5   1314,19
Wikingtuch GmbH         45865,20 1,5    687,98
Helwig & Co.            25042,80 1,5    375,64
Willy Wolf               3419,00 1,5     51,29
Thieme u. Partner      164094,20 2,3   3774,17
Fidelitas GmbH          54369,00 1,5    815,54
Alpha GmbH                976,20 1,5     14,64
Atropa GmbH                 0,00 1,5      0,00
GREIF-ZU GmbH           39165,50 1,5    587,48
Sport-Menzel                0,00 1,5      0,00
Impex GmbH               5319,90 1,5     79,80
Riedel-Sport KG         16753,00 1,5    251,30
Sport & Mode GmbH       25987,50 1,5    389,81 Erwartet Entgegenkommen Zahlungsziel
Sportiv GmbH            13750,00 1,5    206,25 Erwartet Entgegenkommen Zahlungsziel
Surf-Shop               11722,00 1,5    175,83

Summen                1406160,70       27602,26
```

Abb. 38: Die ausgedruckte Kundenliste (Auszug)

Um einen Bericht bzw. ein Berichtsformular zu erstellen, müssen Sie zuerst eine dB-Datei oder eine Sicht als Datenbasis öffnen. Im Regiezentrum tun Sie das in der entsprechenden Spalte. Das folgende Beispiel benutzt die Datei KUNDEN.DBF als Datenbasis, um eine Kundenliste zu erstellen.

- *Setzen Sie den Cursor auf KUNDEN in Spalte dB-Dateien.*
- *Drücken Sie zweimal [Return], um die Datei zu öffnen.*
- *Setzen Sie den Cursor in Spalte Berichte auf < neu > und betätigen Sie [Return] oder [Umschalten]+[F2].*
- *Wählen Sie unter Standardlayout den Punkt Anordnung in Spalten durch [Return].*

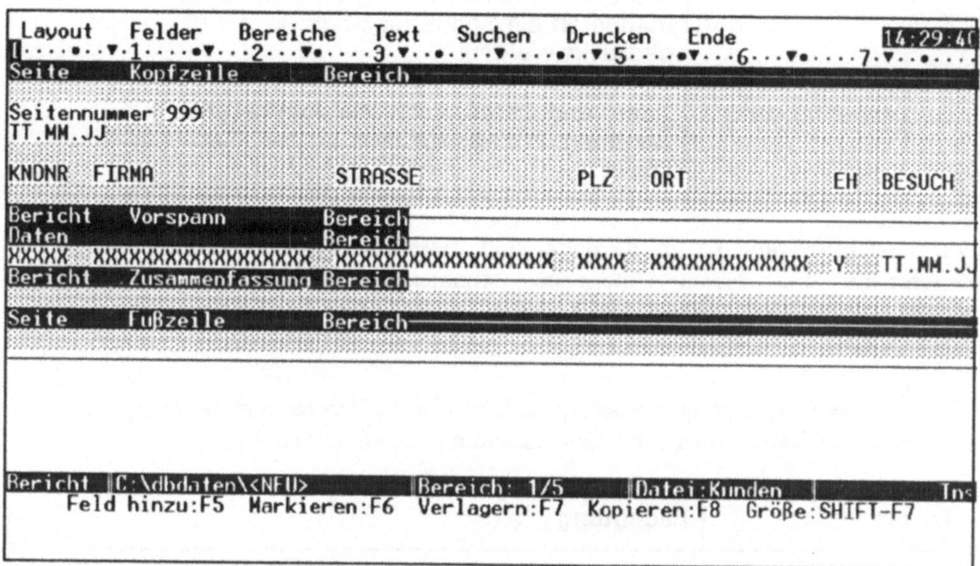

Abb. 39: Eingangsbildschirm für die Berichterstellung im Spaltenlayout

Beim Einstieg in einen neuen Bildschirm für das Berichtformular wird das Layoutfenster unmittelbar geöffnet und der Cursor steht auf **Standardlayout**. Bitte verwechseln Sie nicht die Begriffe: Standardlayout bedeutet **nicht** Standardbericht. Wenn Sie nun [Esc] betätigen, haben Sie einen völlig unvorbereiteten Bildschirm für die freie Berichtsgestaltung vor sich. In aller Regel ist es aber zeitsparender im Layout-Menü den Punkt **Standardlayout** zu wählen. Sie erhalten dann trotz freier Gestaltungsmöglichkeiten einen bereits vorbereiteten Berichtsvorschlag.

Ein dBASE-Bericht besitzt verschiedene Bereiche. Der Erfolg der Berichterstellung hängt von der richtigen Verwendung der Bereiche ab.

Bereiche eines Berichtes:

Bereiche	Bedeutung
Vorspann	Texte und Daten in diesem Bereich werden nur auf die erste Seite gedruckt.

Kopf-/Fußzeile	Was in den Bereichen Kopf- und Fußzeile steht, wird jeweils am oberen und unteren Seitenrand gedruckt.
Daten	In diesem Bereich erkennen Sie bereits eingetragene Feldvorgaben, wie Sie Ihnen schon aus der Maskenerstellung bekannt sind. Die Felder markieren die Spaltenposition, in der die Daten gedruckt werden.
Zusammenfassung	Texte und Daten, z.B. Kalkulationsfelder für Summen, die nur auf dem letzten Blatt erscheinen sollen.

Die **Tastenfunktionen für Berichte** sind dieselben wie für Masken. Auch das **Zeilenmenü** und dessen Untermenüs stimmen weitgehend mit dem Maskenerstellungsbildschirm überein. Doch sind die Menüpunkte *Bereiche* und *Drucken* hinzugekommen.

Die folgende Übersicht gibt zusätzliche Hinweise zu Tasten zum Bewegen von Text und Feldern. Diese werden zur freien Gestaltung unbedingt benötigt.

Tasten	Bedeutung
[F5]	Felder an der Cursorposition einfügen.
[F6]	Wenn Sie [F6] einmal drücken, wird der Markierungsmodus eingeleitet. Sie können nun mit den Cursortasten einen Block markieren und die Markierung mit [Return] abschließen.
2 mal [F6]	Drücken Sie die Taste [F6] zweimal nacheinander, so wird die ganze Zeile markiert, in welcher der Cursor steht. So können Sie auch mehrere Zeilen vollständig markieren: [F6], [Cursor-ab/auf], [F6].
[F7]	Alle markierten Blöcke werden mit [F7] verschoben. Aber nur innerhalb des betreffenden Bereichs, wenn Sie direkt nach dem Markieren [F7] drücken. So bewegen Sie markierte Blöcke von einem Bereich in den anderen: Setzen Sie unmittelbar nach dem Markieren den Cursor auf die Zielposition und drücken Sie erst dann [F7].
[F8]	Analog zum Verschieben kopiert [F8] markierte Blöcke.

[Umschalten] + [F7]	Vergrößert und verkleinert die Schablone von Feldern und Umrahmungen. Beachten Sie dabei die Meldungen unter der Statuszeile.

Vorspannblatt

Die Kundenliste soll ein Vorspannblatt **ohne** Kopfzeile erhalten. Dazu muß der Vorspannbereich **vor** den Kopfzeilenbereich verlagert werden.

- *Aktivieren Sie das Menü **Bereiche**.*
- *Wählen Sie **Vorspann mit Kopfzeile Nein** durch [Return] oder [V].*
- *Prüfen Sie, ob der Vorspannbereich über der Kopfzeile erscheint.*
- *Setzen Sie den Cursor in den Vorspannbereich und betätigen Sie [Return]. Damit wird der Vorspannbereich geöffnet.*

Bereich öffnen
- *Steht der Cursor in einer oberen Bereich-Begrenzung, kann der betreffende Bereich mit [Return] geöffnet und geschlossen werden. Texte und Daten werden nur dann gedruckt, wenn sie in einem geöffneten Bereich stehen. Durch Schließen eines Bereichs gehen die dort eingetragenen Texte und Felder **nicht** verloren, ihre Ausgabe wird lediglich unterdrückt.*

- *Setzen Sie den Cursor an den Beginn der ersten Textzeile (schraffierter Bereich) im Vorspann.*
- *Schreiben Sie z.B.*
  Abt. Einkauf
  und betätigen Sie dann dreimal [Return].
- *Schreiben Sie:*
  K U N D E N L I S T E
- *Das aktuelle Datum setzen Sie direkt darunter: [F5] oder Menü **Felder**, **Hinzufügen**, Vorgabefeld Datum aufsuchen, [Return], [Strg]+[Ende].*

Wenn Sie die Überschrift in der Mitte des Titelblatts positionieren wollen, können Sie zwei Wege einschlagen. Entweder Sie verlagern den Text durch Markieren und Taste [F7], oder Sie wählen den Menüpunkt *Justieren* im Menü *Text*. Im letzten Falle ist von entscheidender Bedeutung, wo die Randmarken im Zeilenlineal (zweite Zeile von oben) stehen.

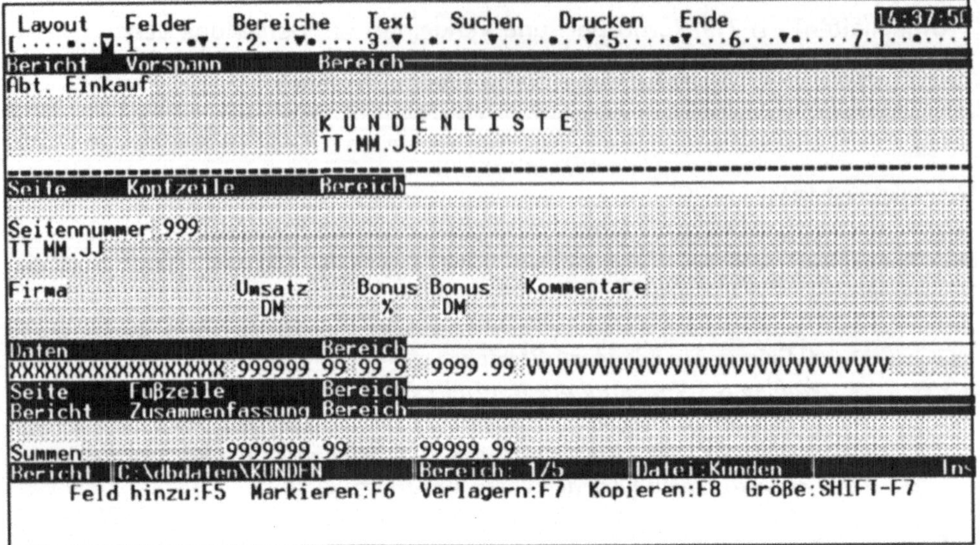

Abb. 40: Das fertige Berichtformular für die Kundenliste

Hinweise zu Zeilenlineal und Zeichenformat:

- *Die Cursormarke im Zeilenlineal gibt die aktuelle Horizontalposition des Cursors an. Ein Punkt im Zeilenlineal entspricht einem Zeichen. Die Zapfen markieren die Tabulatorstopps, die Zahlen Zehnerschritte.*
- *Wie viele Zeichen eine Druckzeile aufnehmen kann, hängt von der Beschaffenheit des Druckers (DIN A4 oder A3) und von der gewählten **Zeichendichte** ab, die Sie im Menü **Drucken** unter **Druckersteuerung** einstellen.*
  *Beispiel: Im A4-Hochformat passen 80 Pica-, 96 Elite- oder 137 Schmalschrift-Zeichen in eine Druckzeile. Wenn Sie die Zeichendichte **Standard** wählen, wird die manuell am Drucker eingestellte Zeichendichte gedruckt. Sie können den Druck auch durch Druckersteuerzeichen (im selben Menü) beeinflussen.*
- *Bei Einstellung des rechten Randes im Zeilenlineal sollten Sie die Angabe des linken Randes (das ist der Heftrand) unter Menü **Drucken**, Menüpunkte **Größe der Seite**, **Rand links** mit einkalkulieren. Empfehlungen für **Rand links** (Heftrand): Bei Pica 6, bei Elite 8 und bei Schmalschrift 10 Stellen angeben.*

Die Einstellung des rechten Randes im Zeilenlineal geschieht folgendermaßen:

- *Wählen Sie im Menü **Text** den Punkt **Ändern des Zeilenlineals** [Ä].*
- *Setzen Sie den Cursor auf 72. (Annahme Pica-Schrift und linker Rand = 6 Stellen)*
- *Geben Sie die eckige schließende Klammer ein ([AltGr]+[9]).*

■ *Auf dieselbe Weise könnten Sie auch eine linke Randbegrenzung mit der eckigen schließenden Klammer versehen.*

Alle Menüpunkte für die *Justierung* im Menü *Texte* richten sich nach den Randbegrenzungen im Zeilenlineal. Dennoch können Sie explizit über die Ränder hinausschreiben, wenn Sie wollen. Um Titelzeile und Datum in Blattmitte zu verlagern, gehen Sie folgendermaßen vor:

■ *Markieren Sie die Überschrift und das Datumsfeld durch [F6], Cursor-rechts/links, Cursor-ab/auf, [Return].*
■ *Wählen Sie Justieren im Menü Text und dort Zentrieren.*
■ *Nach [Return] steht die Überschrift in der Mitte zwischen den Seitenbegrenzungen.*

Sie können in Berichten Seitenumbrüche erzwingen. Um dem Bericht ein extra Vorspannblatt voranzustellen, gehen Sie so vor:

■ *Setzen Sie den Cursor mit [Ende] ans Ende der letzten Zeile des Bereichs und fügen Sie mit [Return] eine Leerzeile ein. Das ist auch über Menü Text, Hinzufügen einer Zeile möglich.*
■ *Wählen Sie im Menü Text den Punkt Neue Seite.*
■ *Die nun eingefügte gestrichelte Linie ist ein Seitenumbruch. Mit [F6], [Return], [F7], [Cursor-ab], [Return] können Sie die Linie direkt ans Ende des Vorspannbereichs legen.*

Kopfzeile und Datenbereich

Die Kopfzeile enthält die Seitennummer und das Datum sowie die Spaltenüberschriften. Seitennummer und Datum bleiben stehen. Um den Listenaufbau übersichtlich zu gestalten, sollen nur wenige Felder gedruckt werden: FIRMA, UMSATZ, BONUS, NOTIZ. Es vereinfacht die Vorgehensweise, wenn Sie alle Spaltenüberschriften und Felder löschen und die notwendigen Texte und Felder selbst einfügen:

■ *Setzen Sie den Cursor auf die Überschrift KNDNR und betätigen Sie zweimal [F6]. Dadurch wird die gesamte Zeile markiert.*
■ *Drücken Sie [Entf], die Überschriften sind verschwunden.*
■ *Dasselbe tun Sie im Bereich Daten mit der Zeile, in der die Felder stehen, sowie im Bereich Zusammenfassung.*
■ *Schreiben Sie im Bereich Kopfzeile in Position Zl:4,Sp:0* **Firma**
■ *Fügen Sie das Feld FIRMA in den Datenbereich Position Zl:0,Sp:0 ein: Menü Felder, Hinzufügen, FIRMA wählen, [Strg]+[Ende].*
■ *Schreiben Sie im Bereich Kopfzeile in Position Zl:4; Sp19* **Umsatz,** *und fügen Sie darunter an Position Zl:5,Sp:21 ein:* **DM**
■ *Fügen Sie im Bereich Daten das Feld UMSATZ an entsprechender Stelle ein. Dasselbe machen Sie mit* **Bonus %.**

- *Ein Kalkulationsfeld mit der Überschrift **Bonus DM** enthält den Ausdruck: UMSATZ/100*BONUS. Es weist die bisher angelaufenen Bonuszahlbeträge aus und steht in Spalte 35. Für dieses Feld tragen Sie den Namen BONUS_DM ein und kürzen die Schablone auf 7 Stellen. Der Name muß sein, er wird später im Zusammenfassungsbereich benötigt.*
- *Als letzte Listenspalte folgt nun die Kommentarspalte. Überschrift **Kommentare** in Kopfzeile, Position Zl:4,Sp:43.*
- *Im Datenbereich an entsprechender Position fügen Sie das Feld NOTIZ ein.*

An dieser Stelle kann bei Memo-Feldern ein **Problem** auftauchen: Das Memo-Feld besitzt zwar das E/A-Format V (vertikale Anpassung), das bedeutet, die Druckbreite der Spalte wird automatisch angepaßt. Die Schablone ist aber zu breit und ragt rechts über die Randbegrenzung hinaus. Unter *Schablone* können Sie nichts ändern, solange die vertikale Anpassung eingeschaltet ist. Um eine Spalte mit Vertikalanpassung auf eine selbstdefinierte Breite zu bringen, gehen Sie folgendermaßen vor:

- *Setzen Sie den Cursor auf das Memo-Feld im Datenbereich.*
- *Wählen Sie Menü **Felder, Bearbeiten, E/A-Format**.*
- *Schalten Sie **Vertikal anpassen** mit [Leer] auf **Aus** und betätigen Sie [Strg]+[Ende].*
- *Jetzt kürzen Sie die Schablone unter Verwendung der Zoom-Funktion Taste [F9] auf die gewünschte Länge, z.B. 30 X-Zeichen.*
- *Setzen Sie **Vertikal anpassen** wieder auf **Ein** zurück und betätigen zweimal [Strg]+[Ende].*
- *Wenn Sie sich das Zwischenergebnis einmal anschauen wollen, wählen Sie im Menü **Drucken** den Punkt **Ausgabe am Bildschirm**.*

Zusammenfassung

Die Fußzeile können Sie im Falle der Kundenliste auslassen. Sie schließen Sie am besten: Cursor in die Abgrenzung *Seite Fußzeile Bereich* und dann [Return]. Im Beispiel Rechnungsschreibung ist die Fußzeile von Bedeutung. Dagegen enthält der Zusammenfassungsbereich Summen, und zwar: **Umsatz** und **Bonusbetrag bis dato**. Sie erreichen so eine Kontrolle der Umsatzentwicklung und der bisher aufgelaufenen Bonusbeträge, die der Betrieb seinen Kunden schuldet.

- *Setzen Sie den Cursor in den Bereich Zusammenfassung unter die Abgrenzung und betätigen Sie [Return]. Sie erreichen so, daß über der Summenzeile eine Leerzeile eingefügt wird.*
- *In Position Zl:1,Sp:0 schreiben Sie: **Summen**.*
- *Setzen Sie den Cursor an den Anfang der Umsatzspalte (Position Zl:1,Sp:18) und fügen Sie das Formelfeld Summe ein: Menü **Feld, Hinzufügen, Formelfeld Summe**, [Return].*
- *Unter **dB-Bezugsfeld** tragen Sie ein: **UMSATZ**.*

- *Unter **Rücksetzen ab** tragen Sie ein: <Bericht>, denn die Summen sollen für den ganzen Bericht - nicht pro Seite - berechnet werden.*
- *Mit [Strg]+[Ende] wird das Feld eingefügt.*
- *Die gleiche Prozedur führen Sie für den Bonusbetrag in Position Zl:1,Sp:34 durch. **dB-Bezugsfeld** ist hier der Name des Kalkulationsfeldes BONUS_DM, **Rücksetzen ab** steht wieder auf <Bericht>. Die **Schablone** kürzen Sie mittels [F9] auf 5 Stellen vor dem Komma.*
- *Prüfen Sie das Ergebnis mit Menü **Drucken**, **Ausgabe am Bildschirm** und speichern Sie das Berichtformular im Menü **Layout** mit **Bericht speichern.***

Bericht drucken

Um einen Bericht auf den Drucker zu bringen, sind - falls noch kein Druckformat existiert - Vorbereitungen notwendig. Die wichtigsten Punkte wurden schon im Abschnitt 2.3.7 angesprochen.

Druckformate

Druckformatdatei

Mit dem Menüpunkt *Mit Druckformat* läßt sich ein bereits vorhandenes Druckformat, eine .PRF-Datei, zum Formatieren einer Liste verwenden. Sie können Ihre einmal vollzogenen Druckformateinstellungen unter dem Menüpunkt *Format speichern* in einer .PRF-Datei speichern und immer wieder neu einsetzen.

Ziel der Ausgabe

Ziel der Ausgabe kann ein Drucker oder eine Datei sein, die später erst gedruckt oder in ein Textprogramm übernommen wird (Daten exportieren). Zur Auswahl von *Ausgabe in* benutzten sie [Leer].

Wenn Sie bei der dBASE-Installation bzw. in der Datei CONFIG.DB mehr als einen Drucker vorgesehen haben, können Sie hier die Auswahl des *Druckermodells* treffen.

Bildschirmecho bedeutet Ausgabe auf Drucker oder Datei **und** gleichzeitig Anzeige auf dem Bildschirm.

Druckersteuerung

Vier *Zeichendichten* stehen zur Verfügung. Sie wurden bereits angesprochen. Durch die Wahl der Schriftart können Sie die Zeilenbreite in gewissen Grenzen dem Papierformat anpassen. Die Schriftgrößen sind:

Pica	10 Zeichen pro Zoll	80 Zeichen auf A4 Hochformat
Elite	12 Zeichen pro Zoll	96 Zeichen auf A4 Hochformat
Schmalschrift	15-17 Zeichen pro Zoll	abhängig vom Druckertyp
Standard	abhängig von der aktuellen Einstellung der Schrift am Drucker	

Unter *Korrespondenzschrift* ist es möglich, falls Ihr Drucker eine NLQ- oder LQ-Schrift besitzt, diese mit *Ja* zu wählen. Wenn Sie *Nein* einstellen, druckt der Drucker in Entwurfsqualität (draft). Die Option *Standard* verwendet die aktuell am Drucker eingestellte Schriftart.

- *Schriftdichte- und Schriftarteinstellungen können auch bereichsspezifisch erfolgen. Das geschieht im Menü **Bereiche**.*
- *Auszeichnungen von Texten wie fett, unterstrichen, kursiv, hochgestellt, tiefgestellt nehmen Sie im Menü **Text** unter **Schriftart** vor, nachdem Sie den entsprechenden Text oder das Feld mit [F6] markiert haben.*

Sie können dem Drucker auch vor (Menüpunkt *Anfangen mit Steuerzeichen*) und nach dem Druck (Menüpunkt *Beenden mit Steuerzeichen*) Steuerzeichen senden, um spezifische Druckereinstellungen durchzuführen. Über Schriftarten und Druckersteuerzeichen gibt das jeweilige Druckerhandbuch Auskunft.

Beim *Seitenvorschub* ist meist die Einstellung *Nach Druck* und die Vorschubart *Seitenvorschub* sinnvoll. Vorschubart *Seitenvorschub* sendet dem Drucker ein Seitenvorschubzeichen. Der Drucker justiert den nächsten oberen Seitenrand. Nur wenn Sie ein Seitenformat verwenden, das Ihr Drucker nicht kennt, ist *Zeilenvorschub* notwendig. Dann müssen Sie die Anzahl der Zeilen pro Seite im Untermenü *Größe der Seite* genau angeben.

Optionen für die Ausgabe

In diesem Punkt des *Drucken*-Menüs legen Sie fest, ab und bis zu welcher Seite gedruckt werden soll, welche Seitennummer die erste Druckseite hat und die Anzahl der Exemplare.

Größe der Seite

Standard für die Seitenlänge sind 66 Zeilen, dadurch bleiben ein oberer und ein unterer Rand von je 3 Zeilen bei Endlospapier (72 Zeilen) bzw. je 2 Zeilen bei Einzelblatt A4

(70 Zeilen). Ein *linker Rand* von 6 Stellen bietet bei Zeichendichte Pica ausreichend Platz zum Ablochen (bei Elite 8 und bei Schmalschrift 10 Stellen).

2.6.3 Bericht mit Maskenlayout

Ein Bericht in Maskenlayout hat große Ähnlichkeit mit der Standardeditiermaske des dBASE IV. Die Feldnamen und rechts daneben die Feldinhalte stehen untereinander auf der gedruckten Liste. Sie haben dennoch die Freiheit, die Felder und ihre Inhalte beliebig anzuordnen und die Feldnamen zu ändern. Entscheidender Vorteil des Maskenlayout: Sie können alle Felder eines Datensatzes zusammen anzeigen, ohne wie beim Spaltenlayout vor dem Problem zu stehen, daß die Druckzeile zu kurz für alle Daten ist. Auch im Maskenlayout können Sie am Ende der Liste Zusamenfassungen wie Summen oder statistische Ergebnisse wie Anzahl, Maximal-, Minimalwerte usw. drucken. Die statistischen Funktionen werden angezeigt, wenn Sie das Menü *Felder, Hinzufügen* wählen.

```
                      K U N D E N L I S T E
                         vom  02.02.93


 Ab:    AKL                                      Seitennummer    1
                                               gedruckt am: 02.02.93


 Kunden-Nr.  14002                 Einzelhändler              J
 Firma       AKL Technik GmbH      Datum des letzten Besuchs  09.12.92
 Strasse     Odenwaldstr. 7        Bonussatz in %             1,5
 Plz         6950                  Umsatz bis dato in DM       65342,60
 Ort         Mosbach              Bonusbetrag bis dato DM        980,14


 Notizen


 Kunden-Nr.  14020                 Einzelhändler              J
 Firma       Alpha GmbH            Datum des letzten Besuchs  16.12.92
 Strasse     Gartenstr. 40         Bonussatz in %             1,5
 ...
 ...
 Summe Umsatz bis dato: 1406160,70  Summe Bonusbetrag bis dato:  27602,26
```

Abb. 41: Kundenliste im Maskenlayout (Auszug)

Im folgenden Beispiel entsteht eine Kundenliste im Maskenlayout. Als Datenbasis sollten Sie zuvor eine Sicht erstellen, in welcher die Datensätze nach Firmennamen sortiert erscheinen.

- *Falls noch nicht geschehen, bilden Sie zuerst eine neue Abfrage namens KUNDFIRM. Diese Abfrage besitzt lediglich im Feld FIRMA den Sortierfilter AscDict. Alle Felder des Dateiaufbaus werden mit [F5] in den Sichtaufbau eingefügt.*
- *Eröffnen Sie einen neuen Bericht und wählen Sie Standardlayout, Masken-Layout.*

- *Stellen Sie das Zeilenlineal auf ein Listenbreite von 72 Zeichen ein: Menü **Text, Ändern des Zeilenlineals**, Cursor auf Position 72,], [Return].*

- *Setzen Sie den Vorspannbereich über das Menü Bereiche in die erste Zeile des Bildschirms: **Vorspann mit Kopfzeile Nein**.*

- *Die Überschrift entnehmen Sie der Abbildung.*

- *Direkt darunter setzen Sie den Seitenumbruch: Menü **Text, Neue Seite**.*

- *Im Bereich Kopfzeile stehen Seitennummer und Datum. Zum schnelleren Nachschlagen in der Kundenliste kommt zusätzlich noch ein Hinweis auf den Kunden dazu, mit welcher die betreffende Seite beginnt: Fügen Sie in die Kopfzeile das Feld FIRMA ein und kürzen Sie die Schablone auf drei Zeichen. Vor das Feld schreiben Sie Ab: (s.Abb. 42).*

- *Im Datenbereich ändern Sie Namen und Position der Felder entsprechend der Abbildung.*

- *Fügen Sie das Kalkulationsfeld für den Bonusbetrag bis dato hinzu: Menü **Felder, Hinzufügen, KALK'FELD**, Name: **BONUS_DM**, Ausdruck: **UMSATZ/100*BONUS**. Dabei kürzen Sie die Schablone auf 6 Stellen vor dem Komma.*

- *Für das Feld NOTIZ ändern Sie die Schablone so, daß der ausgegebene Text mit dem rechten Rand abschließt: Setzen Sie den Cursor auf das Feld NOTIZ, Menü **Felder, Bearbeiten**. Setzen Sie das E/A-Format um auf **Vertikal anpassen Aus.**, [Strg]+[Ende]. Passen Sie die Schablone mit [F9] an. Stellen Sie das E/A-Format um auf Vertikal anpassen Ein. Schließen Sie ab mit [Strg]+[Ende].*

- *Fügen Sie nun noch eine Fußzeile und/oder die Summen für den Umsatz bis dato (dB-Bezugsfeld: UMSATZ) und den Bonusbetrag bis dato (**dB-Bezugsfeld: BONUS_DM**) in den Zusammenfassungsbereich ein.*

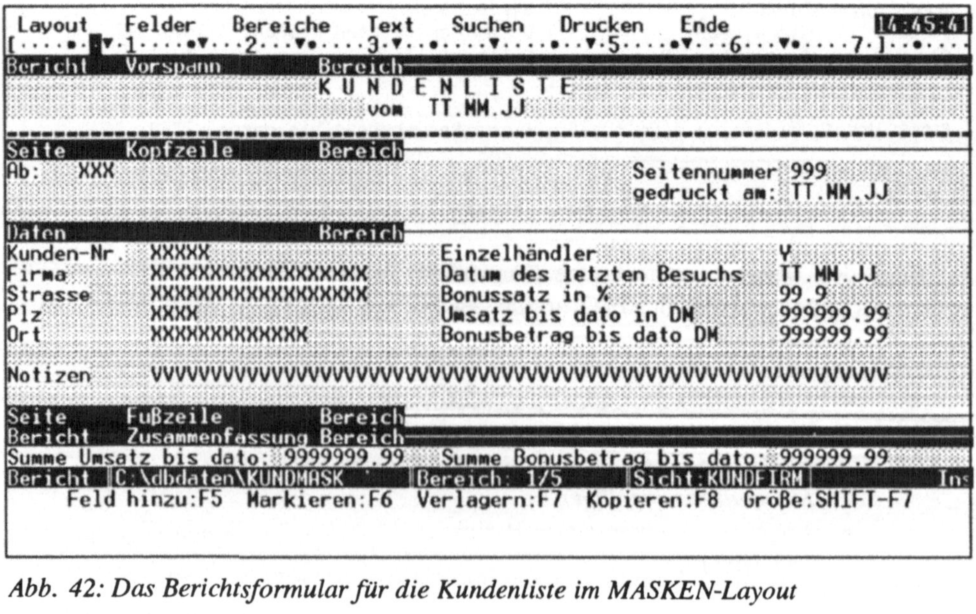

Abb. 42: Das Berichtsformular für die Kundenliste im MASKEN-Layout

2.6.4 Serienbrief

Serienbriefe nennt man Schreiben, die mit im wesentlichen gleichem Wortlaut an eine Reihe von Adressaten verschickt werden. Im folgenden Beispiel wird angenommen, daß die Kunden am Jahresende eine Mitteilung über den zu erwartenden Jahresbonusbetrag erhalten. Der Brief soll den Kunden nur dann zugehen, wenn ein Umsatz im abgelaufenen Jahr getätigt wurde.

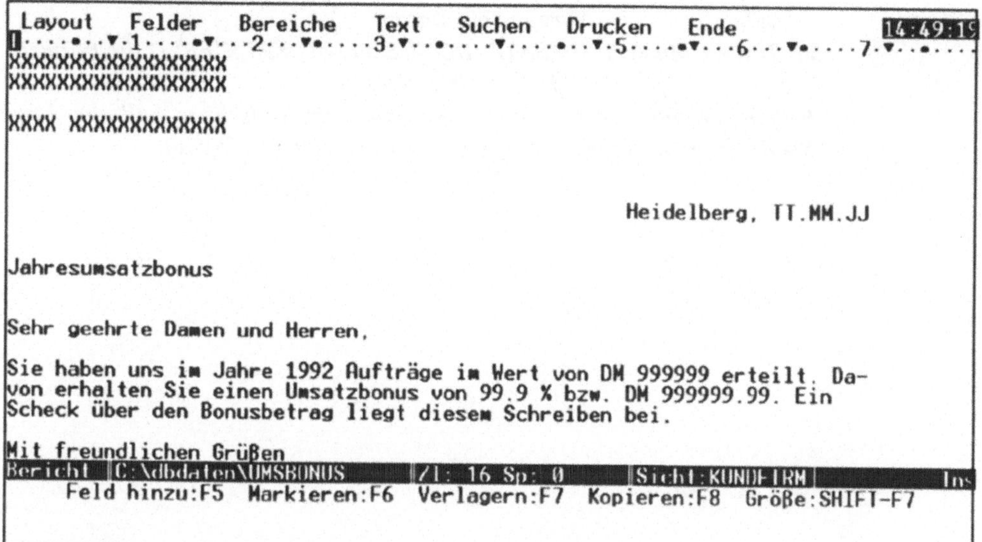

Abb. 43: Das fertige Serienbriefformular für die Bonus-Mitteilung

- *Erstellen Sie eine Abfrage, bei der nur die Kunden angezeigt werden, deren Umsatz über Null liegt. Sie erhält den Namen KUNDUMS. Diese Sicht dient als Datenbasis für den Serienbrief.*
- *Öffnen Sie einen neuen Bericht und wählen Sie Layout, Serienbrief-Layout.*
- *Im Beispiel wird angenommen, daß Sie für den Druck Briefpapier mit Firmenbriefkopf verwenden.*
- *Setzen Sie eine rechte Randbegrenzung im Zeilenlineal bei 60 (Menü Text, Ändern des Zeilenlineals). Stellen Sie ferner im Menü Drucken, Druckersteuerung und Größe der Seite ein:*
  Zeichendichte Pica
  Korrespondenzschrift Ja
  Seitenvorschub Nach Druck
  Größe der Seite 66 Zeilen (bei A4 oben und unten 4 Zeilen Rand)
  Linker Rand 10 Zeichen

*Diese Einstellung speichern Sie im Menü **Drucken**, **Format speichern** unter dem Namen STANDARD. Die Erweiterung .PRF fügt das System selbst hinzu.*

- *Den Text des Serienbrief geben Sie nun in den Datenbereich ein (s. Abb. 44).*
- *Tragen Sie folgende Datenfelder ein. Die Zeilenangaben sind Circa-Angaben, da die Positionen der Felder in gewissen Grenzen druckerabhängig sind.*
  ab Zeile 10:   FIRMA, STRASSE, PLZ, ORT
  *in Zeile 17:   Vorgabefeld **Datum***
  im Text (s. Muster): UMSATZ, BONUS und als KALK'FELD die Formel
  *   UMSATZ/100*BONUS*
- *Prüfen Sie das Ergebnis durch **Ausgabe am Bildschirm** und speichern Sie den Bericht im Menü **Layout** oder durch [Strg]+[Ende].*

```
AKL Technik GmbH
Odenwaldstr. 7

6950 Mosbach


                                        Heidelberg, 02.02.93


Jahresumsatzbonus



Sehr geehrte Damen und Herren,

Sie haben uns im Jahre 1992 Aufträge im Wert von DM 65343 erteilt. Da-
von erhalten Sie einen Umsatzbonus von 1,5 % bzw. DM 980,14. Ein
Scheck über den Bonusbetrag liegt diesem Schreiben bei.


Mit freundlichen Grüßen
```

Abb. 44: Ein gedruckter Serienbrief

Es kommt häufig vor, daß in Serienbriefen die Anrede "Sehr geehrte Frau" oder "Sehr geehrter Herr" benutzt wird. In diesen Fällen kann die IFF-Funktion gute Dienste leisten. Voraussetzung: Der Datensatz besitzt ein Feld für die Geschlechtszugehörigkeit des Adressaten.

Syntax der IFF-Funktion:

IFF (Bedingung,1.Wert,2.Wert)

Die Adreßdatei besitzt im Beispiel außer der Anschrift folgende Felder:

Feldname	Feldtyp	Länge
NACHNAME	Zeichen	18
VORNAME	Zeichen	12
GESCHLECHT	Zeichen	1
usw.		

Im Feld GESCHLECHT dürfen nur ein w (weiblich) oder m (männlich) stehen. Sie
können dafür auch ein logisches Feld definieren (.T. bzw. .F.).

Im Serienbriefformular schreiben Sie nun: *Sehr geehrte* und setzen **direkt dahinter** das
folgende Kalkulationsfeld:

    IFF(GESCHLECHT="w"," Frau","r Herr")

Falls nicht sicher ist, ob der Inhalt des Feldes GESCHLECHT klein oder groß geschrieben wurde, ist folgende Formel besser:

    IFF(LOWER(GESCHLECHT)="w"," Frau","r Herr")

In den gedruckten Briefen steht nun immer die geschlechtsspezifisch richtige Anrede.

2.6.5 Berichte mit Gruppenwechsel

In dem folgenden Beispiel einer Berichtsdefinition zeigt sich die Flexibilität des Be-
richtsgenerators von dBASE IV. Dabei wird das beim Generieren von Listen wichtige
Thema Gruppenbildung angesprochen.

Zur Klärung des Begriffs Gruppenbildung - in der EDV auch bekannt unter dem Ter-
minus Gruppenwechsel - soll ein praktisches Beispiel dienen. Eine nach Postleitzahlen
geordnete Kundenliste weist den Umsatz pro PLZ-Bezirk sowie den Gesamtumsatz auf.
Das heißt, die Gruppierung erfolgt nach PLZ-Bezirken und die Umsätze jeder Gruppe
werden für sich summiert. Am Listenende steht die Gesamtsumme.

Kriterien für die Gruppierung werden beim Öffnen des Gruppenbereichs festgelegt oder
durch Ändern einer Gruppe im Menü *Bereiche*. Als Kriterium für einen Gruppenwechsel kann ein Feldinhalt dienen, d.h., die Gruppe wechselt, wenn sich ein Feldinhalt ändert, während die Datei gelesen wird. Ebenso kann ein dBASE-Ausdruck den
Gruppenwechsel herbeiführen. Oder eine neue Gruppe wird jeweils nach einer gewissen Anzahl von Datensätzen ausgelöst.

Sie können auch mehrere Gruppen ineinander schachteln. Nehmen Sie an, Ihre Firma
ist international vertreten und es soll eine Warengruppenumsatzliste nach Staaten und
dort nach Verkaufbezirken erstellt werden. Sie haben nun eine übergeordnete Gruppe
Staat, eine weitere Gruppe Bezirk auf Stufe zwei und eine Gruppe Warengruppe auf
Stufe drei. Das nennt man einen dreistufigen Gruppenwechsel.

```
                   U M S A T Z   nach Postleitzahlbezirken
                   =========================================


                                                              Seite    1
        FIRMA                  PLZ   ORT              UMSATZ   02.02.93


        PLZ-Bereich  1
        City-Sport             1000  Berlin           87612,60
        Summe PLZ-Bereich                             87612,60
                                                    - - - - - - - - - - -


        PLZ-Bereich  2
           Weber & Landry      2300  Kiel             83845,00
           Wikingtuch GmbH      2350  Neumünster       45865,20
           Schaffer & Koch     2800  Bremen 21        12865,50
           Summe PLZ-Bereich                         142575,70
                                                    - - - - - - - - - - -



        ...


           PLZ-Bereich  8
           Riedel-Sport KG     8000  München 1        16753,00
           Summe PLZ-Bereich                          16753,00
                                                    - - - - - - - - - - -


           Summe gesamt                             1406160,70
                                                    ===========
```

Abb. 45: Nach PLZ-Bereichen gruppierte Kundenliste

Voraussetzung für eine vernünftig gruppierte Liste ist eine nach dem Gruppierungs-
merkmal sortierte Datenbasis, am besten eine Abfrage. Sie haben zuerst eine entsprechende Abfrage zu erzeugen. Anzahl und Rang der dort notwendigen Sortierfilter
richtet sich nach der Anzahl und der Reihenfolge der Gruppen (z.B. Asc1, Asc2,
Asc3).

Das folgende Beispiel verwendet einen dBASE-Ausdruck zur Gruppenbildung. Der
Ausdruck bezweckt, daß nur das erste Zeichen des Feldes PLZ der Datei KUN-
DEN.DBF als Gruppenkriterium zur Anwendung kommt. Der Ausdruck benutzt die
Funktion SUBSTR(), um das erste Zeichen des PLZ-Feldes "herauszuschneiden".

Die Syntax der Funktion SUBSTR():

```
SUBSTR (Zeichenkette, Position, Anzahl)
```

Argumente der Funktion SUBSTR():

Argument	Bedeutung
Zeichenkette	An dieser Stelle steht eine Zeichenkette oder der Name eines Feldes vom Typ Zeichen bzw. vom Typ Memo.
Position	Eine Zahl, welche die Position des ersten gewünschten Zeichens kennzeichnet.
Anzahl	Gibt die Anzahl der gewünschten Zeichen ab Position an.

Beispiel: SUBSTR("blaugelbrot",5,4)
Ergebnis: gelb

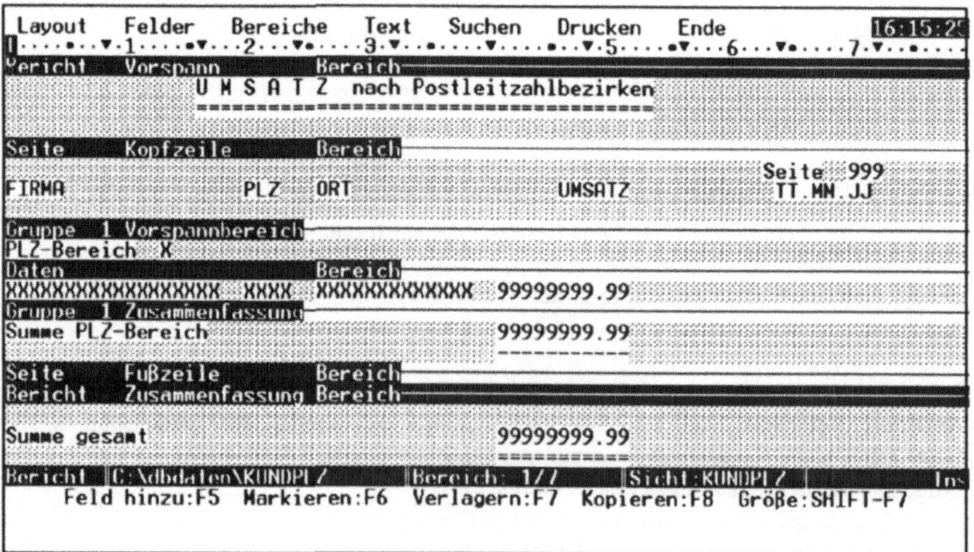

Abb. 46: Das Berichtsformular für die gruppierte Kundenliste

Um das Beispiel nachzuvollziehen, halten Sie sich an die Abbildung des Berichtsformulars. Vollziehen Sie folgende Schritte:

- *Erstellen Sie eine Sicht zur KUNDEN.DBF mit den Feldern FIRMA, PLZ, ORT und UMSATZ. Im PLZ-Feld des Dateiaufbaus der Abfrage tragen Sie ein: ASC (oder ASC1). Speichern Sie die Abfrage unter dem Namen KUNDPLZ.*

- *Öffnen Sie eine neues Berichtsformular und wählen Sie **Layout, Standardlayout, Anordnung in Spalten.***

- *Zur Gestaltung des Formulars brauchen Sie außer der Abbildung als Vorlage folgende Hinweise:*

- *Menü **Bereich, Vorspann mit Kopfzeile Nein.***

- *Menü **Bereich,** Hinzufügen einer Gruppe, dBASE-Ausdruck SUBSTR(PLZ,1,1).*

- *Das hinter **PLZ-Bereich** (Vorspannbereich) erkennbare Zeichenfeld ist das Feld PLZ, das in der Schablone auf ein Zeichen gekürzt wurde: Menü **Felder, Hinzufügen, PLZ** wählen, [Return], Schablone kürzen, [Strg]+[W].*

- *In Gruppe 1 **Zusammenfassung** wird die Summe wie üblich über das Menü **Felder, Formelfeld, Summe,** hier mit dem dB-Bezugfeld UMSATZ gebildet. Sie bemerken dort unter **Rücksetzen ab** den Eintrag SUBSTR(PLZ,1,1), d.h., das ist das Kriterium für das Löschen des Summenspeichers (Gruppensummenvariable).*

- *Die Gesamtsumme bilden Sie ebenso. Kriterium für das Löschen der Summe ist hier das Berichtsende (**Rücksetzen ab: <Bericht>**).*

2.6.6 Rechnungsschreibung mit dem Berichtsgenerator

Im Ergebnis ist eine Rechnung einem Serienbrief sehr ähnlich, denn alle Adressaten erhalten ein einheitliches Formular. Allerdings gibt es bei der Rechnung den bedeutenden Unterschied, daß die Anzahl der Rechnungspositionen von Kunde zu Kunde variiert. Dieses Problem kann wieder nur mit der Fähigkeit der Gruppenbildung im dBASE IV-Berichtgenerator gelöst werden. Als Datenbasis verwendet das folgende Beispiel die Sicht RECHNUNG.QBE. Das Beispiel kommt ganz ohne Standardlayouts aus. Als Zeichendichte wird Pica verwendet.

```
Atropa GmbH
Hauptstr. 34

7100 Heilbronn


R E C H N U N G                                      02.02.93


Ihrem Auftrag vom 29.01.93 entsprechend, lieferten wir Ihnen:

Artikel Artikelbezeichnung        Menge      Preis      Gesamt-
  Nr.                                                     preis

  80503 Surfschuh OLLY 42             5      73,85        369,25
  80533 Surfanzug CHAMP 48           10     253,40       2534,00
  80539 Surfanzug CHAMP 54            5     262,50       1312,50
  80561 Surfanzug LADY 42            10     239,40       2394,00


Warenwert netto Umsatzsteuer Rechnungsbetrag  Skto in 8 Tagen
DM       6609,75 DM     991,46 DM     7601,21  DM        152,02

...


Bank: Volksbank Heidelberg    BLZ 670 900 00    Konto 600 105 0
```

Abb. 47: Eine mit dem Berichtsgenerator gedruckte Rechnung

- *Aktivieren Sie die bereits früher erarbeitete Sicht RECHNUNG.QBE (Spalte **Abfragen** im Regiezentrum).*
- *Öffnen Sie einen neuen Bericht. Schließen Sie das Layoutfenster mit [Esc], d.h., Sie verwenden kein Standardlayout.*
- *Schließen Sie die Bereiche **Kopfzeile**, **Vorspann** und **Zusammenfassung**.*
- *Verwenden Sie die gleiche Druckereinstellungen wie im Beispiel Serienbrief (Abschnitt 2.6.4). Alternativ können Sie im Menü **Drucken**, **Mit Druckformat** die im Serienbriefbeispiel gespeicherte Druckformatdatei STANDARD.PRF laden. Damit werden die dort gespeicherten Druckparameter auch für die Rechnung benutzt.*
- *Den Cursor stellen Sie in den Bereich **Vorspann**. Öffnen Sie eine neue Gruppe: Menü Bereiche, Hinzufügen einer Gruppe, Feldinhalt KNDNR, [Return].*
- *Im Gruppe-1-Vorspannbereich plazieren Sie die Anschriftfelder FIRMA, STRASSE, PLZ, ORT und das Vorgabefeld **Datum** wie im Beispiel Serienbrief.*
- *Darunter die Überschrift RECHNUNG und einen Text etwa so wie in der Abbildung, in welchem der Hinweis auf das Auftragsdatum erscheint (Feld AUFT_DAT).*
- *Nun folgen im selben Bereich die Überschriften für die Felder ARTNR, BEZEICHNG, MENGE, PREIS und GESAMT (s. Abbildung). Das Feld*

> *GESAMT ist ein Kalkulationsfeld der Abfrage RECHNUNG.QBE (Menge*Preis).*

- *In den **Daten-Bereich** setzen Sie die entsprechenden Felder unter den Überschriften ein.*
- *Im Bereich Gruppe-1-Zusammenfassung folgen nach einer Leerzeile die Überschriften: **Warenwert netto, Umsatzsteuer, Rechnungsbetrag** und falls gewünscht **Skonto in 8 Tagen.***
- *Das dem **Warenwert netto** entsprechende Formelfeld erhält die Funktion **Summe**, den Namen WARENWERT sowie das Bezugsfeld GESAMT und wird ab KNDNR zurückgesetzt.*
- *Die Umsatzsteuer wird in einem Kalkulationsfeld namens UST durch den Ausdruck WARENWERT*0.15 (15% vom Warenwert) berechnet.*
- *Der Rechnungsbetrag errechnet sich aus WARENWERT+UST und erhält den Namen REBETRAG.*
- *Die Berechnung des Skontos muß selbstverständlich __nach__ der Berechnung des Rechnungsbetrags erfolgen. Sie dürfen die Skontoberechnung __nicht__ vor das Kalkulationsfeld REBETRAG positionieren (s.Hinweiskasten unten). Die Formel lautet REBETRAG*0.02 (2% vom Rechnungsbetrag).*
- *Unter diese Kalkulationsfelder setzen Sie einen Seitenumbruch: Menü **Text, Neue Seite***
- *In den Fußzeilenbereich können Sie Ihre Bankverbindung schreiben.*

Berechnungsreihenfolge in Kalkulations- und Formelfeldern:

Rechenfelder	Eigenschaften
mit Name	Die Reihenfolge der Berechnung benannter Kalkulationsfelder im Bericht geschieht strikt von **links nach rechts** und **von oben nach unten**. Das bedeutet: Kalkulationsfelder, die mit Ergebnissen aus anderen Kalkulationsfeldern weitere Berechnungen ausführen, müssen jenen in der Positon nachfolgen. Oder anders ausgedrückt: Sie müssen rechts von oder unter den Kalkulationsfeldern liegen, deren Ergebnisse sie weiterverarbeiten.
ohne Name	Felder ohne Name lassen sich nicht weiter auswerten, weil kein anderes Kalkulations- oder Formelfeld auf sie Bezug nehmen kann. Sie werden erst **nach** benannten Rechenfeldern und **nach** Formelfeldern berechnet.

unsichtbare	Unsichtbare Rechenfelder können Sie benutzen, um Nebenrechnungen durchzuführen, deren Ergebnisse Sie weiterverwenden wollen. Die Rechenergebnisse bleiben zwar verborgen, sind jedoch verfügbar wie bei benannten Feldern auch. Um unsichtbare Rechenfelder zu erzeigen, setzen Sie im Menü *Felder*, *Hinzufügen* oder *Bearbeiten* den Punkt *Unsichtbar* auf *Ja* ein. Unsichtbare Felder werden immer **zuerst** berechnet.
Formelfelder	Formelfelder werten Daten statistisch aus. Sie werden durch Menü *Felder*, *Hinzufügen* erzeugt. In der Spalte *Formelfeld* wählen Sie die geeigneten Funktionen aus. Formelfelder werden **nach** benannten und unsichtbaren Kalkulationsfeldern berechnet.

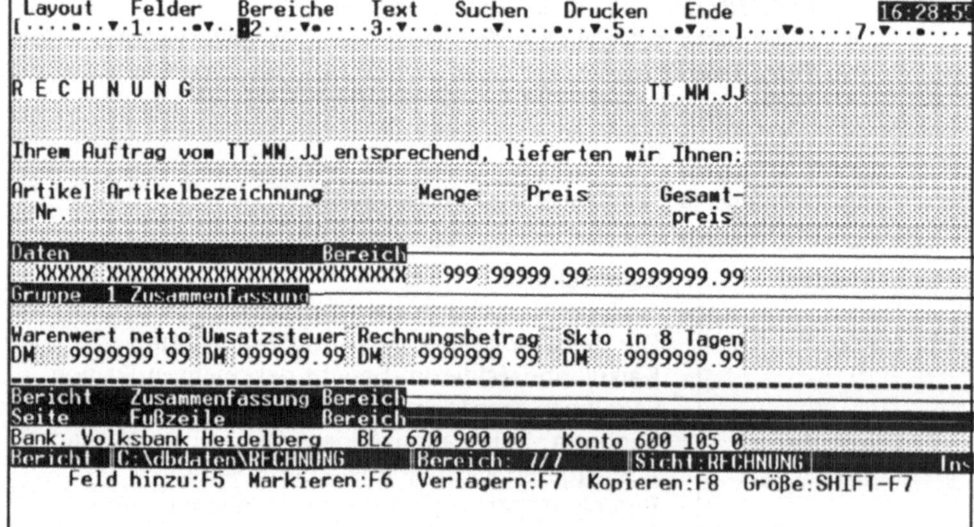

Abb. 48: Das Formular für den Rechnungsdruck (Ausschnitt)

Weitere nützliche Hinweise:

- *Textstellen können Sie bestimmten Zeichenformaten zuweisen. Das geschieht im Menü* **Text** *unter* **Schriftart.** *Dort schalten Sie durch Drücken von [Return] Zeichenformate ein oder aus.*

- *Bis zu fünf Fonts können Sie, soweit Ihr Drucker diese bereit hält, durch das Programm DBSETUP installieren. Sie werden nach Installation im Schriftart-Menü angeboten. Für die Fontinstallation ist es unabdingbar,* *daß Sie sich eingehend mit dem Druckerhandbuch befassen und die Funktion von Druckersteuerzeichen kennen. Hier einige Tips: Starten Sie DBSETUP im dBASE-Verzeichnis, wählen Sie das Menü CONFIG.DB, Ändern CONFIG.DB, Menü Drucker, Fonts. Tragen Sie die Schriftartbezeichnung ein. **Startcode** ist die Steuerzeichenfolge für die Schrift laut Druckerhandbuch. **Endecode** ist sinnvollerweise die Steuerzeichenfolge für die von Ihnen bevorzugte Standardschrift, z.B. Courier 10. Das Steuerzeichen Esc bzw. 027 oder \027 wird hier in geschweifte Klammern gesetzt, also {Esc} geschrieben.*

- *Sie können Berichte mit Linien und Rahmen optisch verbessern. Das Verfahren ist dasselbe wie bei den Bildschirmmasken.*

2.7 Etiketten und Briefumschläge beschriften

Mit dem Etikettengenerator können Sie Etiketten verschiedenster Formate und Briefumschläge bedrucken. Die Etiketten-Formatdateien erhalten die Erweiterungen **.LBL** (label) und **.LBG**. Der Umgang mit dem Etikettengenerator fällt Ihnen nicht mehr schwer, nachdem Sie bereits Berichte definiert haben. Die Tastenfunktionen sind die gleichen. Das Zeilenmenü hat einen Auswahlpunkt mehr, der die Eingabe der *Maße* verlangt.

- *Um Etiketten auf Trägerband zu drucken, brauchen Sie einen Drucker mit verstellbarem Traktor. Für viele Formate sind Drucker mit Stachelwalze unbrauchbar, weil sie sich nicht stufenlos einstellen lassen.*
- *Es gibt auch Etiketten auf A4-Trägerpapier. In Laserdruckern lassen sich nur hitzefeste Etiketten auf A4-Träger verarbeiten. Mit anderen Etiketten beschädigen Sie Ihren Laserdrucker.*

Beispiel:

Für ein Schreiben an Ihre Kunden sollen Anschriftetiketten gedruckt werden:

- *Falls Sie die Etiketten in alphabetischer Reihenfolge des Firmennamens brauchen, aktivieren Sie zunächst eine entsprechende Sicht. Alternative: Sie öffnen die dB-Datei KUNDEN.DBF und wählen oder erzeugen einen Index auf das Feld FIRMA.*
- *Setzen Sie den Cursor im Regiezentrum in die Spalte **Etiketten** und öffnen Sie einen Etikettenbildschirm.*
- *Mit dem Menü **Maße** können Sie das Etikettenformat oder die Kuvertgröße festlegen. Wählen Sie mit [Return] und Cursortasten beispielsweise den 2-spaltigen Etikettenträger 89 x 36 mm.*

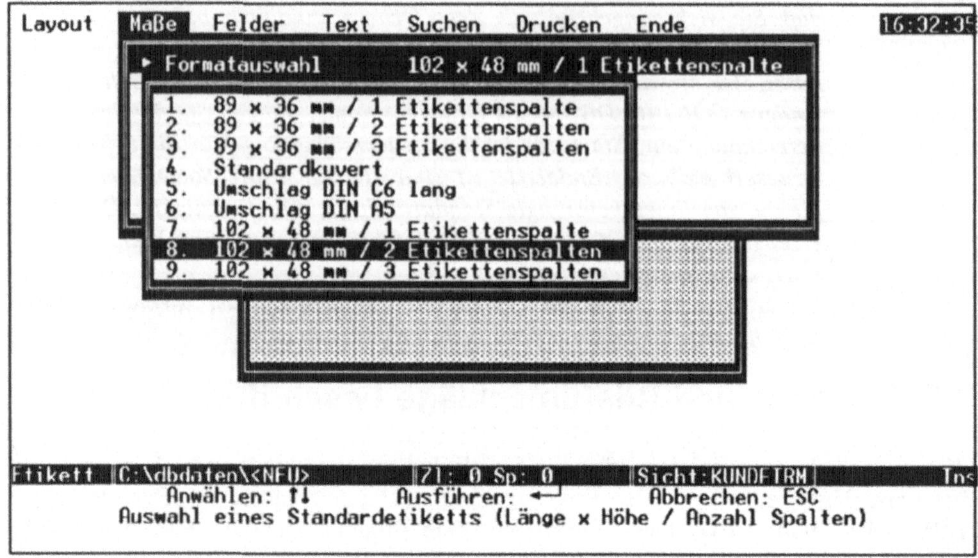

Abb. 49: Der Gestaltungsbildschirm für Etikettendruck

Sie können die vorgegebene Maße nach Ihren Vorstellungen ändern, falls Sie andere als die Standardetiketten verwenden. Jede Größe bis 255 Zeichen Breite und 255 Zeilen Länge ist zulässig. Damit ist es Ihnen möglich, mit dem Etikettengenerator sogar Serienbriefe zu schreiben. Dieselben Schriftarten wie beim Bericht sind auch hier einsetzbar. Die im Menü *Maße* geforderten Parameter für die freie Maßbestimmung haben folgende Bedeutung:

Parameter	Bedeutung
Breite	Breite **eines** Etiketts in Zeichen.
Höhe	Höhe des Etiketts in Zeilen. Standard ist 6 Zeilen pro Zoll. Das können Sie über die *Druckersteuerung* mit entsprechenden Steuerzeichen an den Drucker ändern.
Einzug	Um diesen Betrag wird der Druckkopf vor dem Druck nach rechts gesetzt. Dazu kommt noch der linke Rand, den Sie evtl. im Druckmenü unter Größe der Seite festgesetzt haben.
Abstand in Zeilen	Leerzeilen zwischen dem unteren Rand eines Etiketts und dem oberen Rand des nächsten (Vertikalabstand).

Spaltenabstand	Horizontalabstand zwischen zwei Etiketten bei mehrspaltigem Etikettenträger in Zeichen.
Zahl der Spalten	Es dürfen bis zu 15 Etiketten nebeneinander angeordnet sein.

- *Tragen Sie jetzt die Felder in das Etikett ein, wie Sie das bereits beim Bericht getan haben, nämlich über das Menü **Felder, Hinzufügen**.*
- *Prüfen Sie das Ergebnis mit dem Menü **Drucken, Ausgabe am Bildschirm**.*
- *Bevor Sie alle Etiketten auf Ihrem Drucker ausgeben, sollten Sie **Probedruck im Menü Drucken** wählen, um sicher zu gehen, daß die Druckposition und die Position des Etiketts auf dem Trägerblatt übereinstimmen. Der Menüpunkt **Probedruck** dient dazu, den Drucker präzise auf den Etikettenträger auszurichten. Das kann durch Verschieben des Einzugs und des Traktors geschehen. Bei Druckern, die solche Einstellungsmöglichkeiten nicht aufweisen, müssen Sie die Etikettengestaltung auf dem Bildschirm ändern, d.h. die Felder und Texte verlagern.*
- *Speichern Sie die Etikettenformatdatei wie gewohnt über Menü **Layout**. Oder wenn Sie gleichzeitig beenden wollen, mit [Strg]+[Ende] oder [Alt]+[E], **Speichern und beenden**.*

Wenn Sie wollen, können Sie das Etikett auch mit ergänzendem Text versehen, z.B. bei Preisauszeichnungsetiketten. Auch Kalkulationsfelder sind (wie im Bericht) verwendbar.

- *Die Voreinstellung im **E/A-Format** unter Menü **Felder, Hinzufügen** oder **Bearbeiten** ist {T}. Diese Formatoption bedeutet, nachfolgende Leerstellen im Feldinhalt werden beim Drucken unterdrückt. Falls Sie wollen, daß zwischen zwei Feldern, z.B. wie Vorname und Nachname, immer nur ein Leerzeichen stehen soll, verfahren Sie wie folgt:*

  - Fügen Sie das erste Feld (z.B. Vorname) ein.
  - Direkt dahinter setzen Sie das zweite Feld (z.B. Nachname).
  - Setzen Sie den Cursor auf den Feldanfang des zweiten Feldes.
  - Stellen Sie den Einfügemodus (Ins) mit Taste [Einfg] ein.
  - Drücken Sie einmal [Leer]. Die Leerstelle verbindet beide Felder.

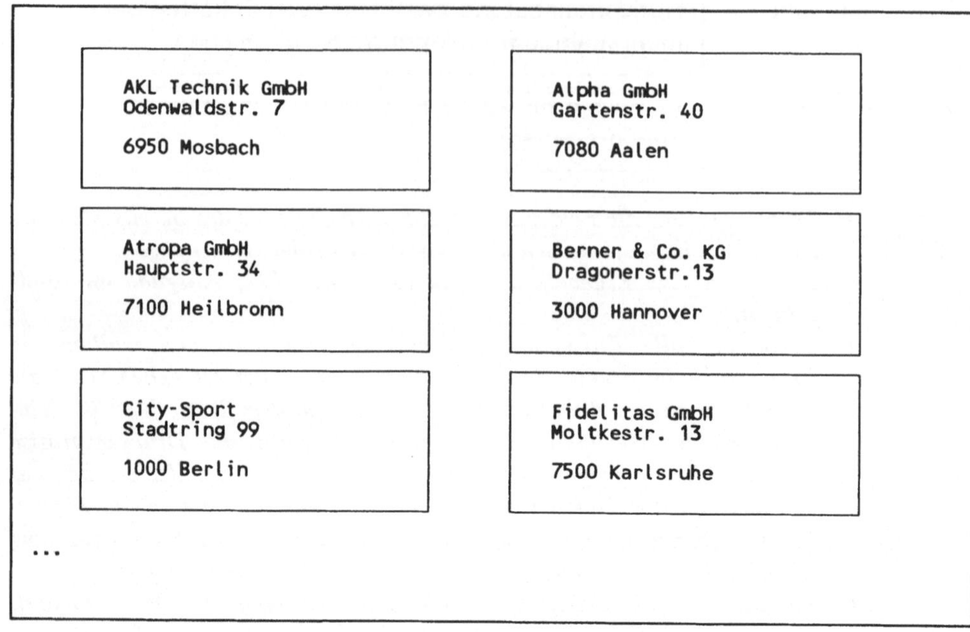

Abb. 50: Zweispaltig gedruckte Etiketten

- *Es werden immer so viele Etiketten gedruckt, wie die dB-Datei oder Sicht Sätze vorweist.*

Wenn Sie mehrere Etiketten gleichen Inhalts drucken wollen, gibt es folgende Wege:

- *Sie bestimmen die Anzahl der Etiketten über das Menü Drucken, Optionen für die Ausgabe, Anzahl der Exemplare.*
- *Falls Sie nur von bestimmten Datensätzen eine Anzahl gleicher Etiketten brauchen, erstellen Sie eine Sicht, welche den oder die betreffenden Datensätze (z.B. nach Artikelnummer) ausfiltert und drucken die gewünschte Anzahl.*

2.8 Programme automatisch erzeugen

dBASE IV besitzt einen Programmgenerator, der es Ihnen erlaubt, in der dBASE-Sprache Programme zu schreiben. Dabei entstehen Dateien mit den Erweiterungen **.APP** (application) und **.PRG** (program). Der Generator nimmt dem Programmierenden viel Arbeit ab. Doch um individuelle Programme zu entwickeln, muß man schon weitergehende Kenntnisse über die dBASE-Sprache besitzen.

Einer der Menüpunkte im Programmgenerator ermöglicht es, ein **Standardprogramm** automatisch erzeugen zu lassen. Hierfür sind keine Programmierkenntnisse notwendig. Ein solches Programm wird im folgenden Beispiel für die Datei KUNDEN erstellt. Damit nichts schiefgeht, folgen Sie am besten genau den aufgeführten Arbeitsschritten:

- *Erstellen Sie, falls nicht schon geschehen, für die dB-Datei KUNDEN einen Index mit dem Namen KUNDFIRM und dem Ausdruck LOWER(FIRMA).*
- *Erstellen Sie eine Abfrage mit dem Namen KUNSICHT für alle Felder und beziehen Sie in den Dateiaufbau die Indexe wie folgt ein: Sie schalten im Menü Felder, Indexe einbeziehen mit [Return] auf Ja. In das Feld LOWER(FIRMA) tragen Sie die Sortieroption ASC ein. Speichern Sie die Abfrage.*
- *Bauen Sie folgende Formatobjekte auf: eine Editiermaske namens KUNDMASK, einen Bericht namens KUNDLIST und ein Etikettenformat namens KUNDETIK. Falls Sie solche Objekte bereits besitzen, verwenden Sie die vorhandenen.*
- *In Spalte Programme des Regiezentrums öffnen Sie < neu > und wählen Programmgenerator.*
- *Nur zwei Angaben sind im Fenster Programmdefinition zu machen: Programmname sei KUNPFLEG und dB-Datei/Sicht sei KUNSICHT.QBE Die Dateiauswahl erhalten Sie mit [Umschalten]+ [F1]. Bestätigen Sie mit [Strg]+[Ende].*
- *Nun wählen Sie im Menü Programm den Punkt Standardprogramm erstellen.*

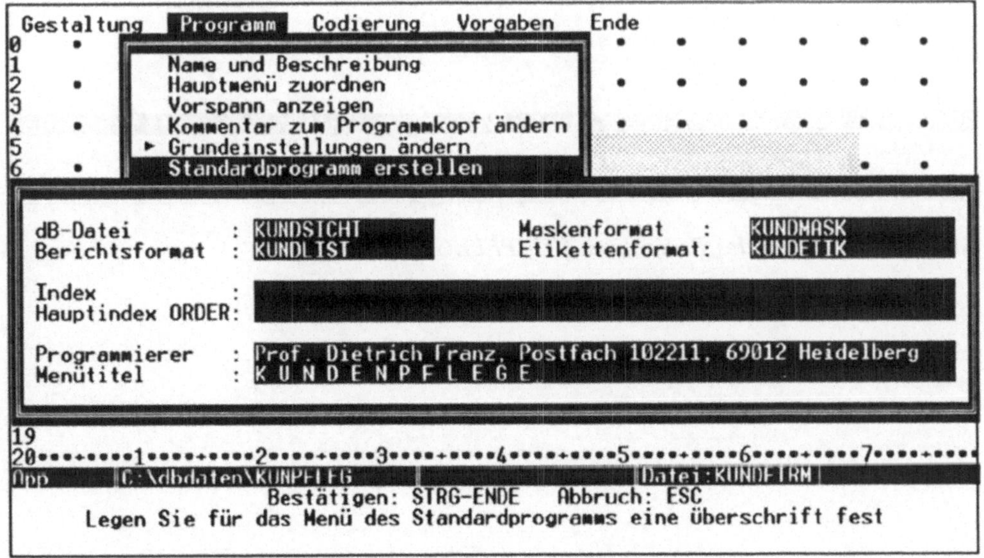

Abb. 51: Programmgenerator: Fenster für die Festlegung der Formatobjekte.

- *Es öffnet ein Fenster für die Festlegung der Formatobjekte: Masken-, Berichts- und Etikettenformat. Diese tragen Sie wie oben benannt ein oder Sie wählen andere von Ihnen bereits angefertigte Formatdateien mit [Umschalten]+[F1].*
- *Einen Index benötigen Sie nicht, der wurde bereits in KUNSICHT.QBE aktiviert und mit einem Sortierfilter versehen.*
- *Unter **Programmierer** können Sie Ihren Namen eingeben.*
- *In Rubrik **Menütitel** schreiben Sie: **KUNDENPFLEGE.***
- *Auf die Eingabe von [Strg]+[Ende] fragt der Generator, ob das Standardprogramm erstellt werden soll. Beantworten Sie mit J bzw. [Return].*
- *Wenn Sie den Programmgenerator verlassen, können Sie das Programm KUNDPFLEG durch zweimaliges [Return] und Ja starten.*

Abb. 52: Das Menü des Programms KUNPFLEG

2 - 1 ASCII-Code: 0 bis 127 in sechs Darstellungen: Grafikzeichen, Dezimal (D), Strg (^) bzw. Text(''), Oktal (O), Hexadezimal (H), Binär (B)

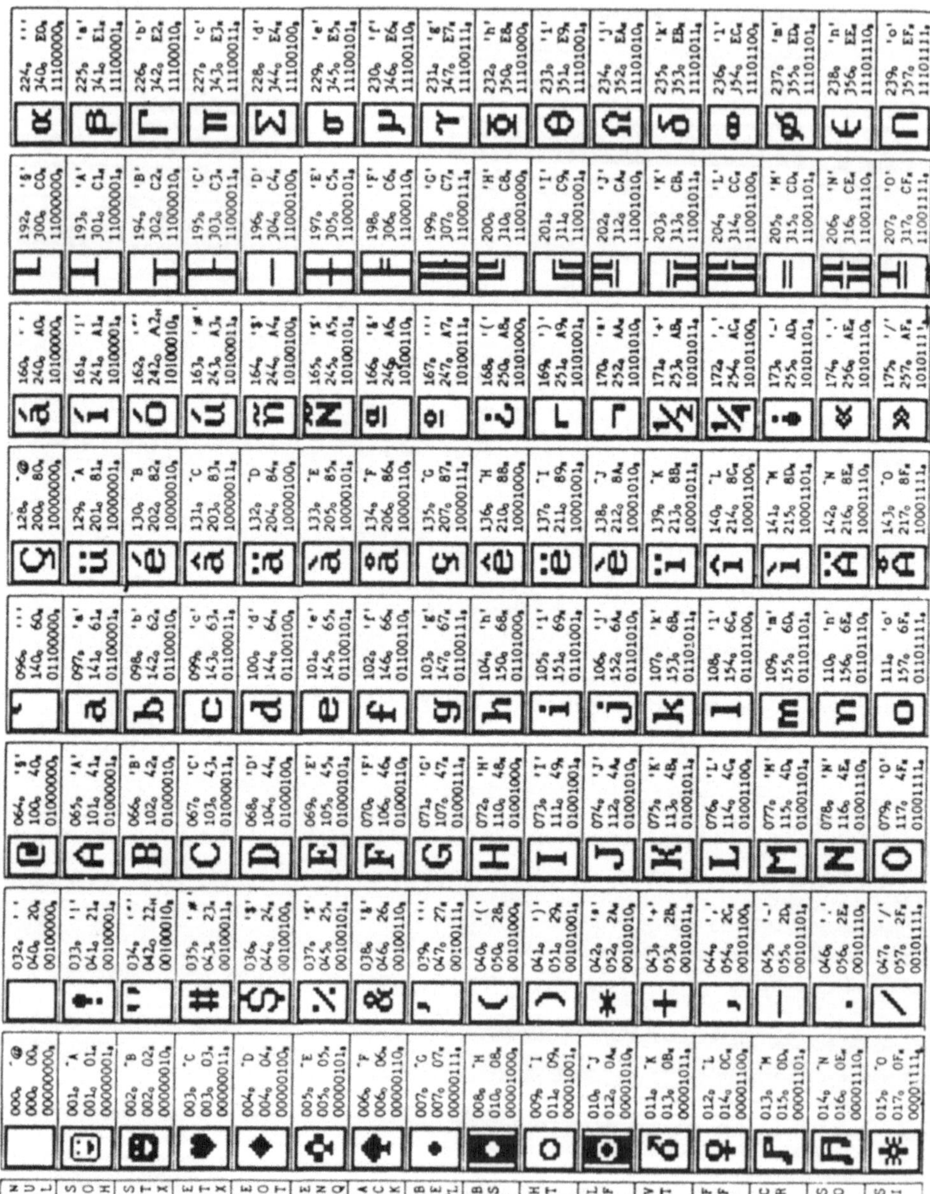

1 - 2 ASCII-Code: 128 bis 255 in sechs Darstellungen: Grafikzeichen, Dezimal (D), Strg (^) bzw. Text(''), Oktal (O), Hexadezimal (H), Binär (B)

SACHWORTVERZEICHNIS

T

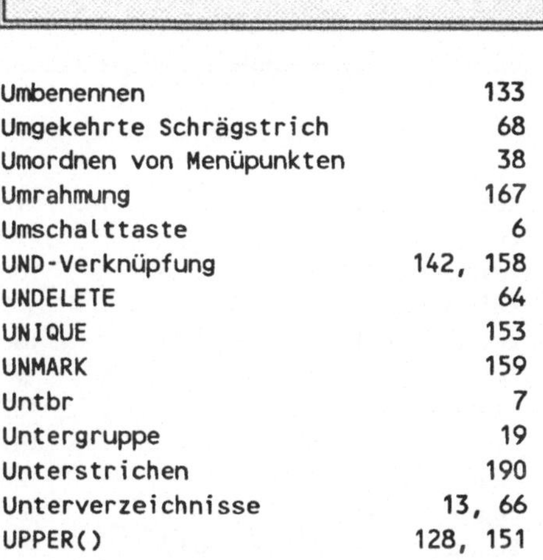

V